汽车电工电子技术基础

主　编　白光泽　闫东伟
副主编　闫冬梅　朱晶波　郭　旭
参　编　王玉娟　张春蓉　毕　然
　　　　王　璐
主　审　刘金华

机械工业出版社

本书根据汽车电气与电控技术等专业课程的特点,将汽车电工电子技术基本知识与内容进行了整合,内容主要包括四个模块:直流电路,磁路变压器与继电器,正弦交流电路,电动机原理及应用。

本书适合作为职业院校汽车相关专业的教材,也可作为从事汽车维修的工程技术人员的参考用书。

图书在版编目(CIP)数据

汽车电工电子技术基础/白光泽,闫东伟主编. —北京:机械工业出版社,2019.4(2023.9重印)
ISBN 978-7-111-62618-3

Ⅰ.①汽… Ⅱ.①白… ②闫… Ⅲ.①汽车-电工-高等职业教育-教材②汽车-电子技术-高等职业教育-教材 Ⅳ.①U463.6

中国版本图书馆 CIP 数据核字(2019)第 080848 号

机械工业出版社(北京市百万庄大街 22 号 邮政编码 100037)
策划编辑:于志伟　责任编辑:于志伟　韩　静
责任校对:张　薇　封面设计:鞠　杨
责任印制:郜　敏
北京中科印刷有限公司印刷
2023 年 9 月第 1 版第 3 次印刷
184mm×260mm・10 印张・245 千字
标准书号:ISBN 978-7-111-62618-3
定价:30.00 元

电话服务　　　　　　　　　网络服务
客服电话:010-88361066　　机 工 官 网:www.cmpbook.com
　　　　　010-88379833　　机 工 官 博:weibo.com/cmp1952
　　　　　010-68326294　　金 书 网:www.golden-book.com
封底无防伪标均为盗版　　　机工教育服务网:www.cmpedu.com

前言

本书采用以基本知识与技术应用相结合为单元的模式进行编写。

为了适应当前职业院校学生的职业技能需求，本书将基本理论和技能实训融为一体。具体内容按照"必需、够用"的原则，并兼顾知识的系统性进行取舍，同时引进汽车电工电子方面的新器件、新技术；在具体内容的安排上推陈出新，行文由浅入深，通俗易懂。本书将电工电子内容进行序化整合，形成汽车电工电子基础课程体系，主要内容包括汽车直流电路的分析，磁路、变压器、继电器原理，正弦交流电路，电动机原理及应用。本书内容与汽车电路紧密联系，突出专业知识的实用性，有利于激发学生的学习兴趣，且每个模块都配有技能训练和思考与练习题。

本书分为四个模块，由白光泽、闫东伟任主编，闫冬梅、朱晶波、郭旭任副主编。模块一由白光泽编写；模块二由闫东伟编写；模块三由朱晶波、闫冬梅编写；模块四由郭旭编写。王玉娟、张春蓉、毕然、王璐也参与了部分内容的编写。本书参考学时68学时。本书可作为职业院校汽车相关专业的教材，也可作为从事汽车维修的工程技术人员的参考用书。

在编写过程中，编者参阅了一些汽车专业同类书籍，在此向有关作者表示衷心的感谢。本书由刘金华主审，他为本书提出了许多宝贵意见，在此表示感谢。

限于编者水平，书中难免有错误或不妥之处，恳请广大读者提出宝贵建议，以便进一步修改和完善。

编 者

目　录

前　言

模块一　直流电路　/ 1

知识导入　/ 1
课题一　直流电路基本知识及汽车电路特点　/ 1
课题二　汽车简单电路的识读与计算　/ 21
技能训练　/ 34
小结　/ 54
思考与练习题　/ 55

模块二　磁路、变压器与继电器　/ 59

知识导入　/ 59
课题一　电磁学基本知识　/ 59
课题二　变压器　/ 68
课题三　继电器及其在汽车电路中的应用　/ 72
技能训练　/ 77
小结　/ 81
思考与练习题　/ 81

模块三　正弦交流电路　/ 83

知识导入　/ 83
课题一　正弦交流电的基本知识及表示方法　/ 84
课题二　单相正弦交流电路　/ 90
课题三　三相正弦交流电路　/ 100
技能训练　/ 110
小结　/ 114
思考与练习题　/ 115

模块四　电动机原理及应用　/ 118

知识导入　/ 118

课题一 直流电动机 / 119
课题二 步进电动机 / 129
课题三 三相交流异步电动机 / 136
课题四 伺服电动机 / 142
课题五 轮毂电机 / 145
技能训练 / 150
小结 / 150
思考与练习题 / 151

参考文献 / 154

模块一　直流电路

> **知识导入**
>
> 　　直流电源是目前市场上主要使用的电源，直流电路也是我们学习与讨论的重点，而汽车电路除了交流发电机工作电路外，也主要是直流电路。本模块主要通过直流电路分析及汽车电路的识读，使学生掌握电路的基本组成、基本物理量、工作状态、基本定律以及汽车电路特点，能够使用万用表对电路进行测量，能利用 Multisim 10 电子仿真软件对电路的三种基本状态（通路、短路、断路）进行判断，能利用基本定律（欧姆定律、基尔霍夫定律、叠加定理等）进行分析、试验及验证，能了解常用汽车元器件符号、汽车电路原理图、电路连接图和定位图。同时，通过对汽车除霜电路进行识读与检测，加深对汽车电路连接图的理解，实现做中学、学中做、学做合一。

【知识要求】

1. 掌握直流电路的组成、基本元器件符号及电路图的识读方法。
2. 掌握汽车电路的基本特点。
3. 掌握电路中电位的计算方法。
4. 重点理解并掌握基尔霍夫定律及其应用。
5. 了解戴维南定理、叠加定理的分析方法。

【技能要求】

1. 能够进行除霜电路的电压、电流、电阻等物理量的基本测量。
2. 会用万用表测量直流电路中的电阻、电压及电流值。
3. 能够操作 Multisim 10 电子仿真软件进行基尔霍夫定律、叠加定理的验证。

【参考学时】 22 学时【16（理论）+6（实践）】

课题一：直流电路基本知识及汽车电路特点　　　　6 学时
课题二：汽车简单电路的识读与计算　　　　　　　10 学时
技能训练　　　　　　　　　　　　　　　　　　　6 学时

课题一　直流电路基本知识及汽车电路特点

一、电路的基本知识

汽车上用到了很多电气设备，这些电气设备可以实现各种各样的功能。

1. 电的三大效应

（1）热效应　当电流流经电阻时，电阻会产生热现象，如图1-1中所示的点烟器（见图a）、熔丝（见图b）等。

（2）光效应　当电流流经电阻时，电阻会发光，如图1-1中所示的灯泡（见图e）。

（3）电磁效应　当电流流经导体或线圈时，导体或线圈周围空间会产生电磁场，如图1-1中所示的点火线圈（见图c）、发电机（见图d）、喷油器（见图f）。

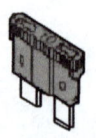

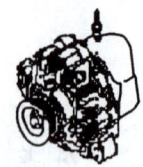

a) 点烟器　　b) 熔丝　　c) 点火线圈　　d) 发电机

所有的物质都是由原子组成的，原子又由原子核和电子组成，金属原子中含有自由电子，自由电子易于自由地脱离原子核，金属原子内自由电子的流动即产生电流，因此，电路中的电流就是电子在导体中运动形成的。在金属（导体）两端施加电压时，电子便从负极流向正极，电子流向与电流方向相反。

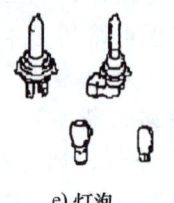
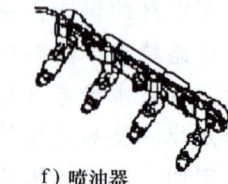

e) 灯泡　　　　　f) 喷油器

图1-1　电的三大效应

2. 电的三个基本物理量（见图1-2）

（1）电流　这是指流经电路的电流量。单位：A（安培）。

（2）电压　这是使电流流过电路的一种压力。电压越高，流过电路的电流就越大。单位：V（伏特）。

（3）电阻　电子通过物体的困难程度。单位：Ω（欧姆）。

3. 电路的组成

电路就是电流所经过的路径，且形成一个闭合回路。或者说是为了实现某种功能，由各种电气设备和器件按一定方式连接而成，从而形成的电流通路称为电路。

每个电路不论其作用如何、结构多么复杂，一般都是由电源、负载（用电器）、导线和开关四部分组成。也可以将导线和开关的组合称为中间环节，即电路由电源、负载、中间环节三部分组成。

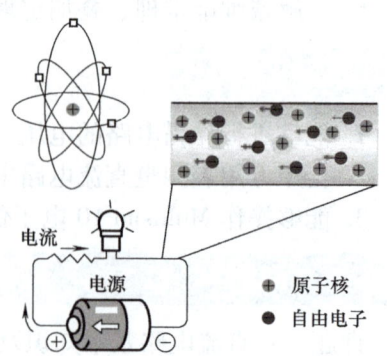

图1-2　电的三个基本物理量

（1）电源　电源是把其他形式的能转换成电能的装置，或者说是供应电能的装置。常见的电源有干电池、蓄电池、发电机、信号源等。汽车电路中的电源主要有蓄电池和带整流器的交流发电机。

（2）负载　负载是指用电装置或设备，如电灯、电烙铁、电动机等。汽车电路中的负载很多，例如照明灯、信号灯、车用点烟器、起动机、汽车音响、空调和电视机等。

（3）导线　导线是连接电源与用电器的金属线，它把电源产生的电能输送到电器，常用材料有铜、铝等。

（4）开关　开关是控制电路接通或断开的器件，例如手电筒的按钮，汽车上的点火开关、转向灯开关和各种继电器等。

简单电路的中间环节是由连接导线所组成的，而复杂电路的中间环节是由各种控制设备、监测仪表等所组成的网络，电源接它的输入端，负载接它的输出端。

4. 电路的作用

实际电路的种类很多，形式和结构也各不相同，但其作用不外乎有两类。一是可以进行电能的传输和分配，以实现与其他形式的能量的相互转换，通常称其为"电工技术"，俗称"强电"。例如：电力系统中的发电机，就是将其他形式的能量转换为电能，再通过变压器和输电线路将电能输送给工厂、农村和千家万户的用电设备，即从发电、输电、配电到用电的过程。这些用电设备再将电能转换为机械能、热能、光能或其他形式的能量，图1-3a就是一个简单的电力系统电路。二是可以实现信号的传递和转换，进行信号的传输、交换和处理，通常称其为"电子技术"，俗称"弱电"。例如：生产过程的自动控制，电视、广播信号的发射和接收，汽车各种信号、数据的存储和处理，无线电通信电路和检测电路的通信与检测过程等。图1-3b就是一个简单的扩音机电路示意图。

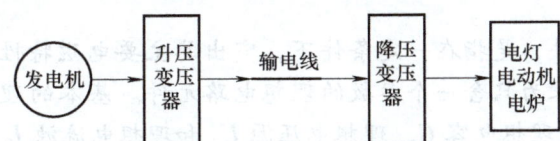

a) 电力系统电路示意图

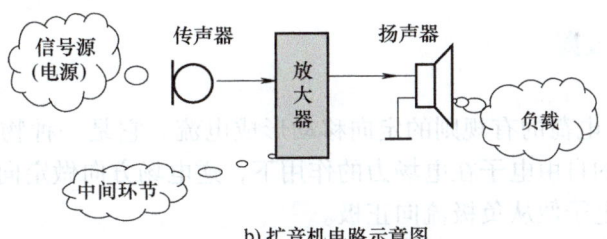

b) 扩音机电路示意图

图1-3　两种典型的电路框图

5. 电路的模型

任何实际电路都是由多种电路元件组成的，例如最简单的手电筒电路或较复杂的汽车电路等。电路中各种元件所表征的电磁现象和能量转换的特征一般都比较复杂，而按实际电路元件作电路图有时也比较困难，因此在分析和计算实际电路时，是用理想电路元件及其组合来近似替代实际电路元件组成的电路，这给分析和计算带来了很多方便。所以，初学者必须要对电路建立模型的概念。

电路模型：由理想元件组成，与实际电路元件相对应，并用统一规定的符号表示而构成的电路，就是实际电路的模型，或称电路模型。它是实际电路电磁性质的科学抽象和概括，通过分析电路模型来研究实际电路的性能和所遵循的普遍规律。

图1-4是几种常用的理想电路元件符号。图1-5是

图1-4　几种常用的理想电路元件符号

一个最简单的电路模型,其实际电路是一常见的电灯电路。实际元件有干电池、灯泡、开关和导线。在电路模型中电阻 R_L 就是灯泡,电源电动势 U_S 和其内阻 R_S 就是干电池,导线和开关就是中间环节。

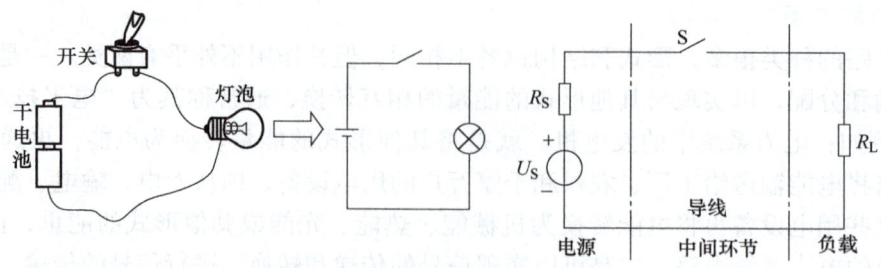

图 1-5　最简单的电路模型

> **相关链接**
>
> 　　所谓理想电路元件,是指在一定条件下,突出其主要电磁特性,忽略其次要因素以后,把电路元件抽象为只含一个参数的理想电路元件。基本的理想电路元件有理想电阻 R、理想电感 L、理想电容 C、理想电压源 U_S 和理想电流源 I_S 五种。它们的电路符号如图 1-4 所示。

6. 电路的基本物理量

(1) 电流

1) 电流的概念。电荷的有规则的定向移动形成电流。它是一种物理现象,金属导体内的电流是由于带负电的自由电子在电场力的作用下,逆电场方向做定向运动而形成的。在导体两端施加电压时,电子便从负极流向正极。

　　注意:人体能承受的最大电流为 30~50mA。

2) 电流的大小。电流的大小用电流强度 I(简称电流)表示。单位时间内通过导体某一横截面的电荷量称为电流,用符号 i 表示。设在单位时间[单位为秒(s)]内通过导体某一横截面的电荷量为 q[单位为库仑(C)],则通过该横截面的电流为

$$i = \frac{dq}{dt} \tag{1-1}$$

式中,dq 为时间 dt 内通过导线某一横截面的电荷量。

在国际单位制(SI)中,规定电流的单位为安培(A)。计量微小电流时,可采用毫安(mA)或微安(μA)来表示,其换算关系如下:

$$1A = 10^3 mA = 10^6 \mu A$$

如果电流的大小和方向均不随时间变化,则这种电流称为恒定电流,简称直流电流,用大写字母 I 表示,即

$$I = \frac{Q}{t} \tag{1-2}$$

一般情况下,随时间变化的物理量用小写字母表示,大写字母表示恒定物理量。

3）电流的方向。习惯上把正电荷的运动方向规定为电流的实际方向。但在复杂电路分析中，往往很难事先判断电流的实际方向，因此需要引入"参考方向"的概念。

参考方向是假定的方向，电流的参考方向可以任意选定，当然，所选的电流参考方向不一定就是电流的实际方向。当电流的参考方向与实际方向一致时，电流为正值（$I>0$），如图1-6a所示；当电流的参考方向与实际方向相反时，电流为负值（$I<0$），如图1-6b所示。这样，在选定的参考方向下，根据电流的正、负值，就可以确定电流的实际方向。

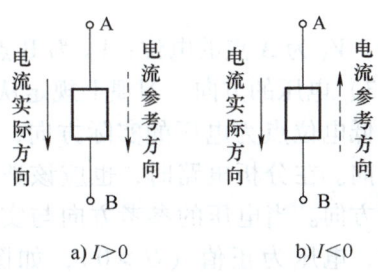

图1-6 电流的参考方向与实际方向

（2）电位

1）电位又称电势：是指单位正电荷在静电场中的某一点所具有的电势能。在分析电路时，通常在电路中选取某一个固定点作为参考点，而把电路中其他各点与参考点之间的电压称为该点的电位。电位用V表示，单位是V（伏特）。

如图1-6所示，把B点作为参考点（用⊥符号来表示），那么正电荷在A点所具有的电位能W_A与正电荷所带电量Q的比值，称为电路中A点的电位，用V_A表示，即

$$V_A = \frac{W_A}{Q} \tag{1-3}$$

电位的单位是焦耳/库仑（J/C），称为伏特，简称伏（V）。电位的高低是相对的，与所设参考点有关，在电路中电位比参考点高的一些点，它们的电位为正值；电位比参考点低的一些点，它们的电位为负值。

2）电位的计算步骤：①任选电路中某一点为参考点，设其电位为零；②标出各电流参考方向并计算；③计算各点至参考点间的电压，即为各点的电位。

在汽车电路中，通常用汽车车身和发动机等金属体作为公用线，并与电源负极相连接，视其为电路中的参考点，也就是常说的"搭铁"，在汽车电路中用符号"⊥"表示。

（3）电压

1）电压的概念。电路中A、B两点间的电压是指单位正电荷在电场力作用下由A点移到B点时，电场力所做的功。

2）电压的大小。设单位正电荷由A点移到B点所做的功为dW，则A、B两点间的电压为

$$U_{AB} = \frac{dW}{dq} \tag{1-4}$$

在直流电路中，式（1-4）可写成

$$U = \frac{W}{Q} \tag{1-5}$$

在国际单位制中，规定电压的单位为伏特（V）。计量较大的电压时用千伏（kV），计量较小的电压时用毫伏（mV）。其换算关系如下：

$$1kV = 10^3 V = 10^6 mV$$

电压与电位的关系为：电场内两点之间的电压等于这两点之间的电位差，即

$$U_{AB} = V_A - V_B \qquad (1\text{-}6)$$

式中，V_A 为 A 点的电位；V_B 为 B 点的电位。

3）电压的方向。习惯上规定从高电位点指向低电位点为电压的实际方向，即电压降的方向。在分析电路时，也应该选取电压的参考方向。当电压的参考方向与实际方向一致时，电压为正值（$U>0$），如图 1-7a 所示；当电压的参考方向与实际方向相反时，电压为负值（$U<0$），如图 1-7b 所示。同理，根据电压的正、负值，就可以确定电压的实际方向。

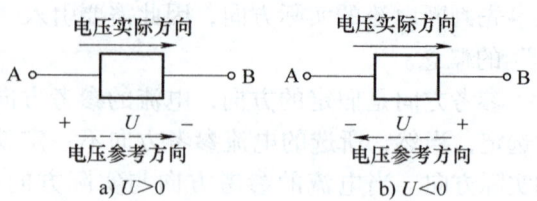

图 1-7 电压的参考方向与实际方向

电路中各点的电位随参考点的选择不同而不同，但是任意两点之间的电位差是不变的，它不随参考点的变化而变化。也就是说，电路中任意两点间的电压与参考点的选择无关。虽然在电路中参考点可以任意选取，但工程上常选择大地、设备外壳或接地点作为参考点，参考点电位为零，如汽车电路的负极搭铁。

【例 1-1】 如图 1-8 所示，若以 O 点为参考点，测得 $V_A = 25V$，$V_B = 20V$，$V_C = 4V$，现在重选 C 点为参考点，求 V_A、V_B、V_O，并计算两种情况下的 U_{AB} 和 U_{BO}。

解：重选 C 点为参考点时，

$$V_A = U_{AC} = V_A - V_C = (25 - 4)\text{ V} = 21\text{V}$$
$$V_B = U_{BC} = V_B - V_C = (20 - 4)\text{ V} = 16\text{V}$$
$$V_O = U_{OC} = V_O - V_C = (0 - 4)\text{ V} = -4\text{V}$$
$$U_{AB} = V_A - V_B = (25 - 20)\text{ V} = 5\text{V}$$
$$U_{BO} = V_B - V_O = (20 - 0)\text{ V} = 20\text{V}$$

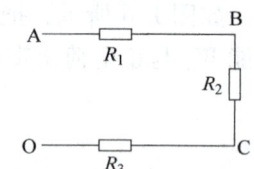

图 1-8 例 1-1 电位计算

【例 1-2】 如图 1-9 所示，求 S 闭合和断开时 A、B 点的电位。

解：（1）S 断开时，$U_A = U_B = 12V$

（2）S 闭合时，$U_A = U_B = [12/(10+5)] \times 5\text{V} = 4\text{V}$

【课堂练习】求图 1-10 中电路开关 S 闭合和断开两种情况下 a、b、c 三点的电位。

答案：S 闭合时，$V_a = 6V$，$V_b = -3V$，$V_c = 0V$

S 断开时，$V_a = V_b = 6V$，$V_c = (6+3)\text{V} = 9V$

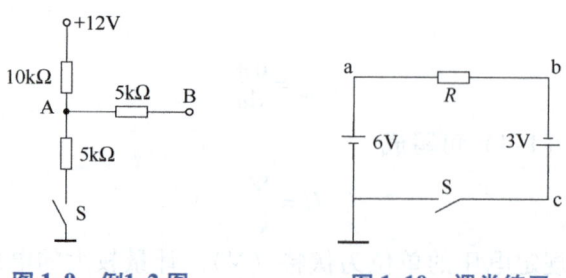

图 1-9 例 1-2 图　　　图 1-10 课堂练习

（4）电动势　电动势是一个表征电源特征的物理量，是电源将其他形式的能转化为电能的能力，在数值上，等于非静电力将单位正电荷从电源的负极通过电源内部移送到正极时

所做的功。它是能够克服导体电阻对电流的阻力，使电荷在闭合的导体回路中流动的一种作用。

理想电源其电动势与其两端的输出电压之间的关系如下：

$$E_{BA} = -U_{AB} \tag{1-7}$$

电动势的单位与电压相同，也用伏特（V）来表示。

规定电动势的实际方向是从电路的低电位指向高电位，即与电压的方向是相反的，在直流电路中，电动势的实际方向是很容易直观确定的。

（5）电功率　当一段导体中有电流通过时，正电荷从高电位移向低电位端，电场力对它做了功，这个功通常叫作电流的功，简称电功。其单位是焦耳（J）。

单位时间内所做的电功称为电功率，用 P 来表示，在闭合电路中（见图1-5），电源产生的电功率为

$$P_{电源} = IE \tag{1-8}$$

负载取用的电功率为

$$P_{负载} = IU \tag{1-9}$$

电功率的单位是瓦特，简称瓦（W）。

对于电源，一般将电动势和电流的方向选为一致，若 $P_{电源} > 0$，表示电源向电路提供电功率；若 $P_{电源} < 0$，则表示电源从电路取用电功率，起着负载的作用（如正在充电的蓄电池）。

对于一个实际的电源，由于有内阻，因而其自身也会消耗小部分的电功率：

$$P_{损耗} = I^2 R_0 \tag{1-10}$$

对于负载，一般将电压和电流的方向选为一致，若 $P_{负载} > 0$，表示该段电路取用或消耗电功率；若 $P_{负载} < 0$，则表示该段电路提供电功率，起着电源的作用。

这三者之间有如下的关系：

$$P_{电源} = P_{负载} + P_{损耗} \tag{1-11}$$

二、电路工作状态及电气设备额定值

1. 电路的三种工作状态

电路的工作状态有三种：负载（通路）状态、空载（断路或开路）状态、短路状态，如图1-11所示。

（1）负载（通路）状态　要使电气设备工作正常，就应当使电气设备在额定电压下工作，而且当用电器中通过的电流达到额定电流时，这种工作状态称为额定工作状态（俗称"通路"）。电气设备工作在额定状态时，是最经济合理安全可靠的，能够保证电气设备有一定的使用寿命。如标有220V、100W的灯泡，在使用时不能接在380V的电源上，应尽可能使其在额定状态下工作，否则就可能烧坏灯泡。如图1-11a所示，开关S合上以后，若负载 R_L 两端的电压为额定电压，流过的电流为额定电流，则电路处在额定工作状态。由于电源电压经常波动，电气设备在实际使用时电压、电流和功率不一定等于它们的额定值。

（2）空载（断路或开路）状态　所谓断路，就是电源与负载没有构成闭合回路，如图1-11b所示电路中，当开关S断开时，电路就处于空载状态，此时外电路电阻可视为无穷大，电路中的电流为零，即

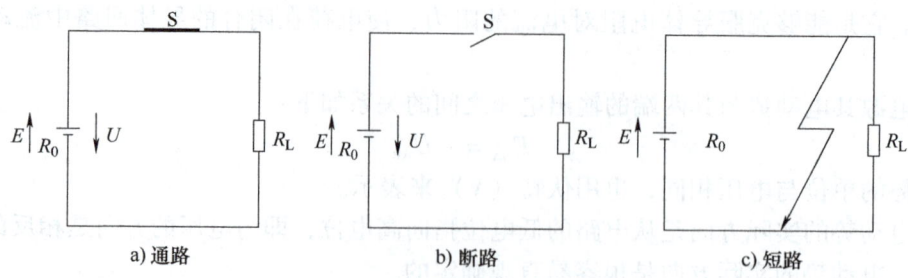

图1-11 电路的三种工作状态

$$I = 0 \quad U = E$$

在汽车接触器中，开路通常是由填料不足导致的接触不良，如图1-12所示。

（3）短路状态　所谓短路，就是电源未经负载而直接由导线接通构成闭合回路（或当电源两端由于某种原因而被短接时），如图1-11c所示，此时电路处于短路状态，负载的端电压为零，即

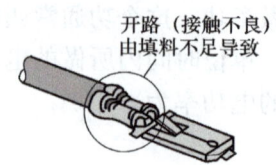

图1-12 汽车接触器的开路现象

$$U = 0$$

电源内部的电流 I_S（短路电流）为最大，即 $I_S = E/R_0$。

由于电源的内阻 R_0 都很小，所以 I_S 很大，大大超过额定值，造成电源及线路毁坏，甚至引发火灾事故。造成短路的原因主要有：绝缘层损坏或接线不当。为了防止短路造成电气设备的损坏，可在电源输出端接入熔断器和自动断路器，在出现短路故障时快速切断电源，以避免发生事故。图1-13所示为汽车接触器的短路现象。

总之，电阻元件中有电流流过就产生电压，其两端作用有电压就产生电流。但有两个特殊情况：零电阻和无穷大电阻。

当电路中的电阻 $R_L = 0$ 时称为零电阻，此时电路短路，R_L 两端电压为零，电路中电流为最大，即 $I_S = E/R_0$（R_0 为电源内阻）。

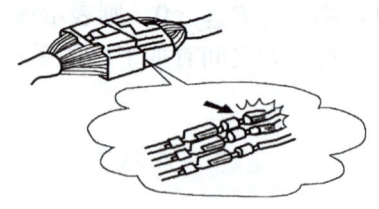

图1-13 汽车接触器的短路现象

当电路中的电阻 $R_L = \infty$ 时称为无穷大电阻，此时电路开路，R_L 两端电压为电源电压，电路中电流为0。

2. 电气设备的额定值

为了保证电气设备和器件能安全、可靠和经济地工作，制造厂规定了每种设备和器件在工作时所允许的最大电流、最高电压和最大功率，这称为电气设备和器件的额定值，常用下标符号N表示，如额定电流 I_N、额定电压 U_N 和额定功率 P_N。这些额定值常标记在设备的铭牌上，故又称为铭牌值。

例如，白炽灯标记为"220V、60W"；电动机标记为"380V、4kW"。

供电电压有一系列电压等级标准，如交流用330kV、220kV、110kV、35kV、10kV、660V、380V、220V等；直流用660V、220V、110V等；蓄电池用6V、12V、24V等；干电池为1.5V、3V、6V等。电气设备的额定电压应与供电电压等级相吻合。

当电气设备工作电流、电压、功率等于额定值时，称为满载；低于额定值时称为轻载或

欠载；高于额定值时称为过载或超载。

注意：轻载不能充分利用电气设备的能力，而超载会引起电气设备损坏或降低使用寿命。所以，使用时必须留意电气设备上的铭牌额定值，不应使实际值超过额定值，并且尽量使电气设备工作在满载状态。例如，在人们生活中白炽灯会因电压过高或电流过大而烧毁灯丝，也会因电压过低或电流过小而发暗。

> **提　示**
>
> 电源短路是一种严重事故，可使电源的温度迅速上升，短路时电源本身及短路电流所流过的导线温度剧增，将会损坏绝缘层，以致烧毁电源及其他电气设备，甚至引起火灾。为防止短路所产生的严重后果，通常在电路中接入熔断器（俗称保险丝）或断路器（俗称自动开关）等短路保护装置，以便能在发生短路时迅速切断故障电路，而确保电源和其他电气设备的安全运行。

三、汽车电路的组成、特点及电器元件

1. 汽车电路的组成

自汽车问世一百多年来，汽车的发展给整个世界和人类的生活带来了巨大的变化，汽车技术也取得了令人瞩目的进步。汽车电气设备是汽车的重要组成部分，随着汽车技术的进步，汽车电气设备的结构与性能也在不断改进，特别是电子技术在汽车上的广泛应用，在解决汽车节能降耗、行车安全、减少排放污染等方面起着越来越重要的作用。

20世纪60年代以后，随着电子技术的进步，汽车上开始采用电子设备，主要标志是交流发电机，采用二极管整流技术，将交流电变为直流电，减小了发电机的质量和体积，提高了发电机的可靠性，之后，又用电子电压调节器替代了传统的触点式电压调节器，使发电机的输出电压更加稳定，并减少了维护的工作量。

汽车电路主要包含电源系统、各种用电设备、中间装置（线束、各种开关），它们是汽车电路的基本组成部分，如图1-14所示。

（1）电源系统　主要包括蓄电池、交流发电机、电压调节器。发电机与蓄电池并联工作，发动机不工作时由蓄电池供电，发动机起动后，转由发电机供电。在发电机给用电设备供电的同时，也给蓄电池充电。发电机配有调节器，其主要作用是在发电机转速变化时，自动保持发电机输出电压稳定。

（2）用电设备　主要包括起动系统、点火系统、照明系统、信号系统、仪表及报警系统、辅助电器、空调和安全气囊等装置。目前，有许多新的车身电气设备或电控装置在不断更新和发展，如汽车音响、汽车导航和ABS等。

任何电气设备和电控装置要获得电源供电，中间装置的连接必不可少。

（3）中间装置（线束及开关）　常见的连接装置有汽车线束、开关装置、保险装置、继电器、连接端子、熔断器、断路器和插接器等，这些中间装置的选用和装配直接影响用电设备的运行状况。

全车电路及配电装置：包括中央接线盒、熔断器、继电器、线束及插接件、电路开关等，使全车电路构成一个统一的整体。

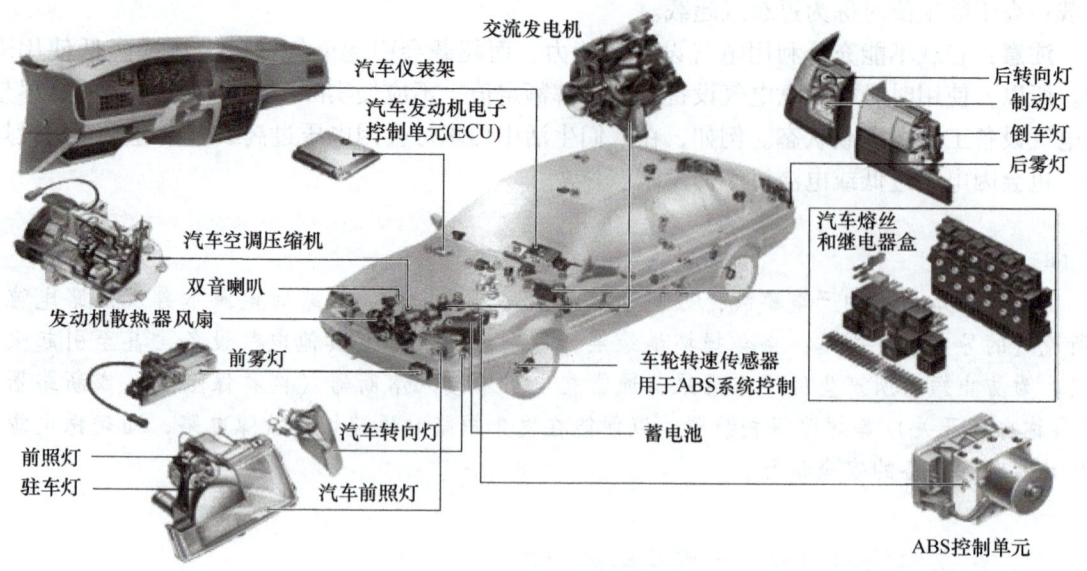

图1-14 汽车用电设备实物图

> **相关链接**
> 由于现代汽车所采用的电控系统越来越多,所占的比重越来越大,且汽车电控系统往往都自成系统,将电子控制与机械装置相结合,形成了较为典型的机电一体化系统。

2. 汽车电路的特点

汽车电路一方面具有一般电路的共性,也是由电源、用电器、开关、熔断器及导线连接而成的。另外一方面又有自己的特殊性,汽车电路主要有以下几个特点。

(1) 两个电源 所谓两个电源,就是指蓄电池和发电机两个供电电源。蓄电池是辅助电源,在汽车未运转时向有关用电设备供电;发电机是主电源,当发动机运转到一定转速后,发电机转速达到规定的发电转速,开始向有关用电设备供电,同时对蓄电池进行充电。汽车中发电机与蓄电池并联,所以才组成完整汽车电路的电源。蓄电池是一个可逆的直流电源,既能将化学能转换为电能,也能将电能转换为化学能。具有独立的电源回路是汽车电路的特殊性之一。两者之间的联系是发动机靠起动机起动,而起动机的电源是蓄电池,当蓄电池的电能消耗完后又必须用直流电进行充电,所以汽车电气系统为直流系统。

(2) 低压直流供电 汽车电气设备采用低压直流供电,即12V和24V两种。目前汽油车普遍采用12V,柴油车普遍采用24V。

(3) 单线制 汽车上所有用电设备都是并联的,电源到用电设备只用一根导线连接,而将汽车的金属机体作为公共回路,这种连接方式称为单线制。由于单线制节省导线、线路清晰,安装与检修方便,并且用电设备无须与车体绝缘,因此现代汽车广泛采用单线制。

注意:在一些不能形成可靠的电气回路或需要精确电子信号的回路中,要采用双线。

（4）负极搭铁（接地）　所谓搭铁，就是采用单线制时，将蓄电池的一个电极用导线连接到车架（发动机或底盘等金属车体）上。若蓄电池的负极连接到金属车体上，称为"负极搭铁"（接地）；反之，若蓄电池的正极连接到金属车体上，称为"正极搭铁"。目前各国生产的汽车基本上都采用"负极搭铁"方式。

（5）用电设备并联　所谓用电设备并联，就是指汽车上的各种用电设备都采用并联方式与电源连接，每个用电设备都由各自串联在其支路中的专用开关控制，互不产生干扰。

四、常用电子元器件——电阻器

由于电路是由电特性相当复杂的实际电路元件或器件组成的，为了用数学方法进行分析，获得具有普遍意义的规律，常将电路中的各种电路元件用一些能反映其主要特性的理想电路元件（称为模型）来代替。理想电路元件简称电路元件。通常采用的电路元件有电阻元件、电感元件、电容元件、理想电压源和理想电流源。前三种元件均不产生能量，称为无源元件；后两种元件是电路中提供能量的元件，称为有源元件。元件可分为线性和非线性两种。线性元件的参数是常数，与所施加的电压和电流无关。

1. 产品型号的组成及各组成部分的符号意义

（1）产品型号的组成

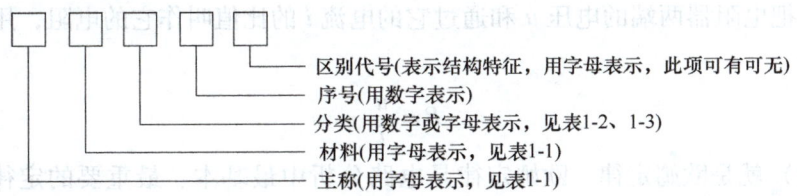

区别代号（表示结构特征，用字母表示，此项可有可无）
序号（用数字表示）
分类（用数字或字母表示，见表1-2、1-3）
材料（用字母表示，见表1-1）
主称（用字母表示，见表1-1）

（2）产品型号的组成部分的符号意义

表1-1　"主称""材料"部分的符号及意义

主称部分	材料部分				
R-电阻器 W-电位器	T-碳膜 Y-氧化膜	S-有机实心 I-玻璃釉膜	N-无机实心 X-线绕	J-金属膜	
C-电容器	C-高频磁 V-云母纸 Q-漆膜 D-铝电介	T-低频磁 Z-纸介 H-复合介质 A-钽电介	I-玻璃釉 J-金属化纸 N-铌电介	O-玻璃膜 B-聚苯乙烯等非极性有机薄膜 G-合金电介	Y-云母 L-涤纶等极性有机薄膜 E-其他材料电介

表1-2　"分类"部分的数字表示

数字类别 产品名称	1	2	3	4	5	6	7	8	9
电阻器	普通	普通	超高频	高阻	高温	支柱等	精密	高压	特殊
瓷介质电容器	圆片	管形	叠片	独石	穿心		高压	高压	
云母电容器	非密封	非密封	密封	密封					
有机电容器	箔式	非密封	密封	密封				高压	特殊
电解电容器	普通	箔式	烧结粉液体	烧结粉固体			无极性		特殊
电位器	普通	普通					精密	特种函数	特殊

表1-3 "分类"部分的字母表示

字母类别 产品名称	G	T	W	D
电阻器	高功率	可调	—	—
电容器	高功率	—	微调	—
电容器	—	—	微调	多圈

2. 电阻

导体或半导体对电流的阻碍作用叫作电阻。

在导体中，自由电子在电场力的作用下做定向运动时，会和晶格中的原子发生碰撞，有的电子被吸收，又会撞出新的自由电子，这样碰撞、摩擦的效应反映对电流的阻碍作用。电阻作用使得导体或半导体通过电流时进行着把电能转换成热能或其他形式能量的不可逆过程。如白炽灯、电炉、电烙铁等电阻器就是利用电阻作用而发热发光的。有的电器，如发电机、电动机、变压器等，虽然不是用来发热的，但因为也有电阻作用，通过电流时也要损耗电能。实际电路中，还会由其他原因而引起发热消耗电能。

电流流过电阻时，要消耗能量，所以沿电流方向就会出现电压。为了衡量电阻器对电流的阻碍作用，把电阻器两端的电压 u 和通过它的电流 i 的比值叫作它的电阻，用 R 表示，则电阻的定义为

$$R = \frac{u}{i} \tag{1-12}$$

式（1-12）就是欧姆定律。欧姆定律是电路分析中最基本、最重要的定律之一。它说明如果电阻固定，则电流的大小与电压成正比；如果电压固定，则电流的大小与电阻成反比，它反映电阻对电流的阻碍作用。

电子仪器由很多电子元器件组成，这些电子元器件可分为两大类，即无源元器件和半导体元器件（有源元器件）。无源元器件包括电阻、电容、电感；半导体元器件是有源元器件，常可分为四大类，即分立的有源元器件［包括二极管、半导体电阻（热敏电阻、压敏电阻、磁敏电阻）、晶体管、晶闸管］、集成电路（IC）［包括模拟电路、数字电路、混合电路（混合信号集成电路）］、光电元器件［光敏电阻、光电二极管、光敏器件、激光二极管、光电晶体管、电荷耦合器件］、微机械传感器［压力传感器、加速度传感器、转角传感器、流量传感器、温度传感器、行程传感器、气体传感器］。本任务只介绍电阻、电感和电容元件，下面先介绍电阻器。

（1）电阻器的分类　电阻器又称电阻，俗称欧姆电阻。在电路中，电阻器是最常见的电路元件，它的种类很多，有固定电阻、可调电阻、电位器和热敏电阻等，其图形符号分别如图1-15所示。

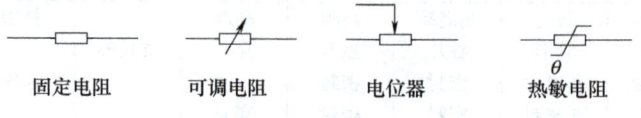

图1-15　电阻器的图形符号

当电流通过金属导体时，做定向运动的电子会与金属中的其他粒子发生碰撞。由此可见，导体对电荷的定向运动有着一定的阻碍作用，电阻就是反映导体对电荷阻碍作用的物理量。

电阻的文字符号为 R，图形符号为 —▭—，单位为欧姆（Ω）。

1）按制作材料分：有碳膜电阻、金属膜电阻和线绕电阻等。
2）按结构形式分：可分为固定电阻和可变电阻。
3）按功率分：有 1/16W、1/8W、1/4W、1/2W、1W、2W 等额定功率的电阻。
4）按用途分：有精密电阻、高频电阻、高压电阻、大功率电阻、热敏电阻、熔断电阻和光敏电阻等。

（2）固定电阻阻值的标注方法

1）直接标注法。

① 大电阻：直接用数字与单位直接标注在电阻上，如 R260Ω。

② 贴片电阻：常用的贴片电阻阻值误差精度有 ±5% 和 ±1% 两种。而 ±5% 精度的电阻用三位数来表示，前面两位是有效数字，第三位数表示有多少个零，基本单位是 Ω，例如标注 452 就是 4500Ω；±1 精度的电阻常用四位数来表示，前三位表示有效数字，第四位表示有多少个零，例如标注 2571 就是 2571Ω。

2）色标法。

对于碳膜和金属膜电阻，分别用 4 环与 5 环色环标注阻值，数值的读取方法、颜色与数值的对应关系如图 1-16 所示。

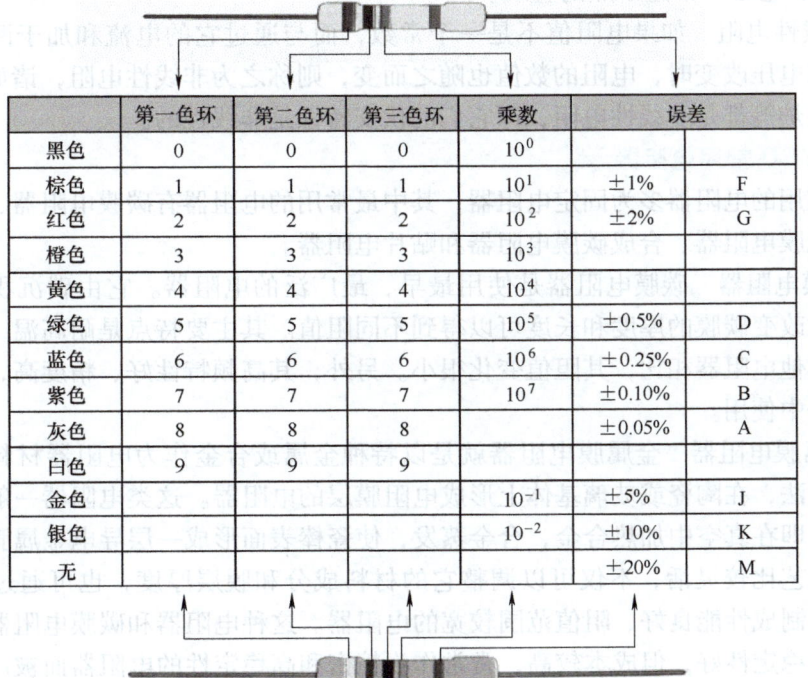

图 1-16 色环电阻表示法

	第一色环	第二色环	第三色环	乘数	误差	
黑色	0	0	0	10^0		
棕色	1	1	1	10^1	±1%	F
红色	2	2	2	10^2	±2%	G
橙色	3	3	3	10^3		
黄色	4	4	4	10^4		
绿色	5	5	5	10^5	±0.5%	D
蓝色	6	6	6	10^6	±0.25%	C
紫色	7	7	7	10^7	±0.10%	B
灰色	8	8	8		±0.05%	A
白色	9	9	9			
金色				10^{-1}	±5%	J
银色				10^{-2}	±10%	K
无					±20%	M

3. 电阻定律

导体的电阻是客观存在的，它与导体两端的电压大小无关。实验表明，导体的电阻与导体的长度 l 成正比，与导体的截面积 S 成反比，并与导体的材料有关。

具体表达式为

$$R = \rho \frac{l}{S}$$

式中，ρ 为导体的电阻率。

由实验可知，银、铜、铝等金属的电阻率较小，所以在实际应用中常用铜、铝两种导线。

导体的电阻除了与导体本身的长度、横截面积、材料有关以外，还与导体的温度有关。当温度上升时，金属的电阻值变大，而碳的电阻值反而变小。

(1) 线性电阻 电阻是组成电路的最基本元件之一。如果电阻值是一个常数，与通过它的电流无关，则称之为线性电阻。把一系列不同的电压加到电阻两端，将获得（流过这个电阻的）一系列不同的电流，电路图如图1-17a所示。如果取电压为横坐标，电流为纵坐标，画出电压—电流的关系曲线，这条曲线就是该电阻的伏安特性曲线，如图1-17b所示，它是一条过原点的直线。

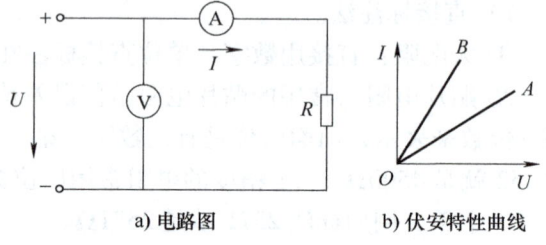

图1-17 线性电阻的伏安特性测定
a) 电路图　b) 伏安特性曲线

(2) 非线性电阻 如果电阻值不是一个常数，而与通过它的电流和加于两端的电压有关，当电流或电压改变时，电阻的数值也随之而变，则称之为非线性电阻，诸如二极管、白炽灯灯泡、电炉等都是非线性电阻，即它们的伏安特性是非线性的。

4. 汽车ECU常用电阻器

汽车中使用的电阻器多为固定电阻器，其中最常用的电阻器有碳膜电阻器、金属膜电阻器、金属氧化膜电阻器、合成碳膜电阻器和贴片电阻器。

(1) 碳膜电阻器 碳膜电阻器是使用最早、最广泛的电阻器。它由碳沉积在瓷质基体上制成，通过改变碳膜的厚度和长度可以得到不同阻值。其主要特点是耐高温，当环境温度升高时，与其他电阻器相比，其阻值变化很小。另外，其高频特性好、精度高，常在精密仪表等高档设备中使用。

(2) 金属膜电阻器 金属膜电阻器就是以特种金属或合金作为电阻器材料，用真空蒸发或溅射的方法，在陶瓷或玻璃基体上形成电阻膜层的电阻器。这类电阻器一般采用真空蒸发工艺制成，即在真空中加热合金，合金蒸发，使瓷棒表面形成一层导电金属膜。金属膜电阻器的制造工艺比较灵活，不仅可以调整它的材料成分和膜层厚度，也可通过刻槽调整阻值，因而可以制成性能良好、阻值范围较宽的电阻器。这种电阻器和碳膜电阻器相比，体积小、噪声低、稳定性好，但成本较高，常常作为精密和高稳定性的电阻器而被广泛应用，同时也通用于各种无线电电子设备中。

(3) 金属氧化膜电阻器 这种电阻器是由能水解的金属盐类溶液（如四氯化锡和三氯化锑）在炽热的玻璃或陶瓷的表面分解堆积而成。随着制造条件的不同，电阻器的性能也有很大差异。

可变电阻器按其设置特性进行区分。除直线和对数特性外，还有一系列非线性电阻器。非电气变量的电气测量随着汽车电子学领域技术的发展而不断进步，最近几年，非电气变量的电气测量已发展成为测量技术的一个重要领域。如今已开发出众多的物理和化学传感器（测量传感器），见表1-4。测量传感器可将物理和化学变量，即非电气变量，例如温度、压力、速度或磁场强度转变为电压或电流等电气信号。

表1-4 测量传感器

物 理 变 量	电 气 变 量
温度	电阻
光强度（发光度）	电压
转速	电压
磁通（量）密度	电阻
压力	电流
氧浓度	电压

五、常用电子元器件——电容器

电容器的种类很多，按结构形式来分，有固定电容器、半可变电容器、可变电容器。常见电容器的外形结构如图1-18所示，相应的图形符号如图1-19所示，电容的文字符号为C，单位为法拉（F）。

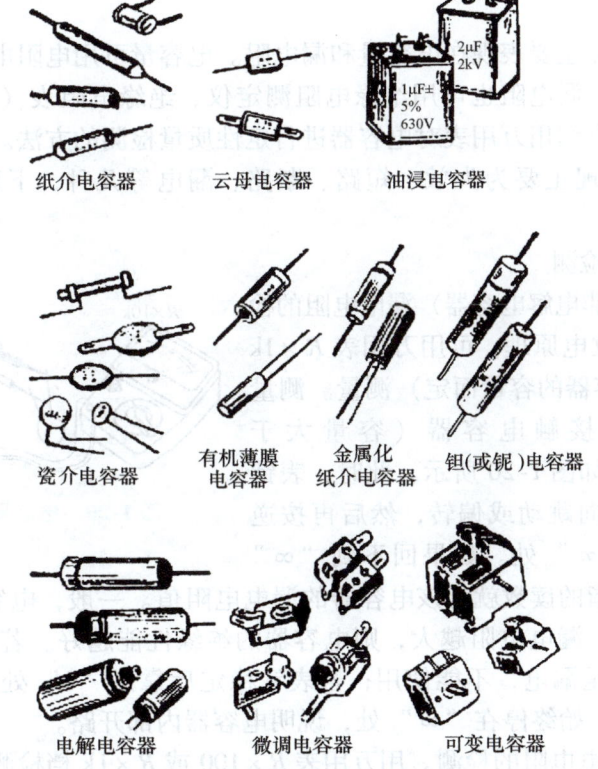

图1-18 常见电容器的外形结构

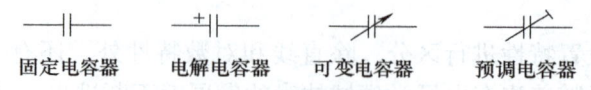

图1-19 电容器的图形符号

1. 电容器的分类

按结构和介质材料的不同,电容器可分为以下几种:

(1) 固定式 有机介质(纸介电容器、有机薄膜电容器)、无机介质(云母电容器、瓷介电容器、玻璃电容器)、电解质(铝电容器、钽电容器、铌电容器)。

(2) 可变式 可变电容器:空气电容器、云母电容器、薄膜电容器;半可变电容器:瓷介电容器、云母电容器。

2. 电容器的标注方法

(1) 文字符号直标法 标称容量单位为pF、nF、μF、F。

(2) 代码标注法 对于体积较小的电容器,常用三位数字来表示其标称容量值,前两位是标称容量的有效数字,第三位是乘数,表示乘以10的几次方,容量单位是pF。

例:"222"表示2200pF;"103"表示10^4pF。

(3) 极性 有许多类型的电容器是有极性的,诸如电解电容器、油浸电容器、钽电容器等,一般极性符号("+"或"-")都直接标在相应端脚位置上,有时也用箭头来指明相应端脚。在使用电容器时,要注意不能将极性接反,否则电容器的各种性能都会有所降低。

3. 电容器的检测

电容器的质量好坏主要表现在电容量和漏电阻。电容量可用电阻电容测量仪、交流阻抗电桥或万用电桥测量;漏电阻也可用绝缘电阻测定仪、绝缘电阻表(习称兆欧表)等专用仪器测定。现在主要介绍用万用表对电容器进行定性质量检测的方法。

电容器的异常表现主要为失效、短路、断路、漏电等几种,下面具体介绍几种检测方法。

(1) 漏电电阻的检测

① 固定电容器(非电解电容器)漏电电阻的检测。根据电容器的充放电原理,可用万用表$R \times 1k$或$R \times 10k$档(视电容器的容量而定)测量。测量时,将两表笔分别接触电容器(容量大于0.01μF)的两引线,如图1-20所示。此时,表针会迅速地沿顺时针方向跳动或偏转,然后再按逆时针方向逐渐退回"∞"处。如果回不到"∞"

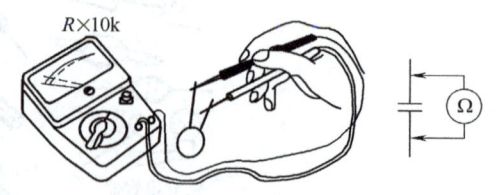

图1-20 电容器漏电电阻的检测

处,则表针稳定后所指的读数就是该电容器的漏电电阻值。一般,电容器的漏电电阻很大,可达几百到几千兆欧。漏电电阻越大,则电容器的绝缘性能越好。若阻值比上述数据小得多,则说明电容器严重漏电,不能使用;若表针稳定后靠近"0"处,说明电容器内部短路;若表针毫无反应,始终停在"∞"处,说明电容器内部开路。

② 电解电容器漏电电阻的检测。用万用表$R \times 100$或$R \times 1k$档检测电解电容器的漏电电阻时,正常情况下,其阻值应大于几百千欧。

当检测大容量的电解电容器（容量为几百至几千微法）时，由于万用表内电池通过欧姆档内阻向电容器充电的时间较长，表针顺时针方向偏转幅度很大，甚至会冲过"0"而不动，而且需要经过几十秒到几分钟，才能缓慢回到稳定的漏电电阻值处，所以为加快检测速度，尽快读取漏电电阻值，可采用如下快速检测法：当表针顺时针偏转到最大值时，迅速将切换开关从 $R \times 1k$ 档拨到 $R \times 10$ 档。由于 $R \times 10$ 档的内阻值较小，因而向电容器充电的电流较大。当电容器充电结束后，表针便会很快回到"∞"处，然后再将切换开关拨回 $R \times 1k$ 档，表针会顺时针方向偏转至一个稳定的指示值，该值即为电解电容器的漏电电阻。

（2）电解电容器正、负极的判别 电解电容器可用下述方法判别其正、负极。

① 外观判别。例如 CD11 型电解电容器，可根据其引线的长短来加以区别，长引线为正极，短引线为负极。对于铝壳电解电容器（CDX 型），中心引出端为正极，与铝壳连通处为负极。

② 用万用表判别。电解电容器具有正向漏电电阻大于反向漏电电阻的特点。利用此特点可以判别电解电容器的正、负极。具体方法是：将万用表拨至 $R \times 1k$ 或 $R \times 10k$ 档，交换黑、红表笔测量电解电容器两次，观察其漏电电阻的大小，并以漏电电阻大的一次为准，黑表笔所接的就是电解电容器正极，红表笔所接的为负极。

测试时应注意，测试前应将电解电容器两引线先短接一下放电，以避免电容器储存的电能对万用表放电而毁坏仪表。测量容量较大的电解电容时，在第二次测量时也应先短接两引线进行放电，以便释放上次测量中累积的充电电荷。如仍有轻微的指针打表现象，属于正常现象，若两次测量得到的正、反向漏电电阻相差无几，则说明电解电容器正向漏电严重，已不能使用。

六、常用电子元器件——电感线圈

当电流通过一个导体时，导体的周围就会建立一个电磁场，这种由通电产生磁场的现象称之为电磁感应。同样，磁场也可以产生电。1831 年，英国物理学家法拉第发现，当一个磁铁通过闭合线圈，或线圈和磁铁做相对运动时，将在线圈两端感应出电压，从而产生感应电流，这就是磁场产生电的原理。

1. 电感

将一般导线绕制成一个线圈，就是一个最简单的电感元件（或简称电感），如图 1-21 所示。当给线圈通电时就将产生磁场，线圈则储存了磁场能量。因此电感 L 是表示电感元件产生磁场能力（即磁能）大小的物理量。

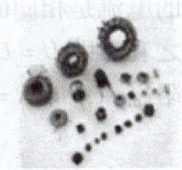

图 1-21 电感线圈

电感线圈有空心线圈和铁心线圈之分，电感的文字符号为 L，图形符号为 ⌒⌒⌒，国际单位是亨利（H）。L 也称为电感或自感。

既然通电的电感元件会产生磁场，显然电流越大，单位电流中产生的磁链越大，电感也越大；线圈的匝数越多，其电感越大。电感定义为

$$L = NQ/i$$

电感是元件本身的一个固有参数，影响电感的因素为：线圈的匝数 N、铁心的长度 l、铁心的横截面积及铁心材料的磁导率 μ。如果电感 L 是一个常数，则称该元件为线性电感元件。电感在使用时用较小的单位：毫亨（mH）和微亨（μH）。它们之间的换算关系如下：

$$1H = 10^3 mH$$
$$1mH = 10^3 \mu H$$

2. 变压器型号的命名方法

变压器型号的命名方法由三部分组成：第一部分为主称，用字母表示；第二部分表示功率，用数字表示，计量单位用伏安（V·A）或瓦（W）表示，但 RB 型变压器除外；第三部分为序号，用数字表示。

3. 电感的伏安特性

对于线性电感，在 u、i 关联参考方向的前提下，当通过电感线圈的电流 i 发生变化时，产生感应电压为 $u = Ldi/dt$。由此可见，电感的端电压 u 与电流的变化率成正比。电流的变化率大，电感两端电压 u 就大；电流的变化率为零（即直流情况），则电感两端无电压，在直流电路中电感相当于短路，可视为导线，所以电感具有"通直阻交"的作用。

七、电阻的串并联计算及应用

1. 电阻串联计算及在汽车中的应用

一个串联电路由仅有一条供电流通过的通道的一个或多个电阻器（如负载）组成。如果电路中任何元件失效，整个电路将不能工作。如图 1-22 所示，来自蓄电池正极端的电流必须全部通过每一个电阻器，然后回到蓄电池的负极端。

串联电路的总电阻可以通过将电阻相加计算出来。以图 1-22 为例，这是带三个电阻的串联电路；其中 R_1 的电阻为 2Ω，R_2 和 R_3 的电阻均为 1Ω。该电路的总电阻是 $2\Omega + 1\Omega + 1\Omega = 4\Omega$。

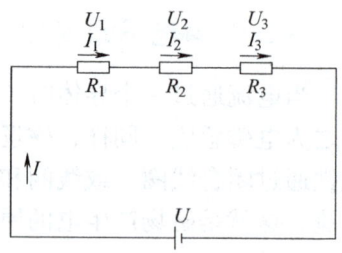

图 1-22 串联电路

串联电路的特征如下：

1）电路中流过所有电阻的电流是相同的，即 $I = I_1 = I_2 = I_3 = \cdots$

2）总电压等于各分电压之和，即 $U = U_1 + U_2 + U_3 + \cdots$

3）总的电阻等于所有电阻之和，即 $R = R_1 + R_2 + R_3 + \cdots$

> **提示**
>
> 在串联电路中，如果一个用电器失灵，则总电流将被切断。

【例 1-3】 在汽车多档冷风和暖风鼓风机中，通过 3 个限流串联电阻，鼓风机电动机能以 4 个不同档位运转，实现电压分配，如图 1-23 所示。

解：

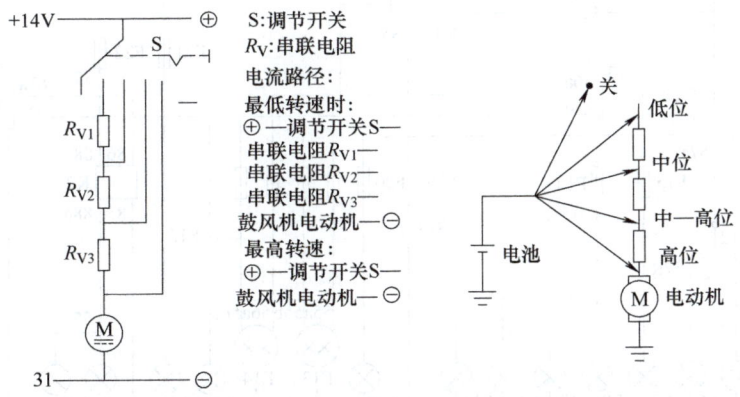

图 1-23　汽车多档冷风和暖风鼓风机

2. 电阻并联计算及在汽车中的应用

在一个并联电路中，电流的每一条通道都有各自的或独立运行或彼此结合在一起（取决于电路的设计）的电阻。在一个并联电路中，电流能一次流过超过一个并行的分支。在这种电路中，一个并行分支的一个元件的失效不会影响电路中其他分支中的元件，如图 1-24 所示。

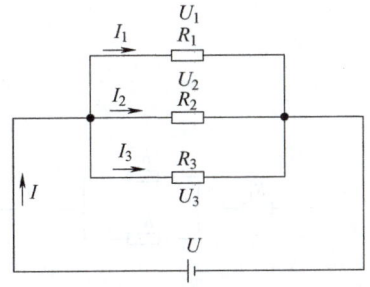

图 1-24　并联电路

并联电路的特征如下：

1）总电流等于各分电流之和。即　$I = I_1 + I_2 + I_3 + \cdots$

2）所有电阻上的电压是相同的。即　$U = U_1 = U_2 = U_3 = \cdots$

3）总电阻的倒数等于各支路电阻倒数之和。即　$\dfrac{1}{R} = \dfrac{1}{R_1} + \dfrac{1}{R_2} + \dfrac{1}{R_3} + \cdots$

并联电路的总电阻总是小于阻值最小的单个电阻。在并联电路中，一个用电器失灵不会影响其他用电器的正常工作。因此大多数汽车电气系统接线是并联的。实际上，由若干串联电路组成的系统的接线是并联的，这样可使每一个组件能独立于其他组件工作。当某个组件开启或断开时，其他组件的操作不会受到影响。

【例 1-4】　分析汽车照明灯电路图，如图 1-25 所示。

解析：每一个照明灯串联一个熔断器（保险丝）起保护作用，汽车照明灯采用并联方式连接。

3. 电阻混联在汽车中的应用

混联电路是串联电路和并联电路的组合电路。计算时将混联电路分解成单个电路——并联或串联电路，并计算出等效电阻，如图 1-26 所示。

【例 1-5】　如图 1-27 所示是一个简单的制动信号灯电路，它是一个混联电路，图中给出了该组件各终端设备的名称。

直流电桥是一种在一个输入接线柱和接地之间串并联排列的电阻器，它是典型的电阻混联电路。

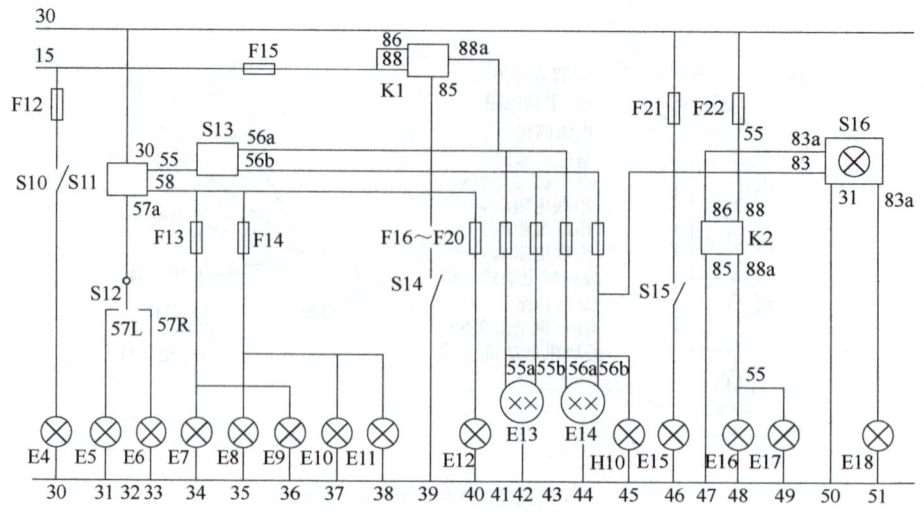

图 1-25　汽车照明灯电路图

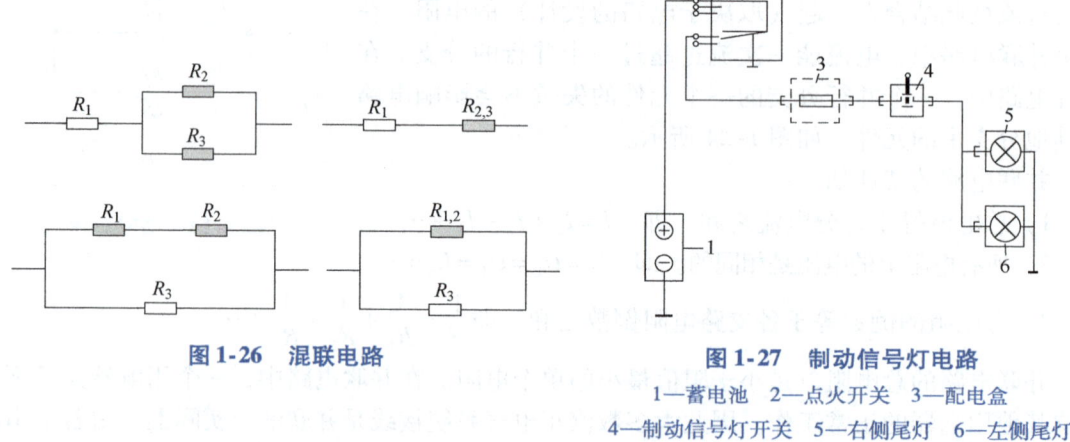

图 1-26　混联电路

图 1-27　制动信号灯电路
1—蓄电池　2—点火开关　3—配电盒
4—制动信号灯开关　5—右侧尾灯　6—左侧尾灯

直流电桥是用来测量电气设备直流电阻或与电阻有一定函数关系的比较仪器。对中等数值（$10^1 \sim 10^6 \Omega$）电阻的测量，用直流单臂电桥（也叫惠斯通电桥）；对 10Ω 以下小电阻（如变压器电压分接开关的接触电阻、油断路器或其他电气设备的接触电阻）的测量，用双臂电桥（也叫凯尔文电桥）。本任务只分析前者——直流单臂电桥（惠斯通电桥）。

（1）惠斯通电桥的结构　惠斯通电桥是一种专门用来测量中等数值电阻的精密测量仪器。图 1-28 是直流电桥的原理图，图中待测电阻 R_x 和 R_0、R_1、R_2 四个电阻连成一个四边形，每一条边称作电桥的一个臂。检流计 G 连通的 CD 称为"桥"，其中 R_x 叫作被测臂，R_1、R_2 构成比例臂，R_0 叫作比较臂。

（2）工作原理　惠斯通电桥是两个简单的串联电路、通过电源并联的一种电路。桥上的检流计用来检测其间有无电流及比较"桥"两端（即 CD 端）电位的大小。通常其电阻器中的其中两个是固定电阻器，第三个是可变电阻器，而第四个是传感电阻器。当 AB 端加上直流电源时，调节可变电阻器使电桥平衡，检流计 G 中无电流流过；当电路中的传感电阻器由于某些因素使其数值发生变化时，检流计 G 将产生电压，该电压就是检测元件输出的误差电压。

（3）工作过程　当接通开关 S_1、S_2 后，调节标准电阻 R_1、R_2、R_0，使检流计 G 的指示为零，即 $I_g=0$，这时直流电桥处于平衡状态。

电桥平衡时，$I_g=0$，表明电桥两端 C、D 的电位相等，平衡条件：$R_x = \dfrac{R_1}{R_2} R_0$

上述表明：被测电阻 R_x = 比例臂倍率 × 比较臂读数。

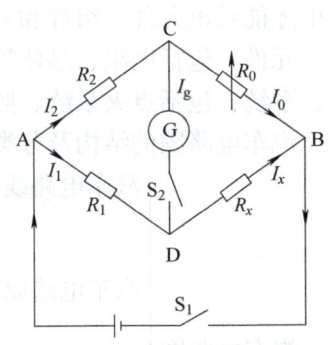

图 1-28　例 1-6 直流电桥

【例 1-6】　分析图 1-28 所示的直流电桥，简述其工作原理，并证明电桥的平衡条件。

解：图中待测电阻 R_x 和 R_0、R_1、R_2 四个电阻连成一个四边形，每一条边称作电桥的一个臂。检流计 G 连通的 CD 称为"桥"。当 AB 端加上直流电源时，桥上的检流计用来检测其间有无电流及比较"桥"两端（即 CD 端）电位的大小。调节 R_0、R_1、R_2，可使 CD 两点的电位相等，检流计 G 指针为零（I_g），此时，电桥达到平衡。

电桥平衡时，根据分压原理，$U_{AC}=U_{AD}$，$U_{CB}=U_{DB}$，即

$$I_2 R_2 = I_1 R_1 \qquad ①$$
$$I_0 R_0 = I_x R_x \qquad ②$$

因为 G 中无电流（即 $I_g=0$），所以 $I_2=I_0$，$I_1=I_x$

上式两式相除，即 ②/① 得：$R_0/R_2 = R_x/R_1$

$$R_x = \frac{R_1}{R_2} R_0$$

显然，惠斯通电桥测电阻的原理，就是采用电压比较法。

【例 1-7】　如图 1-29 所示电路是一个混联电路，已知电源电压 $U=45\mathrm{V}$，电阻 $R_1=70\Omega$，$R_2=10\Omega$，$R_3=80\Omega$，$R_4=5\Omega$，试求电路中电流 I、I_1、I_2 的数值。

解：电路有两个网孔、两个节点，可以列出电压和电流方程为

$$(R_1+R_2)//R_3 = 40\Omega$$
$$I_2 = U/[(R_1+R_2)//R_3 + R_4] = 1\mathrm{A}$$

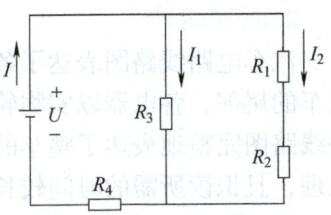

图 1-29　电阻混联电路

最后，可以得出其他支路的电流 $I_1 = I_2 = \dfrac{1}{2} I = 0.5\mathrm{A}$。

课题二　汽车简单电路的识读与计算

一、汽车电路图的分类

以汽车电路为例，了解电路图、线路图、原理图、定位图的基本概念。

在汽车车辆电气和电子系统中，是由许多元件、组件和系统共同起作用的，只有在电路

图中才能看出元件、组件和系统的共同作用关系,才能了解与掌握电气连接的情况。

元件:包括电阻、晶体管和电容等;组件:包括刮水时间间隔继电器、危险报警发生器等;系统:包括点火系统、照明系统等。

汽车电路图的结构及分类如下:

汽车电路图
- 汽车电路线路图
- 汽车电路原理图
  - 汽车传统(开关/继电器)控制电路原理图
  - 汽车电子控制电路原理图
  - 汽车开关内部位置—电气连接关系图
  - 汽车电路原理框图
- 汽车电路定位图
  - 汽车电路定位图
  - 汽车线束图
  - 汽车线路插接器插脚图
  - 汽车接线盒(含熔丝盒、继电器盒)平面布置图

1. 电路图

电路图以电流路径概览图的形式描述电路的工作原理,或者说汽车电路图主要用于表达各电气系统的工作原理及电器间的连接关系。尽管不同车型的电路图风格各异,但电路图必须包括下面几部分:

1)符合 DIN EN 60617 标准电路符号的电路;

2)符合 DIN EN 61346-2 标准规定的设备符号;

3)符合 DIN 72552 标准规定的车辆技术接线总线端符号或符合 DIN EN 60445 标准规定的电气技术连接符号。

所以,汽车电路图能够详细描述整个电路及其电气设备,绘制电路图的主要目的是用于分析一个电路的功能(专业课重点介绍)。

2. 线路图

汽车电路线路图表达了各个电器在车上的大致布局,图左侧代表汽车的前部,右侧代表汽车的尾部,各电器以实物轮廓图表示,导线分布大体上与车上的实际位置、走向相同。电路线路图完整地表达了整车的电器及线路连接,但不能清晰、方便地反映各电气系统的工作原理,且识读所需的时间较长,随着汽车电路的日趋复杂,这类电路图越来越不实用。

3. 原理图

电路原理图重点表达各电气系统电路的工作原理,既可以是全车电路图,也可以是各系统电路原理图。尽管各汽车制造公司的表达方式不尽相同,但一般都具有以下特点:

1)通过电气符号表达各电器。一般通过这些符号可了解该电器的基本结构和作用。

2)在大多数图中,电源线在图上方,搭铁线在图下方,电流方向自上而下。电路较少迂回曲折,电路图中电器元件串、并联关系十分清楚,电路图易识读。

3)各电器不再按电器在车上的安装位置布局,而是依据工作原理在图中合理布局,使各系统处于相对独立的位置,从而易于对各用电设备进行单独的电路分析。

4)各电器旁边通常标注有电器名称及代码(如控制器件、继电器、过载保护器、用电器、铰接点及搭铁点等)。

5)电路原理图中所有开关及用电器均处于不工作的状态,例如点火开关是断开的、发

动机不工作、车灯关闭等。

6）导线一般标注有颜色和规格代码，有的车型还标注有该导线所属电气系统的代码。根据以上标注，易于对照定位图找到该电器或导线在车上的位置。

近年来，汽车电气技术的飞速发展，特别是电子技术的广泛应用，使汽车电气系统发生了以下变化：

1）新的电气系统不断出现，如汽车上出于安全、舒适等目的而新增的装置等。

2）电子控制装置被广泛应用，使独立控制的系统向集成控制的方向发展。很多车型的发动机和自动变速器的控制就是由一个电控单元进行控制，称为动力控制单元（如通用的PCM电控单元）。

3）各电气系统之间的关联越来越多，如发动机电控系统和自动变速器电控系统之间有很多信息共享和匹配。

4. 定位图

电路定位图用于指示各电器及导线的具体位置。一般采用绘制的立体图或实物照片的形式，立体感强，能直观、清晰地反映电器在车上的实际位置，具有很高的实用价值。

目前，大多数制造公司均采用了电路原理图结合定位图的表达方式。为便于结合两类图，大多数车型的电路图还附有表格，指出电路图上的电器、导线等在哪一张定位图上。

> **相关链接**
>
> 定位图在某些车型中还可以进一步细化分类：
>
> 1）汽车电器定位图：确定各电器元件、插接器、接线盒、搭铁点、铰接点及诊断座等的分布位置。
>
> 2）汽车线束图：确定电线束与各用电器的连接部位、接线柱的标记、插头、插接器的形状及位置。
>
> 3）汽车线路插接器插接脚图：确定插接器内各导线连接位置。
>
> 4）汽车接线盒（含熔丝盒、继电器盒）平面布置图：确定熔丝、继电器等具体安装方位。

二、汽车电路识读与计算（基尔霍夫定律）

1. 汽车电路识读与分析

（1）提出问题　下面以汽车后窗除霜电路（线路）图为例进行分析，如图1-30所示，画出电路原理图，并求出负载 R_L（除霜时电热丝）上所流过的电流及两端电压。

在电路中，电流或电压的方向不随时间的变化而变化，称为直流电路。汽车后窗除霜电路是直流电路，是由发电机和蓄电池两个电源供电，属于复杂电路，不能用中学物理电学部分学习的欧姆定律求解。

图1-31为汽车后窗玻璃除霜电路原理图：其中 U_1、R_{S1} 分别为发电机的电动势和内阻；U_2、R_{S2} 分别为蓄电池的电动势和内阻；R_L 为除霜负载。电路中的三个电阻不是简单的串、并联关系，无法直接应用欧姆定律求解，这种电路称为复杂电路（注意：此处忽略负载电

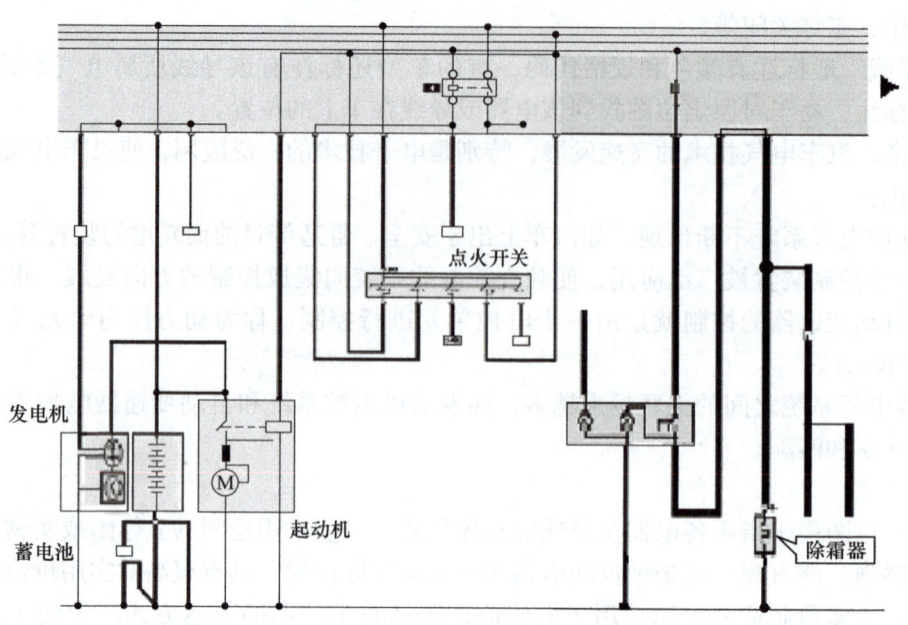

图 1-30 汽车后窗玻璃除霜器电路图

阻 R_L 随温度的变化而变化,将此电路看成线性元件直流电路)。

(2) 直流电路相关概念

支路:电路中通过同一电流的每个分支叫作支路。在图 1-31 中,adb、acb、ab 都是支路,其中 adb、acb 中有电源,称为有源支路;ab 中没有电源,称为无源支路。

节点:三条或三条以上支路的公共连接点,叫作节点,如图 1-31 中的 a 点和 b 点。支路就是连接两个节点的一段电路。

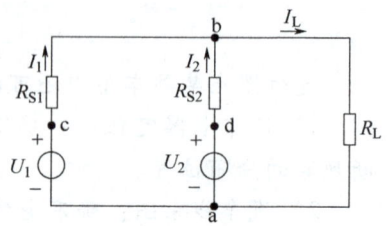

图 1-31 汽车后窗玻璃除霜电路原理图

回路:电路中的任一闭合路径叫作回路。在图 1-31 中,adbca、acba、adba 都是回路,只有一个回路的电路称为单回路电路。

网孔:内部不含支路的回路叫作网孔。在图 1-31 中,adbca、adba 是网孔,而 acba 含有新的支路,就不能算是网孔。

2. 基尔霍夫定律

基尔霍夫定律是德国物理学家古斯塔夫·基尔霍夫 1845 年发现的,它包含两个重要定律:基尔霍夫电流定律和基尔霍夫电压定律。

(1) 基尔霍夫电流定律(KCL) 基尔霍夫电流定律的理论基础是电荷守恒定律和电流的稳恒条件。如果在直流电路中的任一节点处取一闭合面,在该节点处不可能有积累电荷,单位时间内流进的电量必等于流出的电量。即:在任一时刻,流入节点的电流等于流出节点的电流。

对于任意一个节点:
$$\sum I_{出} = \sum I_{入}$$

如果规定:流出节点的电流为正,流入节点的电流为负。则上式可写为
$$\sum I = 0$$

上式称为基尔霍夫第一定律，也叫电流定律（KCL）。

它表明，汇集于任意一个节点电流的代数和等于零。根据 KCL，每一个节点可以列出一个电流方程，但不是所有方程都是独立的。如果电路共有 n 个节点，则只能列出 $n-1$ 个独立方程。

在应用 KCL 之前，要先在电路图上标定支路电流的方向，对于已知的电流，则按已知实际方向标定；对于未知的电流，可先设其参考方向，根据所列出的方程式计算出电流值，如为正，则表示电流的实际方向和参考方向相同，如是负的，则电流的实际方向与参考方向相反。如图 1-32 所示，对于一个节点，应用基尔霍夫电流定律可得：

$$I_1 + I_2 = I_3 + I_4 + I_5$$

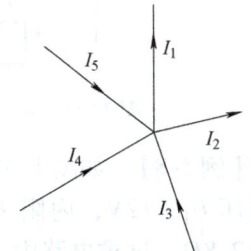

图 1-32　基尔霍夫电流定律

如果规定流入为正，流出为负，则可写成：

$$I_5 + I_4 + I_3 - I_1 - I_2 = 0$$

（2）基尔霍夫电压定律（KVL）　基尔霍夫电压定律阐明的是电路中任一回路上的电动势和电阻上的电压（电位差）之间的关系。即：在任一时刻，沿任意闭合回路绕行一周，各段电压代数和恒等于零。对于任意回路：

$$\sum U = 0$$

上式称为基尔霍夫电压定律，也叫电压定律（KVL），它也表明，在任意时刻，任意回路中电动势的代数和恒等于各个电阻（含电源内阻）上电压降的代数和：$\sum E = \sum IR$。

在运用 KVL 列方程时，首先要确定回路各段电压的参考方向，然后选取回路绕行方向，当各段电压的正方向和回路绕行方向一致时，该电压取正值，反之，则取负值。

列电压方程时应注意以下几点：

1）列方程前标注回路绕行方向。

2）应用 $\sum U = 0$ 列方程时，项前符号的确定。

凡支路电压的参考方向与回路绕行方向一致者，此电压前面取"+"号，反之电压前面取"-"号。

3）开口电压可按回路处理。

如图 1-33 所示回路中，回路绕行方向如图所示，则根据 KVL 可得：

$$U_1 + U_2 - U_3 - U_4 = 0$$

（3）支路电流法　支路电流法是以支路电流为未知量，应用基尔霍夫定律（KCL、KVL）列方程组求解。

对于图 1-34 所示的电路，其中

支路数：$b = 3$　　节点数：$n = 2$

回路数 $= 3$　　单孔回路（网孔）$= 2$

支路电流法的解题步骤：

1）在图中标出各支路电流的参考方向，对选定的回路标出回路循行方向。

2）应用 KCL 对节点列出 $(n-1)$ 个独立的节点电流方程。

3）应用 KVL 对回路列出 $b-(n-1)$ 个独立的回路电压方程。

4）联立求解 b 个方程，求出各支路电流。

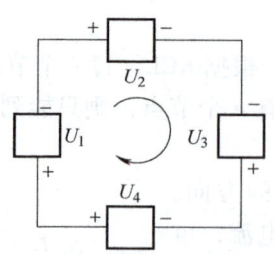

图1-33 基尔霍夫电压定律

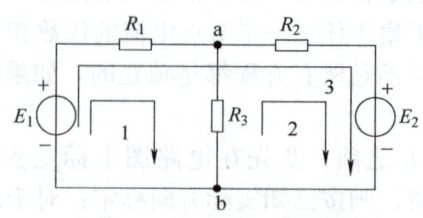

图1-34 复杂电路图

【例1-8】 如图1-31所示电路为NISSAN（尼桑）骊威后窗除霜电路原理图，已知蓄电池电压 $U_1 = 12V$，内阻 $R_{S1} = 0.4\Omega$，发电机电压 $U_2 = 15V$，内阻 $R_{S2} = 0.1\Omega$，电热丝电阻 $R_L = 2.8\Omega$，试求电路中三个支路电流。（忽略温度对负载电阻 R_L 的影响）

解：电路有两个网孔、两个节点，可以列出电压和电流方程：

$U_1 = I_1 R_{S1} + I_L R_L$　　代入数值 $12 = 0.4 I_1 + 2.8 I_L$　　①

$U_2 = I_2 R_{S2} + I_L R_L$　　代入数值 $15 = 0.1 I_2 + 2.8 I_L$　　②

$I_L = I_1 + I_2$　　③

将①②③联立求解，得：$I_1 = -5A$；$I_2 = 10A$；$I_L = 5A$

【例1-9】 电路如图1-35所示，已知 $U_{S1} = 15V$，$I_S = 1A$，$U_{S2} = 5V$，$R = 5\Omega$。求各电源的功率，说明是吸收还是提供功率，并验证功率平衡。

解：为解题方便，设各支路电流的参考方向如图。

由欧姆定律得 $I_2 = (U_{S1} - U_{S2})/R = 2A$，$I_1 = I_2 - I_S = 1A$

则 $P_{US1} = 15 \times 1 W = 15W > 0$，由于 U_{S1}、I_1 为关联参考方向，所以发出功率。

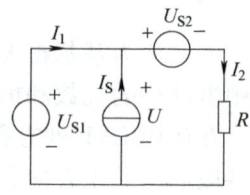

图1-35 例1-9图

$P_{US2} = 5 \times 2W = 10W > 0$，由于 U_{S2}、I_2 为非关联参考方向，所以吸收功率。

$P_{IS} = UI_S = U_{S1} I_S = 15 \times 1 W = 15W > 0$，由于 I_S、U 为关联参考方向，所以发出功率。

电阻 R 吸收的功率 $P_R = I_2^2 R = 20W$。$P_{US1} + P_{IS} = P_{US2} + P_R$，因此功率平衡。

三、复杂电路计算

1. 电压源与电流源及等效变换

（1）理想电压源和理想电流源　理想电压源和理想电流源是输出的电压或电流与它连接的负载无关的电源，也就是说，无论在这种电源端口上连接什么负载，理想电压源输出的电压或理想电流源输出的电流都是恒定的，这种理想电源也称为独立电源。要特别提醒注意的是，实际工作中，理想电源是不存在的。

换句话说，如果把电源也看成一个元件，那么理想电源元件就是从实际电源元件中抽象出来的。不过在实际电源本身消耗的功率可以忽略不计，而只起产生电能的作用时，这种电源便可以用一个理想电源元件来表示。理想电源元件分为理想电压源和理想电流源两种。

1）理想电压源。理想电压源简称电压源（也称恒压源），它是一个能够提供恒定电压 U_S 的电源。图1-36a所示为理想电压源与负载的连接。

在图1-36a所示电路中，当外接电阻 R 变化时，流过理想电压源的电流 I 将会发生变化,但电压 U_S 不变。显然,这是有条件的,超出这个条件就不能得出这样的结论。例如,将一个阻值为零的电阻接入理想电压源,从理论上讲,负载中的电流将会变得无穷大。

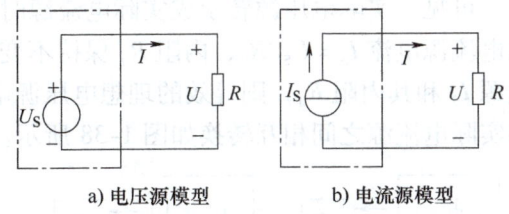

a) 电压源模型　　　　b) 电流源模型

图 1-36　理想电源模型

对于理想电压源,它具有两个重要特性。其一是端电压在任何时刻都和流过电源的电流大小无关;其二是输出电流取决于外电路,由外部负载的电阻决定。

2) 理想电流源。理想电流源简称电流源(也称恒流源),它是一个能够提供恒定电流 I_S 的电源,图 1-36b 所示为理想电流源与负载的连接。

在图 1-36b 所示电路中,当外接电阻 R 变化时,理想电流源两端的电压 U 将会发生变化,但电流 I_S 不变。显然,与电压源一样,这也是有条件的,否则将一个电阻为无穷大的负载接入理想电流源,从理论上讲,负载两端的电压将会变得无穷大。

对于理想电流源,它具有两个重要特性:其一,输出电流在任何时刻都和它两端电压大小无关;其二,它的端电压取决于外电路,由外部负载的电阻决定。

(2) 实际电压源和实际电流源　实际应用中的电源一般不会具有理想电源的特性,当外接电阻 R 变化时,电源提供的电压和电流都会随之发生变化。当然,有的电压源在外接负载电阻变化时,输出电压波动很小,比较接近理想电压源的特性;也有一些电流源当外接负载电阻变化时,输出电流波动很小,比较接近理想电流源的特性。

在电气工程技术中,不仅元件用模型表示,电源也可以用不同形式的模型表示。常见的实际电源多以电压源的形式表现,如图 1-37a 所示,它是由一个电压为 U_S 的理想电压源和内阻为 R_0 的电阻元件串联而成,该组合称为电压源模型。这种模型等效的电源,当外部负载电阻发生变化时,其输出电压波动不大。人们常用的电池、收音机使用的稳压电源都属于这类电源。

实际的电源也可以以电流源的形式表现,如图 1-37b 所示,它是由一个恒定的电流为 I_S 的理想电流源和代表内阻为 R_0 的电阻元件并联而成,这种组合称为电流源模型。这种模型等效的电源,当外部负载电阻发生变化时,输出电流波动很小。光电池在一定光照情况下发生的电流就属于这类电源。

(3) 两种实际电源模型的等效变换　使用电压源模型或电流源模型来描述不同的电源是为了更符合这些电源的外部特性,并便于对其进行分析。实际电源可以用电压源模型表示,也可以用电流源模型表示。如果实际电源可以由不同的模型来表示,那么二者之间就应该有对应的转换关系,可以从下面分析中得出结论。

在图 1-37a 所示的电压源模型中:

$$I = (U_S - U)/R_0 = U_S/R_0 - U/R_0$$

在图 1-37b 所示的电流源模型中:

$$I = I_S - U/R_0$$

比较上述两式,可得实际电压源与实际电流源等效变换条件:

$$I_S = U_S/R_0$$
$$R_0 = R_0$$

可见，实际电压源转换成实际电流源时，已知理想电压源 U_S 和其内阻 R_0，则等效的理想电流源电流 $I_S = U_S/R_0$，内阻 R_0 保持不变；实际电流源转换成实际电压源时，已知理想电流源 I_S 和其内阻 R_0，则等效的理想电压源电动势 $U_S = I_S R_0$，内阻 R_0 保持不变。实际电压源和实际电流源之间相互转换如图 1-38 所示。

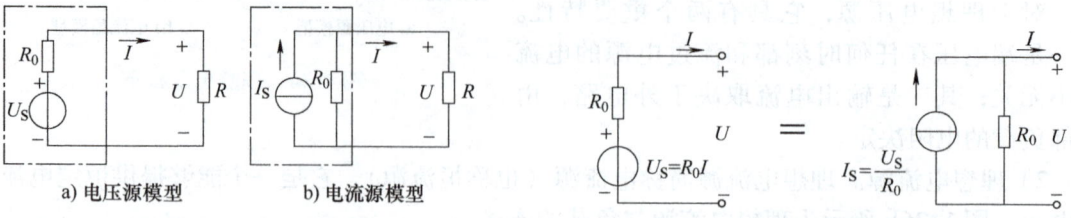

图 1-37　实际电源模型　　　　　　　图 1-38　实际电压源与电流源变换

注意：等效电路转换时，电压源中电压 U_S 的正极性端与电流源 I_S 的流出端相对应；理想电压源和理想电流源所串联或并联的电阻也不仅局限于电源的内阻。

【例 1-10】　电路如图 1-39a 所示，$U_{S1} = 10V$，$U_{S2} = 8V$，$R_1 = 2\Omega$，$R_2 = 2\Omega$，$R_3 = 2\Omega$，利用电源等效变化方法，求电阻 R_3 中的电流。

解：将图 1-39a 所示的电路经几次变换，化简为简单电路，其过程如图 1-39b ~ d 所示，最后利用全电路欧姆定律求解电阻 R_3 中的电流 I_3。其求解步骤如下：

1）U_{S1}、R_1 和 U_{S2}、R_2 两个电压源支路等效转换成 I_{S1}、R_1 和 I_{S2}、R_2 两个电流源，如图 1-39b 所示。

$$I_{S1} = U_{S1}/R_1 = 10/2A = 5A，R_1 = R_2 = 2\Omega$$
$$I_{S2} = U_{S2}/R_2 = 8/2A = 4A，R_1 = R_2 = 2\Omega$$

2）电流源 I_{S1}、I_{S2} 合并为一个电流源 I_S；两个电阻 R_1、R_2 并联等效为一个电阻 R，如图 1-39c 所示。

$$I_S = I_{S1} + I_{S2} = (5 + 4)\ A = 9A$$
$$R = R_1 R_3/(R_1 + R_3) = 2 \times 2/(2 + 2)\ \Omega = 1\Omega$$

3）电流源 I_S、R 等效转换成电压源 U_S、R，如图 1-39d 所示。

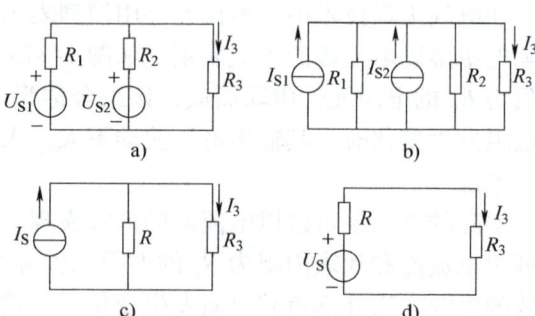

图 1-39　例 1-10 图

$$U_S = RI_S = 1 \times 9V = 9V，R = R = 1\Omega$$

4）利用全电路欧姆定律，求电阻 R_3 中的电流

$$I_3 = U_S/(R + R_3) = 9/(1 + 2)\ A = 3A$$

计算结果 I_3 为正值，说明设定的参考方向与实际方向一致。

【例 1-11】　已知电路如图 1-40a 所示。利用电源等效变化方法，试求其他各支路电流。

解：

1）将 24V 电压源转换成 I_1 和 I_2 两个电流源和电阻并联的形式，如图 1-40b 所示。

$$I_1 = U_{S1}/R_1 = 24/6A = 4A，R = 6\Omega$$

2）电流源 I_1、I_2 合并为一个电流源 I_S；等效电阻为 R，如图 1-40c 所示。

$$I_S = I_1 + I_2 = (5 + 4)\ A = 9A$$
$$R = 6\Omega$$

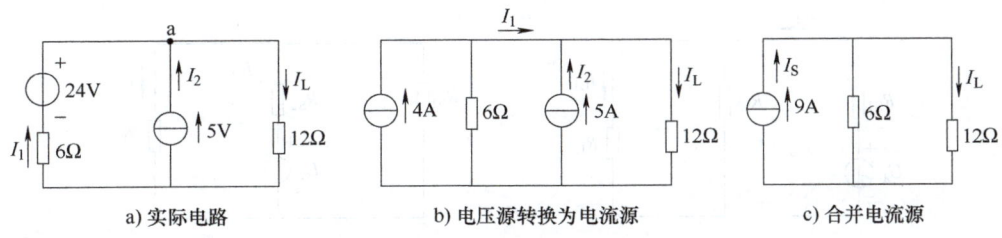

图 1-40 例 1-11 图

3) 利用分流公式求出负载电阻上的电流。

$$I_L = I_S \times [6/(6+12)] = 3A$$

4) 利用节点电流原理，求支路电流 I_1。

$$I_1 = I_L - I_2 = -2A$$

【课堂练习】电路如图 1-41 所示，求下列各电路的等效电源。

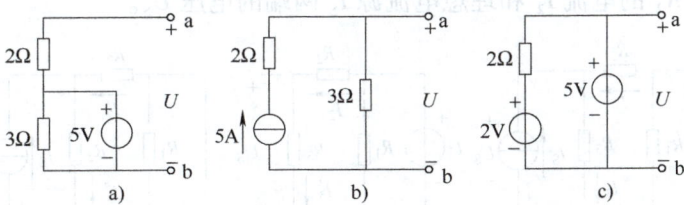

图 1-41 课堂练习

2. 叠加定理

在线性电路中，任一支路的电流（或电压）可以看成是电路中每一个独立电源单独作用于电路时，在该支路产生的电流（或电压）的代数和。

当线性电路中有几个电源共同作用时，各支路的电流（或电压）等于各个电源分别单独作用时在该支路产生的电流（或电压）的代数和（叠加）。

在使用叠加定理分析计算电路时应注意以下几点：

1) 叠加定理只能用于计算线性电路（即电路中的元件均为线性元件）的支路电流或电压（不能直接进行功率的叠加计算）。

2) 电压源不作用时应视为短路，电流源不作用时应视为开路。

3) 叠加时要注意电流或电压的参考方向，正确选取各分量的正负号。

4) 应用叠加定理时可把电源分组求解，即每个分电路中的电源个数可以多于一个。

【例 1-12】 应用叠加定理求图 1-31 所示电路中电阻 R_L 的电流，其中 $U_1 = 12V$，$R_{S1} = 0.4\Omega$，$U_2 = 15V$，$R_{S2} = 0.1\Omega$，$R_L = 2.8\Omega$。

解：1) U_1 单独作用，U_2 视为短路，如图 1-42 所示。

$$I_{01} = U_1/(R_{S1} + R_{S2}//R_L) \approx 12/0.5A = 24A$$

$$I_{L1} = I_{01} \times R_{S2}/(R_L + R_{S2}) \approx 0.83A$$

2) U_2 单独作用，U_1 视为短路，如图 1-43 所示。

$$I_{02} = U_2/(R_{S2} + R_{S1}//R_L) = 15/0.45A \approx 33.3A$$

$$I_{L2} = I_{02} \times R_{S1}/(R_L + R_{S1}) \approx 4.16A$$

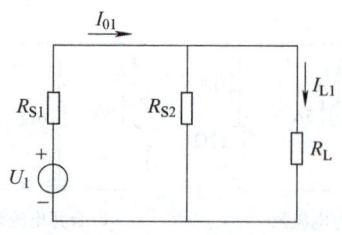
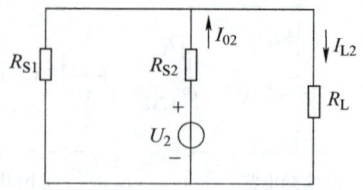

图 1-42　U_1 单独作用　　　　　图 1-43　U_2 单独作用

3）U_1、U_2 共同作用时：
$$I_L = I_{L1} + I_{L2} = 4.9\text{A}$$

上述问题如果采用实验测试方式如何解决呢？我们不妨把负载电阻断开，测两端电压，用此方法可以解决负载电流问题。

【例 1-13】 电路如图 1-44a 所示，已知 $U = 10\text{V}$、$I_S = 1\text{A}$、$R_1 = 10\Omega$、$R_2 = R_3 = 5\Omega$，试用叠加定理求流过 R_2 的电流 I_2 和理想电流源 I_S 两端的电压 U_S。

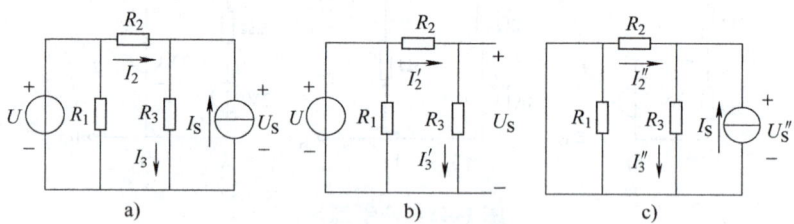

图 1-44　例 1-13 图

解： 1）U 单独作用，I_S 视为开路，如图 1-44b 所示。
$$I_2' = U/(R_2 + R_3) = 10/10\text{A} = 1\text{A}$$
$$I_3' = I_2' = U/(R_2 + R_3) = 10/10\text{A} = 1\text{A}$$

2）I_S 单独作用，U 视为短路，如图 1-44c 所示。
$$I_2'' = -I_S \times [R_3/(R_2 + R_3)] = -1 \times 0.5\text{A} = -0.5\text{A}$$
$$I_3'' = I_S \times [R_2/(R_2 + R_3)] = 1 \times 0.5\text{A} = 0.5\text{A}$$

3）U、I_S 共同作用时：
$$I_2 = I_2' + I_2'' = 0.5\text{A}$$
$$I_3 = I_3' + I_3'' = 1.5\text{A}$$
$$U_S = (I_3' + I_3'') \times R_3 = 7.5\text{V}$$

3. 戴维南定理

1883 年，戴维南定理由法国人 L. C. 戴维南提出。对于任意含独立源、线性电阻和线性受控源的单口网络（二端网络），都可以用一个电压源与电阻相串联的单口网络（二端网络）来等效，这个电压源的电压，就是此单口网络（二端网络）的开路电压，这个串联电阻就是从此单口网络（二端网络）两端看进去，当网络内部所有独立源均置零以后的等效电阻，如图 1-45 所示。

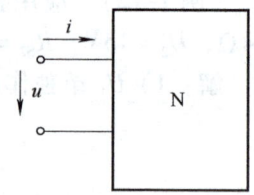

图 1-45　二端网络

一个由电压源、电流源及电阻构成的线性二端网络，可以用一个电压源 U_{oc} 和一个电阻 R_o 的串联等效电路来等效。U_{oc} 等于该二端网络开路时的开路电压；R_o 称为戴维南等效电阻，其值是从二端网络的端口看进去，该网络中所有电压源及电流源为零值时的等效电阻。电压源 U_{oc} 和电阻 R_o 组成的支路叫作戴维南等效电路，如图1-46所示。

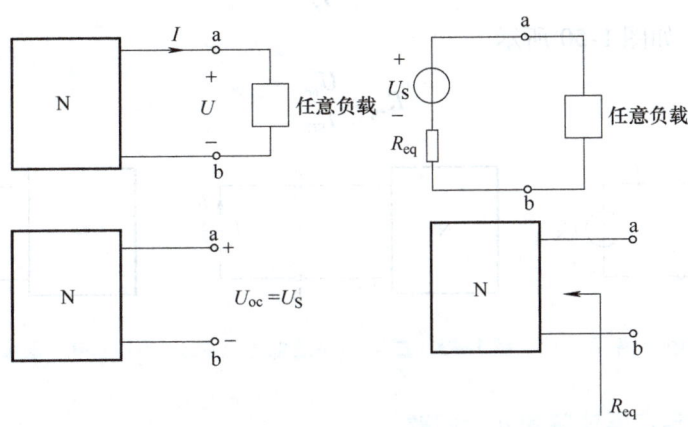

图1-46　戴维南等效电路

求戴维南等效电路，对负载性质没有限定。用戴维南等效电路置换单口网络后，对外电路的求解没有任何影响，即外电路中的电流和电压仍然等于置换前的值。

4. 诺顿定理

任何一个含独立电源、线性电阻和线性受控源的二端口，对外电路来说，可以用一个电流源和电导（电阻）的并联组合来等效置换；电流源的电流等于该一端口的短路电流，而电导（电阻）等于把该一端口的全部独立电源置零后的输入电导（电阻）。诺顿等效电路可由戴维南等效电路经电源等效变换得到，如图1-47所示。

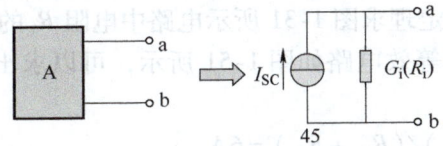

图1-47　二端口网络

5. 戴维南定理的应用

应用戴维南定理，关键需要求出端口的开路电压以及戴维南等效电阻。
（1）求开路电压　用前面所学知识，结合叠加定理求解。
（2）求戴维南等效电阻
1）串并联法。
令独立电源为0，根据网络结构，用串并联法求 R_{eq}。
2）外加电源法。
令网络中独立电源为0，外加一电压源/电流源，用欧姆定律求 R_{eq}。外加电压源法如图1-48所示。

$$R_{eq} = \frac{U_S}{I}$$

外加电流源法，如图 1-49 所示。

$$R_{eq} = \frac{U}{I_S}$$

3）开短路法，如图 1-50 所示。

$$R_{eq} = \frac{U_{oc}}{I_{SC}}$$

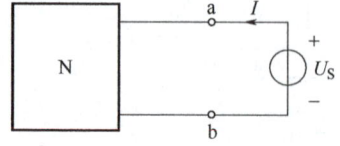 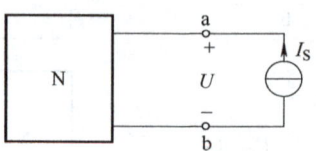 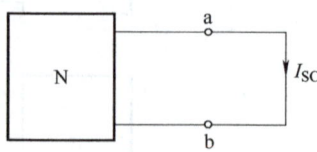

图 1-48　戴维南等效电路（一）　　图 1-49　戴维南等效电路（二）　　图 1-50　戴维南等效电路（三）

6. 应用戴维南定理要注意的几个问题

1）戴维南定理只适用于含源线性二端网络。因为戴维南定理是建立在叠加概念之上的，而叠加概念只能用于线性网络。

2）应用戴维南定理时，具有耦合的支路必须包含在网络 N 之内。

3）计算网络 N 的开路电压时，必须画出相应的电路，并标出开路电压的参考极性。

4）计算网络 N 的输出电阻时，也必须画出相应的电路。

5）在画戴维南等效电路时，等效电压源的极性应与开路电压相一致。

6）戴维南等效电路等效的含义指的是，网络 N 用等效电路替代后，在连接端口 ab 上，以及在 ab 端口以外的电路中，电流、电压都没有改变。但在戴维南等效电路与被替代网络 N 中的内部情况，一般并不相同。

【例 1-14】　应用戴维南定理求图 1-31 所示电路中电阻 R_L 的电流。

解：图 1-31 负载开路时等效电路如图 1-51 所示，可以求出开路电压 U：

$$I = (U_2 - U_1)/(R_{S1} + R_{S2}) = 6A$$
$$U = U_1 + IR_{S1} = 14.4V$$
$$I_L = U/(R_{S1}//R_{S2} + R_L) = 5A$$

[注意两点]

① 与理想电压源并联的电阻对外部电路不起作用，可以断开。

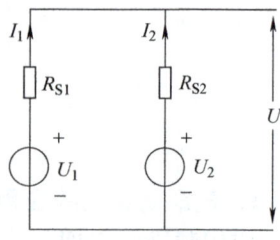

图 1-51　负载电路

② 当两条相同的实际电压源支路并联时，可用戴维南等效电路求取。

四、汽车后窗除霜电路的识别与检测

在有空调及暖风装置的汽车上，前面及侧面的玻璃可以用暖风加热除霜，后面的玻璃一般采用电热丝加热除霜，如图 1-31 所示。在后窗玻璃内表面均匀地镀有很多很窄的导电膜，形成电热丝。在玻璃两侧有汇流条，各焊有一个接线柱，其中一个用于供电，另一个是搭铁

线接线柱。需要时接通电路，即可对其进行加热，其功率一般为50～100W。除霜器的电阻一般具有正温度系数特性，即温度低时阻值减小，电流增大；温度升高时阻值增大，电流减小。因此，除霜器自身具有一定的自动调节功能。

1. 电路组成

电路由电源、熔丝、点火开关、加热开关、指示灯、电热丝及导线组成。

2. 工作原理

由电源（蓄电池）供电，经熔丝、开关供电给后车窗电热器搭铁构成回路。另外，电热器中的电热丝为一正温度系数的热敏电阻，当电热器中通入电流后，会加热后窗玻璃，除去后窗雾霜。

为了完成汽车后窗除霜器电路识读和检测，我们必须先学会汽车电路识读方法，参见图1-30给出的汽车电路线路图。

3. 电路识别

1——三角箭头。表示下接下一页电路图。

2——熔丝代号。图中S5表示该熔丝位于熔丝座第5号位，10A。

3——继电器板上插头连接代号。表示多针或单针插头连接和导线的位置，例如D13表示多针插头连接D位置触点13。

4——接线端子代号。表示电器元件上接线端子数/多针插头连接触点号码。

5——元件代号。在电路图下方可以查到元件的名称。

6——元件的符号。可参见电路图符号说明。

7——内部接线（细实线）。该接线并不是作为导线设置的，而是表示元件或导线束内部的电路。

8——指示内部接线的去向。字母表示内部接线在下一页电路图中与标有相同字母的内部接线相连。

9——搭铁点的代号。在电路图下方可查到该代号搭铁点在汽车上的位置。

10——线束内连接线的代号。在电路图下方可查到该不可拆式连接位于哪个导线束内。

11——插头连接。例如T8a/6表示8针a插头触点6。

12——附加熔丝符号。例如S123表示在中央电器附加继电器板上第23号位熔丝，10A。

13——导线的颜色和截面积（单位：mm^2）。

14——三角箭头。指示元件接续上一页电路图。

15——指示导线的去向。框内的数字指示导线连接到哪个接点编号。

16——继电器位置编号。表示继电器板上的继电器位置编号。

17——继电器板上的继电器或控制器接线代号。该代号表示继电器多针插头的各个触点。例如，2/30表示：

2——继电器板上2号位插口的触点2；

30——继电器/控制器上的触点30。

【重点掌握】轿车电气线路的电源正极分成"30""15""X"3根火线，标有"31"的导线为搭铁线（接地）。具体说明如下：

1）标有"30"号线——常火线，直接与蓄电池连接，其电压都等于电源电压（12～14V）。在电路图中总线端30上始终带有蓄电池电压，其导线大多为红色或为带彩色条纹的红色。

2）标有"15"号线——点火线，为小容量用电设备的电源正极。它受点火开关控制，只有在点火开关接通后，用电设备才能通电使用。

3）标有"X"号线——卸荷线，为大容量用电设备的电源正极。只有点火开关打开后总线端X才通电，操纵起动机时总线端X断电。所有大耗电量用电器都接入这个电路中，例如近光灯和远光灯、风窗除霜器、空调系统的鼓风机电动机等。

4）标有"31"号线——搭铁线（接地导线），通常为棕色。

5）最下方数字——电路号码，以便查找与其相连接处。

实训一　元器件识别及万用表的使用

一、实训目的

1. 掌握指针式万用表的量程选择、测量和读数方法。
2. 掌握数字式万用表的量程选择及测量方法。
3. 熟悉万用表的面板，掌握常用元器件的识别与检测方法。
4. 培养学生阅读说明书、使用学习手册、查阅资料、整理资料的能力。

二、设备与器材

1. MF47指针式万用表。
2. 汽车检修仪表——DY2201A数字汽车万用表。
3. 常用电工电子元器件：电阻、电感、电容、电源、变压器等。

三、重点与难点

重点：电流、电压测量方法；汽车检修仪表——DY2201A数字汽车万用表的使用方法。

难点：电流的测量；万用表在汽车电器检测中的应用。

四、实训步骤

指针式万用表和数字式万用表的测量功能是基本相同的，数字式万用表的测量功能更多些。万用表都可以检测电阻器、电感、电容器、二极管、晶体管等，电路板上的元器件有的可以在路检测，有的必须拆下检测。

1. MF47指针式万用表的使用说明书

MF47型万用表是设计新颖的磁电系整流式多量限万用电表，可供测量直流电流、交直流电压、直流电阻等，具有26个基本量程和电平、电容、电感、晶体管直流参数等7个附加参考量程，是适用于日常生活、实验室、工厂等用来测量电工、电子相关参数的便携式万用电表。

万用表由表头、测量电路及转换开关等三个主要部分组成。

（1）表头　它是一只高灵敏度的磁电系直流电流表，万用表的主要性能指标基本上取决于表头的性能。表头的灵敏度是指表头指针满刻度偏转时流过表头的直流电流值，这个值越小，表头的灵敏度越高。测电压时的内阻越大，其性能就越好。表头上有六条刻度线，它们的功能如下：标度盘与开关指示盘印制成红、绿、黑三色。颜色分别按交流红色、晶体管绿色、其余黑色对应制成，使用时读取示数便捷。标度盘共有六条刻度，第一条（从上到下）专供测电阻用；第二条供测交直流电压、直流电流之用；第三条供测晶体管放大倍数用；第四条供测量电容之用；第五条供测电感之用；第六条供测音频电平之用。标度盘上装有反光镜，用于消除视差。

（2）测量电路　测量电路是用来把各种被测量转换到适合表头测量的微小直流电流的电路，它由电阻、半导体元件及电池组成。它能将各种不同的被测量（如电流、电压、电阻等）、不同的量程，经过一系列的处理（如整流、分流、分压等）统一变成一定量限的微小直流电流送入表头进行测量。

（3）转换开关　其作用是用来选择各种不同的测量电路，以满足不同种类和不同量程的测量要求。转换开关一般有两个，分别标有不同的档位和量程。

2. 测量方法

（1）用万用表测量电阻的方法　用万用表测量电阻时应注意以下几点：

① 装上电池（R14 型 2 号 1.5V 及 6F22 型 9V 各一只）。转动转换开关至所需测量的电阻档，将两表笔短接，调整零欧姆调整旋钮，使指针对准于欧姆"0"位上，然后分开表笔进行测量。

② 万用表的欧姆档分为×1、×10、×1k 等几档。刻度盘上的"Ω"的刻度只有一行，其中×1、×10、×1k 等数值即为电阻欧姆档的倍率。

例如：转换开关旋在 1k 位置，测试笔外接一被测电阻 R_x，这时指针若指着刻度盘上的 30Ω，则 $R_x = 30 \times 1k\Omega = 30k\Omega$。

③ 测量电路中的电阻时，应先切断电源。如电路中有电容则应先行放电。严禁在带电线路上测量电阻，因为这样做实际上是把欧姆表当作电压表使用，极易使电表烧毁。

④ 每换一个量限，应重新调零。测量电阻时，表头指针越接近欧姆刻度中心读数，测量结果越准确，所以要选择适当的测量量限。

⑤ 当检查电解电容器的漏电电阻时，可转动转换开关至 $R \times 1k$ 档，红表笔必须接电容器负极，黑表笔接电容器正极。

1）电阻类元件。

电阻器、可变电阻器、电位器等都属于电阻类元件，它们有一个共同的特征是都能为电路提供一个电阻。

电阻额定功率值在电路图上的符号如图 1-52 所示。

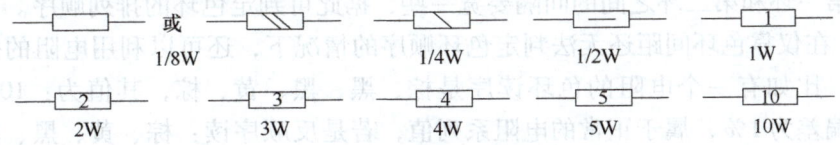

图 1-52　电阻额定功率值在电路图上的符号

2）电阻器的主要参数。

① 标称阻值。生产厂家为了满足实际需要，生产了很多阻值的电阻器。为了方便生产和使用，国标规定了一系列阻值作为产品的标准，即标称阻值系列。

② 阻值允许偏差。电阻器生产过程中，出于生产成本的考虑和技术原因，不可能制造

与标称阻值完全一致的电阻器,不可避免会存在一些偏差,所以规定了一个允许偏差参数。

常用电阻器的允许偏差为 ±5%、±10%、±20%。精密电阻器的允许偏差要求更高,如 ±2%、±0.001% 等。

③ 额定功率。额定功率是电阻器的一个常用参数。它是指在规定的大气压力下和特定的环境温度范围内,电阻器所允许承受的最大功率。电子电路中通常使用 1/16W 电阻器。

3) 电阻器的色标法及标称识别。电阻器的参数主要有色标法和直标法两种,色标法如图 1-53 所示。电子电路中的电阻器主要采用色标法,因为所用电阻器的功率多为 1/8W、1/16W,体积很小,因此只能采用色标法。

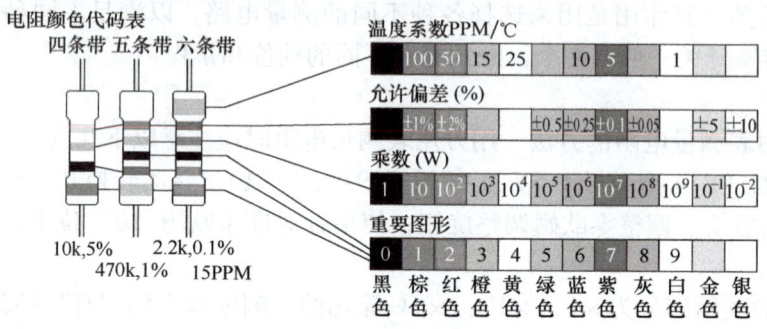

图 1-53 电阻器颜色代码

① 四环表示法。第一、二环分别表示有效数字色环,第三环为倍乘(乘数)色环,第四环为允许偏差等级色环。

② 五环表示法。第一、二、三环分别表示有效数字色环,第四环为倍乘(乘数)色环,第五环为允许偏差等级色环。

③ 识别顺序。

技巧 1:先找标志允许偏差的色环,从而排定色环顺序。最常用的表示电阻允许偏差的颜色是金、银、棕,尤其是金环和银环,一般很少用作电阻色环的第一环,所以在电阻上只要有金环和银环,就可以基本认定这是色环电阻的最末一环。

技巧 2:棕色环是否是允许偏差标志的判别。棕色环既常用作允许偏差环,又常作为有效数字环,且常常在第一环和最末一环中同时出现,使人很难识别谁是第一环。在实践中,可以按照色环之间的间隔加以判别:比如对于一个五条色环的电阻而言,第五环和第四环之间的间隔比第一环和第二环之间的间隔要宽一些,据此可判定色环的排列顺序。

技巧 3:在仅靠色环间距还无法判定色环顺序的情况下,还可以利用电阻的生产序列值来加以判别。比如有一个电阻的色环读序是:棕、黑、黑、黄、棕,其值为:$100 \times 10^4 \Omega = 1 M \Omega$,允许偏差为 1%,属于正常的电阻系列值,若是反顺序读:棕、黄、黑、黑、棕,其值为 $140 \times 10^0 \Omega = 140 \Omega$,允许偏差为 1%。显然按照后一种排序所读出的电阻值,在电阻的生产系列中是没有的,故后一种色环顺序是不对的。

4) 可变电阻器和电位器的检测。

① 测量可变电阻器标称阻值。万用表置于欧姆档适当量程,两表笔接可变电阻器两个定片引脚,这时测量的阻值应该等于该可变电阻器的标称阻值,否则说明该可变电阻器已经损坏。

② 测量可变电阻器动片与定片之间的阻值。万用表置于欧姆档适当量程，一支表笔接一个定片，另一支表笔接动片。在这个测量状态下，转动可变电阻器动片时，表针偏转，阻值从零增大到标称值，或从标称值减小到零。

注意事项：

① 如若测量动片与某定片之间的阻值为 0Ω，此时应看动片是否已转动至所测定片这一侧的端点，否则可认为可变电阻器已损坏（在路测量时要排除外电路的影响）。

② 若测量动片与任一定片之间的阻值已大于标称阻值，说明可变电阻器已出现了开路故障。

③ 测量中，若测得动片与某一定片之间的阻值小于标称阻值，并不能说明它已经损坏，而应看动片处于什么位置。

④ 脱开测量时，可用万用表欧姆档的适当量程，一支表笔接动片引脚，另一支表笔接某一个定片，再用一字螺钉旋具顺时针或逆时针缓慢旋转动片，此时表针应从 0Ω 连续变化到标称阻值。

同样方法再测量另一个定片与动片之间的阻值变化情况，测量方法、测试结果应相同。这样说明可变电阻器是好的，否则可变电阻器已损坏。

（2）用万用表检测电容的方法　电容器在电路中的损坏率明显高于电阻器，所以掌握各类电容器的万用表检测方法很重要。

快速检测电容器的常用方法有以下三种：

1）万用表欧姆档检测法。使用万用表的欧姆档，通过测量电容器两引脚之间的电阻大小判断电容器质量。

2）代替检查法。用一只好的电容器对所怀疑出问题的电容器进行代替，如果电路功能恢复正常，说明电容器已损坏，否则电容器可能正常。

3）万用表测量电容量检测法。

① 利用数字式万用表检测电容。

一些数字式万用表上设有电容器电容量的测量功能，可以用这一功能档来检测电容器的质量。具体方法：测量前将被测电容器两个引脚短接一下进行放电。将被测电容器插入专用的测量座中，如果是电解电容器要注意插入的极性。

a. 如果指示的电容量大小等于电容器的标称容量，说明电容器正常。

b. 如果被测量电容器漏电或超出万用表的最大测量电容量，万用表显示"?"，对于容量大于 10μF 的电容器，测量需要较长时间。

② 利用指针式万用表快速检测小电容。

对于普通指针式万用表，由于无电容测量功能，可以用欧姆档进行电容器的粗略检测。虽然是粗略检测，由于检测方便，所以普遍采用。对于容量小于 1μF 的电容器，要用 $R \times 10k$ 档，要求电容器脱开电路。检测过程中手指不要接触到表笔和电容器引脚，以免人体电阻对检测结果产生影响。

a. 测量电容量 6800pF ~ 1μF 电容器的方法。

由于电容量小，表笔接触电容器引脚的瞬间充电现象不太明显，测量时表针向右偏转不明显并且很快回摆。如果第一次测量没有看清楚，可将红、黑表笔互换后再次测量。

如果测量中表针指示的电阻值（漏电阻）不是无穷大，而是有一定阻值，说明该电容器存在漏电故障，质量有问题。

b. 测量电容量小于6800pF电容器的方法。

由于电容器的容量太小，已无法看出充电现象，所以测量时表针不偏转，这时测量只能说明电容器不存在漏电故障，不能说明电容器是否开路。

如果测量有电阻，说明该电容器存在漏电故障。

③ 利用指针式万用表检测有极性电解电容器。

a. 脱开电路时的检测。

检测前先把电解电容器两个引脚短接相碰一下，以便放电；选择 $R×1k$ 档，黑表笔接电容器正极，红表笔接负极，观察指针偏转情况。在表笔接触电容器引脚时，表针迅速右偏一个角度，这是表内电池对电容器充电，电容器的电容量越大，所偏转的角度越大；若无向右偏转，说明电容器开路。表针到达最右端之后，开始缓慢向左偏转，这是表内电池对电容器充电电流减小的过程，表针直到偏转至阻值无穷大之处，说明电容器质量良好；如果表针向左偏转不能回到阻值无穷大处，说明电容器存在漏电故障，所指示阻值越小，电容器漏电越严重。

b. 在路检测电解电容器。

电解电容器的在路检测主要是测量它是否存在开路或是否已击穿这两种明显的故障。对于漏电故障，由于受外电路的影响而无法准确测量。

在路检测的步骤和方法：电路断电后先用导线将被测量电容器放电，对于电容量很大的电容器则要用 $100Ω$ 左右电阻来放电；选择 $R×1k$ 档，然后黑表笔接正极，红表笔接负极进行检测：

如果表针先向右迅速偏转，然后再向左回摆到底，说明电容器正常；

如果表针回转后所指示的电阻很小（接近短路），说明电容器已被击穿；

如果表针无偏转和回摆，说明电容器开路的可能性很大，应将这一电解电容器脱开电路后进一步检测。

（3）用万用表检测电感器和变压器的方法

1）检测电感器。

由于电感器的直流电阻很小，所以在路测量和脱开后的测量结果都是相当准确的。

利用欧姆档测量，如果测量的结果是阻值为无穷大，说明电感器已开路。通常情况下，电感器的电阻值只有几欧姆或几十欧姆。

2）检测变压器。

① 测量变压器一次绕组和二次绕组直流电阻。将万用表置于 $R×1$ 档，测量变压器一次绕组直流电阻，应该较小，不应该出现开路现象，否则是变压器损坏。

如果是降压电源变压器，一次绕组电阻应该大于二次绕组电阻，根据这一点可以分辨两绕组。

② 测量变压器绝缘电阻。没有绝缘电阻表的情况下用 $R×10k$ 档，一支表笔接变压器外壳，另一支表笔接触各绕组的一根引线，表针应该都不偏转。如果某次测量时表针有偏转，说明这一绕组与外壳之间绝缘不良；然后一支表笔接一次绕组任一根引线，另一支表笔接二次绕组任一根引线，此时表针也应该不偏转，否则是一次绕组和二次绕组之间绝缘不良。

（4）交直流电压测量

1）测量交流 10～1000V 电压或直流 0.25～1000V 电压时，转动开关至所需电压档。测量交直流2500V 时，开关应分别旋至交流1000V 或直流1000V 位置上，红表笔插头则插到对应的插座中，而后将测试笔跨接于被测电路两端。

2）若配以高压探头，可测量电视机≤25kV 的高压，测量时，开关应放在 50A 位置上，高压探头的红、黑插头分别插入" + "" - "插座中，接地夹与电视机金属底板连接，而后握住探头进行测量。

注意：测量直流电压时，黑表笔应接低电位点，红表笔应接高电位点。

（5）直流电流测量　测量 0.05～500mA 电流时，转动开关至所需电流档。测量 5A 时，红表笔插头插到对应的插座中，转换开关可放在 500mA 直流电流量程上，而后将表笔串接于被测电路中。

注意：严禁用电流档去测量电压。

五、注意事项

1）在使用前应检查指针是否指在机械零位上，如不指在零位时，可旋转表盖上的调零器使指针指示在零位上。

2）将表笔红、黑插头分别插入" + "" - "插座中，如测量交、直流 2500V 或直流 5A 时，红插头则应分别插到对应的插座中。

3）测未知量的电压或电流时，应先选择最高量程，待第一次读取数值后，方可逐渐转至适当量程以取得较准读数并避免烧坏电路。

4）测量前，应用测试笔触碰被测试点，同时观看指针的偏转情况。如果指针急剧偏转并超过量程或反偏，应立即抽回测试笔，并查明原因，予以改正。

5）测量高压时，要站在干燥绝缘板上，并一手操作，防止意外事故发生。

6）测量高压或大电流时，为避免烧坏开关，应在切断电源情况下变换量限。

7）如偶然发生因过载而烧断熔丝时，可打开表盒换上相同型号的熔丝。

8）电阻各档用干电池应定期检查、更换，以保证测量精度。如长期不用，应取出电池，以防止电液溢出腐蚀而损坏其他零件。

9）按照操作规范要求进行参数的测量与读数。

六、思考题

1. 直流电压 DCV 的测量

1）将功能/量程开关置于_____量程范围。

2）将黑表笔插入_____插孔，红表笔插入_____。

3）并将表笔_____在被测负载或信号源上，仪表在显示电压读数的同时会指示出_____的极性。

　　a. 测量之前不知被测电压范围时，应_____。

　　b. 当只显示最高位"1"时，说明_____，应_____。

　　c. "⚡"表示不要测量高于_____V 的电压，虽然有可能显示读数，但可能会损坏万用表。

　　d. 测最高压时应特别注意安全。

2. 直流电流 DCA 的测量

1）拔出表笔，将功能/量程开关置于_____量程范围。

2）将黑表笔插入_____插孔，红表笔插入相应的表笔插孔（_____或_____插孔）。

3）将测试表笔_____被测电路中，仪表显示电流读数的同时会指示出红表笔的极性。

a. 测量前不知被测电流范围时，应将功能/量程开关置于_____。

b. 当只显示最高位"1"时，说明_____，应改用_____。

c. mA 插孔输入时，过载则_____，须予以更换，熔丝的规格为 0.2A/250V。

d. 20A 插孔输入时，最大电流 20A 时间不要超过_____，这是因为 20A 档是无熔丝的。

实训二　Multisim 10 软件的操作使用

（1）Multisim 10 仿真软件的特点

1）操作界面方便友好，原理图的设计输入快捷。

2）元器件丰富，有数千个器件模型，使仿真操作降低了成本。

3）虚拟电子设备种类齐全，如同操作真实设备一样，方便易操作。

4）分析工具广泛，帮助设计者全面了解电路的性能。对电路进行全面的仿真分析和设计。可直接打印输出实验数据、曲线、原理图和元器件清单等。

（2）基本界面　Multisim 10 基本界面如图 1-54 所示。

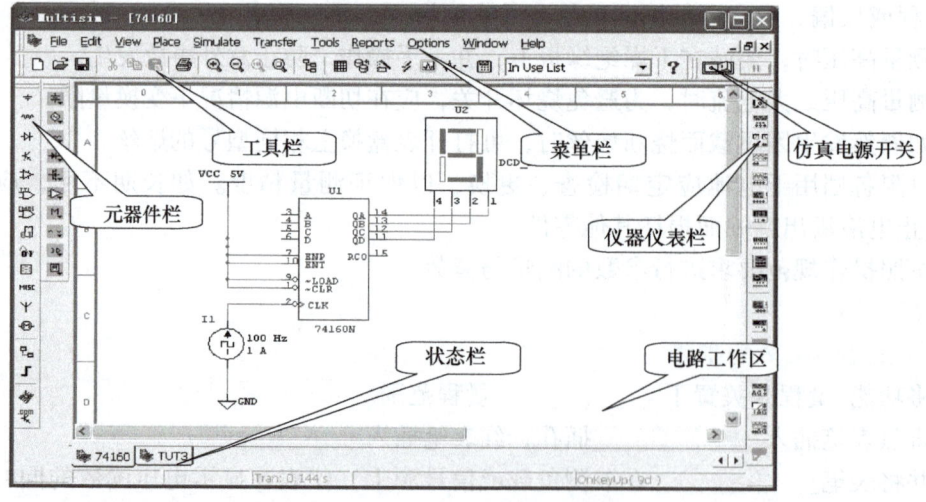

图 1-54　Multisim 10 基本界面

（3）元器件基本操作　常用的元器件编辑功能有：90 Clockwise——顺时针旋转 90°、90 Counter CW——逆时针旋转 90°、Flip Horizontal——水平翻转、Flip Vertical——垂直翻转、Component Properties——元器件属性等。这些操作可以在菜单栏 Edit 子菜单下选择命令实现，也可以应用快捷键进行快捷操作。元器件基本操作如图 1-55 所示。

（4）文本基本编辑　对文字注释方式有两种：直接在电路工作区输入文字或者在文本

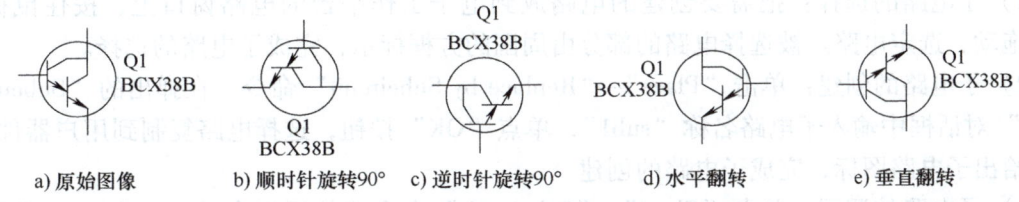

图 1-55 元器件基本操作

描述框输入文字,两种操作方式有所不同。

1)在电路工作区输入文字。单击"Place"→"Text"命令或使用组合键〈Ctrl + T〉进行快捷操作,然后用鼠标单击需要输入文字的位置,输入需要的文字。用鼠标指向文字块,单击鼠标右键,在弹出的快捷菜单中选择"Color"命令,选择需要的颜色。双击文字块,可以随时修改输入的文字。

2)在文本描述框输入文字。利用文本描述框输入文字不占用电路窗口,可以对电路的功能、实用说明等进行详细的说明,可以根据需要修改文字的大小和字体。单击"View"→"Circuit Description Box"命令或使用组合键〈Ctrl + D〉进行快捷操作,打开电路文本描述框,在其中输入需要说明的文字,可以保存和打印输入的文本,如图 1-56 所示。

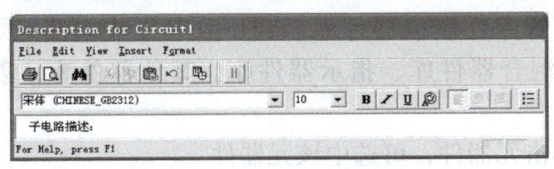

图 1-56 电路文本描述框

(5)图纸标题栏编辑 单击"Place"→"Title Block"命令,在打开对话框的查找范围处指向"Multisim\Titleblocks"目录,在该目录下选择一个"*.tb7"图纸标题栏文件,放在电路工作区。

用鼠标指向文字块,单击鼠标右键,在弹出的快捷菜单中选择"Modify Title Block Data"命令,如图 1-57 所示。

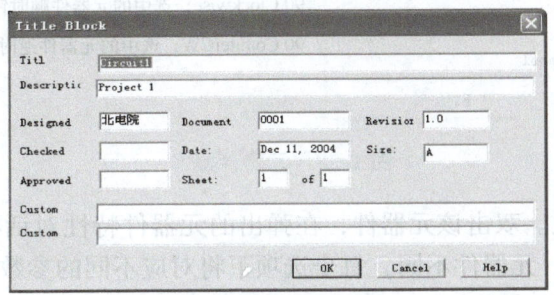

图 1-57 图纸标题栏编辑

(6)子电路创建 子电路是用户自己建立的一种单元电路。将子电路存放在用户器件库中,可以反复调用并使用子电路。利用子电路可使复杂系统的设计模块化、层次化,可增加设计电路的可读性、提高设计效率、缩短电路周期。创建子电路的工作需要以下几个步骤:选择、创建、调用、修改。

1）子电路的选择：把需要创建的电路放到电子工作平台的电路窗口上，按住鼠标左键，拖动，选定电路。被选择电路的部分由周围的方框标示，完成子电路的选择。

2）子电路的创建：单击"Place"→"Replace by Subcircuit"命令，在弹出的"Subcircuit Name"对话框中输入子电路名称"sub1"，单点"OK"按钮，选择电路复制到用户器件库，同时给出子电路图标，完成子电路的创建。

3）子电路的调用：单击"Place"→"Subcircuit"命令或使用组合键〈Ctrl + B〉进行快捷操作，输入已创建的子电路名称"sub1"，即可调用该子电路。

4）子电路的修改：双击子电路模块，在弹出的对话框中单击"Edit Subcircuit"命令，屏幕显示子电路的电路图，直接修改该电路图。

5）子电路的输入/输出：为了能对子电路进行外部连接，需要对子电路添加输入/输出。单击"Place"→"HB/SB Connecter"命令或使用组合键〈Ctrl + I〉进行快捷操作，屏幕上出现输入/输出符号，将其与子电路的输入/输出信号端进行连接。带有输入/输出符号的子电路才能与外电路连接。

（7）元器件

1）选择元器件。在元器件栏中单击要选择的元器件库图标，打开该元器件库。在弹出的元器件库对话框中选择所需的元器件，常用元器件库有13个：信号源库、基本元器件库、二极管库、晶体管库、模拟器件库、TTL数字集成电路库、CMOS数字集成电路库、其他数字器件库、混合器件库、指示器件库、其他器件库、射频器件库、机电器件库等。

2）选中元器件。单击元器件，可选中该元器件。

3）元器件操作。选中元器件，单击鼠标右键，出现下列操作命令，如图1-58所示。

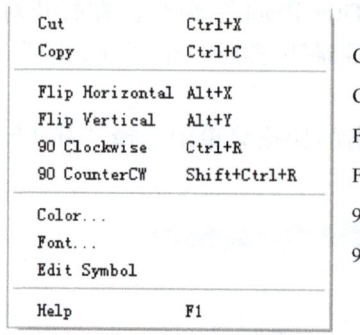

图1-58 元器件操作

4）元器件特性参数。双击该元器件，在弹出的元器件特性对话框中，可以设置或编辑元器件的各种特性参数。元器件不同，每个选项下将对应不同的参数。

例如：NPN 晶体管的选项为：

  Label —— 标识   Display —— 显示

  Value —— 数值   Fault —— 故障

（8）电路图 单击"Options"→"reference"命令，弹出如图1-59所示的对话框，每个选项卡下又有各自不同的对话内容，用于设置与电路显示方式相关的选项。

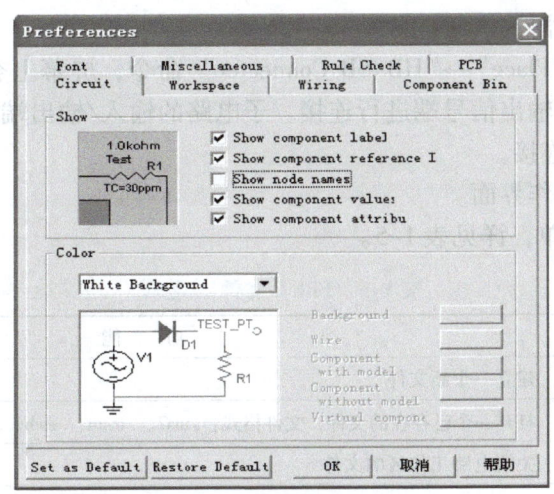

图 1-59　电路图显示方式

1) Circuit 选项卡。Show 栏目的显示控制如下：
Show component label——是否显示元器件的标识文字；
Show component reference ID——是否显示元器件的序号；
Show node names——是否显示节点编号；
Show component values——是否显示元器件数值；
Show component attribute——是否显示元器件属性。
Color 栏目用来改变电路显示的颜色。

2) Workspace 选项卡。Workspace 选项卡有三个栏目。Show 栏目实现电路工作区显示方式的控制；Sheet size 栏目实现图纸大小和方向的设置；Zoom level 栏目实现电路工作区显示比例的控制。

3) Wiring 选项卡。Wiring 选项卡有两个栏目。Wire width 栏目设置连接线的线宽；Autowire 栏目控制自动连线的方式。

4) Component Bin 选项卡。Component Bin 选项卡有两个栏目。Symbol standard 栏目用来选择元器件符号标准。有两种符号标准可以选择：ANSL 美国标准元器件符号和 DIN 欧洲标准元器件符号；Place component mode 栏目选择元器件的操作模式。

5) Font 选项卡。Font 选项卡可以选择字体、选择字体的应用项目以及应用范围等栏目。

6) Miscellaneous 选项卡。Miscellaneous 选项卡控制文件备份方式等。其中，Auto-backup 选择自动备份的时间；Circuit Default Path 选择电路存盘的路径；Digital Simulation Setting 选择数字仿真的两种状态：Idea 理想仿真和 Real 真实状态仿真，前者可以获得较高的仿真速度，后者可以获得更为精确的仿真结果。

7) PCB 选项卡。PCB 选项卡选择与制作电路板相关的命令。

8) Default 对话框。"Set as Default" 按钮将当前设置存为用户默认设置，影响新建电路图；"Restore Default" 按钮将当前设置恢复为用户的默认设置。"OK" 按钮不影响用户的默认设置，只影响当前电路图设置。

(9) 导线　主要涉及的操作有：导线的形成、导线的删除、导线颜色设置、导线连接点、在导线中间插入元器件。

输入/输出：单击"Place"→"HB/SB Connecter"命令，屏幕上会出现输入/输出符号，将该符号与电路的输入/输出信号端进行连接。子电路的输入/输出端必须有输入/输出符号，否则无法与外电路进行连接。

(10) Multisim 10 操作界面

1) File（文件）菜单，详见表1-5。

表1-5　File（文件）菜单

命　　令	功　　能
New	建立一个新文件
Open	打开一个已存在的文件，文件格式：.ms7、.msm、.ewb、.cir、.utsch、.dsn、.ca*等
Close	关闭电路工作区的文件
Save	将电路工作区的文件存盘，文件格式为.ms7
Save as	将电路工作区的文件另存为一个文件，文件格式为.ms7
New Project	建立一个新项目
Open Project	打开一个已有的项目
Save Project	保存当前项目
Close Project	关闭当前项目
Print Setup	打印机设置
Print Circuit Setup	打印电路设置
Print Instruments	打印电路工作区的仪表
Print Preview	打印预览
Print	打印
Recent Files	选择打开最近曾打开过的文件
Recent Projects	选择打开最近曾打开过的项目
Exit	退出并关闭 Multisim 10.1

2) Edit（编辑）菜单，详见表1-6。

表1-6　Edit（编辑）菜单

命　　令	功　　能
Undo	取消前一次操作
Redo	恢复前一次操作
Cut	剪切选择的元器件到剪切板
Copy	复制选择的元器件到剪切板
Paste	将剪切板的元器件粘贴到指定的位置
Paste Special	将剪切板的元器件按照专门方式粘贴到指定的位置
Delete	删除选择的元器件
Delete Multi-Page	删除电路图中的其他页

（续）

命 令	功 能
Select All	选择电路中的所有元器件、导线和仪器仪表等
Find	查找电路原理图中的元器件
Flip Horizontal	将选择的元器件水平翻转
Flip Vertical	将选择的元器件垂直翻转
90 Clockwise	将选择的元器件顺时针旋转 90°
90 CounterCW	将选择的元器件逆时针旋转 90°
Properties	打开元器件对话框，编辑所选择的元器件参数

3）View（窗口）菜单，详见表 1-7。

表 1-7 View（窗口）菜单

命 令	功 能
Toolbars	显示或关闭 9 个工具栏
Show Grid	显示或关闭栅格
Show Page Bounds	显示或关闭纸张边界
Show Tide Block	显示或关闭标题栏
Show Border	显示或关闭边界
Show Ruler Bars	显示或关闭标尺栏
Zoom In	放大电路原理图
Zoom Out	缩小电路原理图
Zoom Area	显示全部图纸
Zoom Full	显示全部电路图
Grapher	显示或关闭图表窗口
Hierarchy	显示或关闭层次结构
Circuit Description Box	显示或关闭描述窗口

4）Place（放置）菜单，详见表 1-8。

表 1-8 Place（放置）菜单

命 令	功 能
Component	放置元器件
Junction	放置连接点
Bus	放置总线
Bus Vector Connect	放置总线矢量连接
HB/SB Connecter	放置输入/输出连接
Hierarchical Block	放置层次框
Create New Hierarchical Block	产生新层次框
Subcircuit	放置子电路

(续)

命 令	功 能
Replace by Subcircuit	重新替换子电路
Off-Page Connecter	放置离开本页的连接点
Multi-Page	放置主电路图中的其他页
Text	放置文字
Graphics	放置图形框
Title Block	放置标题栏

5) Simulate（仿真）菜单，详见表1-9。

表1-9 Simulate（仿真）菜单

命 令	功 能
Run	开始仿真
Pause	暂停仿真
Instruments	选择仪器仪表
Default Instruments Setting	默认仪器仪表设置
Digital Simulate Setting	数字仿真设置
Analyses	选择仿真分析方法
Postprocess	启动处理器
Simulate Error Log/Audit Trail	电路仿真错误记录/检查数据跟踪
XSpice Command Line Interface	XSpice命令窗口
VHDL Simulation	VHDL仿真
Verilog HDL Simulation	Verilog HDL仿真
Auto Fault Option	自动默认选择
Global Component Tolerances	全部元器件容差设置

6) Transfer（文件输出）菜单，详见表1-10。

表1-10 Transfer（文件输出）菜单

命 令	功 能
Transfer to Ultiboard V7	将电路图传给 Ultiboard 7
Transfer to Ultiboard 2001	将电路图传给 Ultiboard 2001
Transfer to other PCB Layout	将电路图传给其他 PCB 制图软件
Forward Annotate to Ultiboard	将 Multisim 的电路变更数据传给 Ultiboard 文件
Backannotate from Ultiboard V7	从 Ultiboard 7 变更数据返回给 Multisim 10 文件
Highlight Selection in Ultiboard V7	在 Multisim 10 下选择的器件，在 Ultiboard 7 中以高亮度显示
Export Simulation Results to MathCAD	仿真结果输出到 MathCAD
Export Simulation Results to Excel	仿真结果输出到 Excel
Export Netlist	输出网表文件

7) Reports（报告）菜单，详见表1-11。

表1-11 Reports（报告）菜单

命令	功能
Bill of Materials	电路图使用器件报告
Component Detail Report	元器件详细参数报告
Netlist Report	电路图网络连接报告
Schematic Statistics	电路状态报告
Spare Gates Report	门电路报告
Cross Reference Report	产生主电路所有元器件详细列表

8) Tools（工具）菜单，详见表1-12。

表1-12 Tools（工具）菜单

命令	功能
Database Management	元器件数据库管理
Symbol Editor	符号编辑器
Component Wizard	产生元器件导航
555 Timer Wizard	555定时器导航
Filter Wizard	滤波器导航
Electrical Rules Check	产生并显示电路连接错误报告
Renumber Components	元器件重新编号
Replace Components	更换元器件
Update HB/SB Symbols	更新HB/SB符号
Covent V6 Database	x.6数据向.7数据转换
Modify Title Block Data	修改标题栏数据
Title Block Editor	标题栏编辑器
Internet Design Sharing	网络设计资源共享
Goto Education Web Page	连接到Multisim教育网站
EDAparts.com	连接到EDAparts.com网站

9) Options（选项）菜单，详见表1-13。

表1-13 Options（选项）菜单

命令	功能
Preferences	设置操作环境
Customize	设置用户命令
Global Restriction	全局限制设置
Circuit Restriction	电路限制设置
Simplified Version	简化版本

10) Window（窗口）菜单，详见表1-14。

表1-14 Window（窗口）菜单

命 令	功 能
Cascade	各电路窗口叠放显示
Tile	各电路窗口排列显示
Arrange Icons	排列图标

11) Help（帮助）菜单，详见表1-15。

表1-15 Help（帮助）菜单

命 令	功 能
Multisim 10.1 Help	Multisim 10.1 主题帮助
Multisim 10.1 Reference	Multisim 10.1 主题索引
Release Notes	版本注释
About Multisim 10.1	关于 Multisim 10.1 的说明

（11）仪器仪表的使用

1）数字式万用表（Multimeter）。Multisim 10 提供的万用表外观和操作与实际的万用表相似，可以测电流 A、电压 V、电阻 Ω 和分贝值 dB，也可以测直流或交流信号。万用表有正极和负极两个引线端，如图1-60所示。

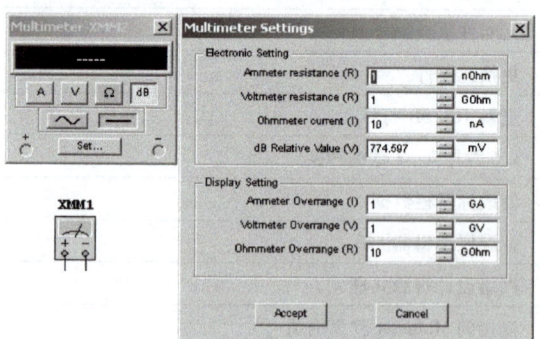

图1-60 数字式万用表的使用

2）双通道示波器（Oscilloscope）。Multisim 10 提供的双通道示波器与实际的示波器外观和基本操作基本相同，该示波器可以观察一路或两路信号波形的形状，分析被测周期信号的幅值和频率，时间基准可在秒直至纳秒范围内调节。如图1-61所示，示波器图标有四个连接点：A通道输入、B通道输入、外触发端T和接地端G。

示波器的控制面板分为四个部分：

① Time base（时间基准）。四通道示波器与双通道示波器的使用方法和参数调整方式完全一样，只是多了一个通道控制器旋钮，当旋钮拨到某个通道位置时，才能对该通道的 Y 轴进行调整。触发方式主要用来设置 X 轴的触发信号、触发电平及边沿等。

Edge（边沿）：设置被测信号开始的边沿，设置先显示上升沿或下降沿。

模块一　直流电路

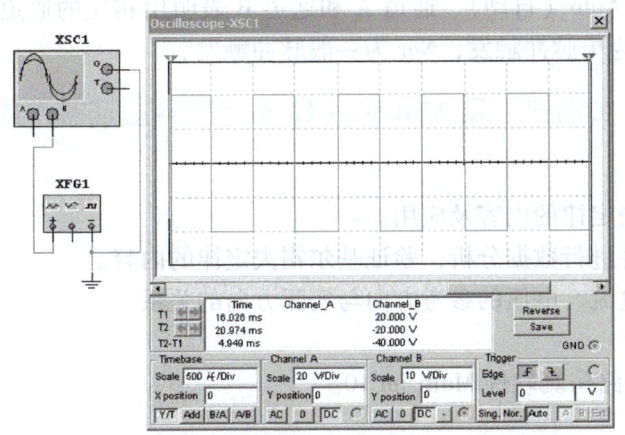

图 1-61　双通道示波器（Oscilloscope）的使用

Level（电平）：设置触发信号的电平，使触发信号在某一电平时启动扫描。

Scale（量程）：设置显示波形时的 X 轴时间基准。

X position（X 轴位置）：设置 X 轴的起始位置。

显示方式设置有四种：Y/T 方式指的是 X 轴显示时间，Y 轴显示电压值；Add 方式指的是 X 轴显示时间，Y 轴显示 A 通道和 B 通道电压之和；A/B 或 B/A 方式指的是 X 轴和 Y 轴都显示电压值。

② Channel A（通道 A）。

Scale（量程）：通道 A 的 Y 轴电压刻度设置。

Y position（Y 轴位置）：设置 Y 轴的起始点位置，起始点为 0 表明 Y 轴和 X 轴重合，起始点为正值表明 Y 轴原点位置向上移，否则向下移。

触发耦合方式：AC（交流耦合）、0（0 耦合）或 DC（直流耦合），交流耦合只显示交流分量，直流耦合显示直流和交流之和，0 耦合在 Y 轴设置的原点处显示一条直线。

③ Channel B（通道 B）。通道 B 的 Y 轴量程、起始点、耦合方式等项内容的设置与通道 A 相同。

④ Trigger（触发）。图 1-62 所示为四通道示波器（4 Channel Oscilloscope）。

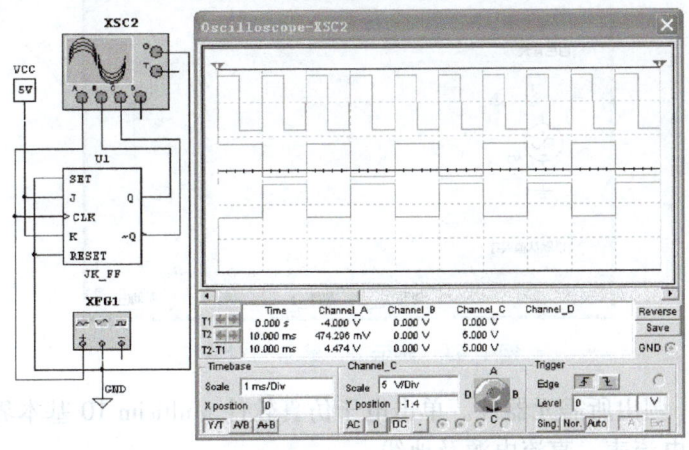

图 1-62　四通道示波器（4 Channel Oscilloscope）

49

触发信号选择：Auto（自动）、通道 A 和通道 B 表明用相应的通道信号作为触发信号；Ext 为外触发；Sing 为单脉冲触发；Nor 为一般脉冲触发。

实训三　用 Multisim 10 仿真软件验证基尔霍夫定律

一、实训目的

1. 理解基尔霍夫定律的内容及应用。
2. 利用仿真软件进行数据分析，验证基尔霍夫定律的内容。
3. 进一步理解电流、电压的参考方向与实际方向的关系。

二、设备器材

计算机、电子电路仿真软件 Multisim 10。

三、重点难点

重点：基尔霍夫定律数据的分析与定律的验证。

难点：电路简单故障的检查与分析。

四、实训步骤

1. 基尔霍夫电流定律的仿真验证

1）显示节点编号。在电子仿真软件 Multisim 10 基本界面主菜单单击"Options（选项）"→"Sheet Properties…"命令，在弹出的"表单属性"对话框中单击"Circuit（电路）"选项卡，然后单击"Net Names（网络名字）"选项组下的"Show All（全显示）"单选按钮，出现图 1-63 所示的对话框，使电路显示节点编号，然后单击对话框中的"OK（确定）"按钮退出。

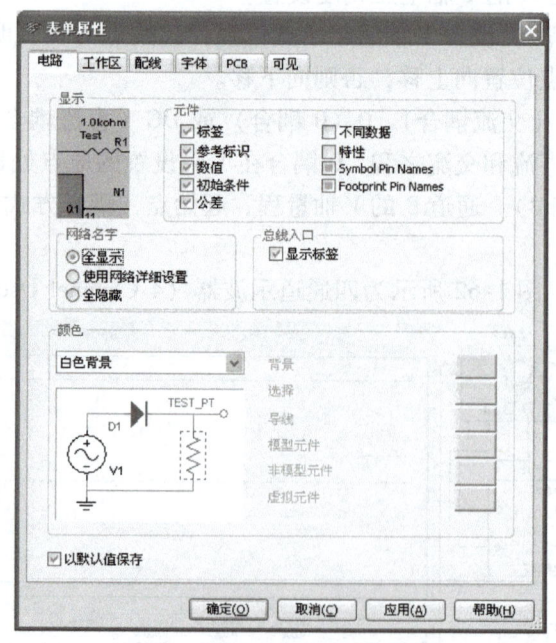

图 1-63　显示节点编号的对话框

2）打开软件，调出所需元器件。单击电子仿真软件 Multisim 10 基本界面，在软件中调出所需电阻元件、电流表、直流电源及地线。

3)按图 1-64 所示连接电路,并进行仿真测试。

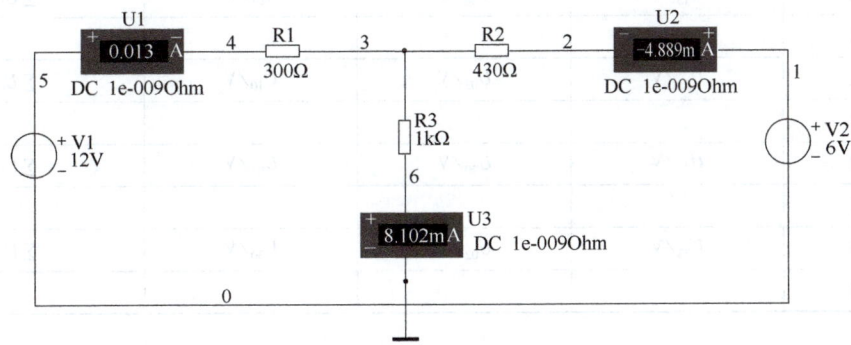

图 1-64 基尔霍夫电流定律的仿真实验电路

改变电源 V_1、V_2 的数值,记录电流表 A_1、A_2、A_3 的数值于表 1-16 中。

表 1-16 基尔霍夫电流定律验证数据表

V_1/V	V_2/V	电流表 A_1 的数值/A	电流表 A_2 的数值/A	电流表 A_3 的数值/A	$\sum I$/A
12	6	0.013	-4.889m	8.102m	

2. 基尔霍夫电压定律的仿真验证

1)单击电子仿真软件 Multisim 10 基本界面,在软件中调出所需元器件及电压表。

2)连接电路,如图 1-65 所示。

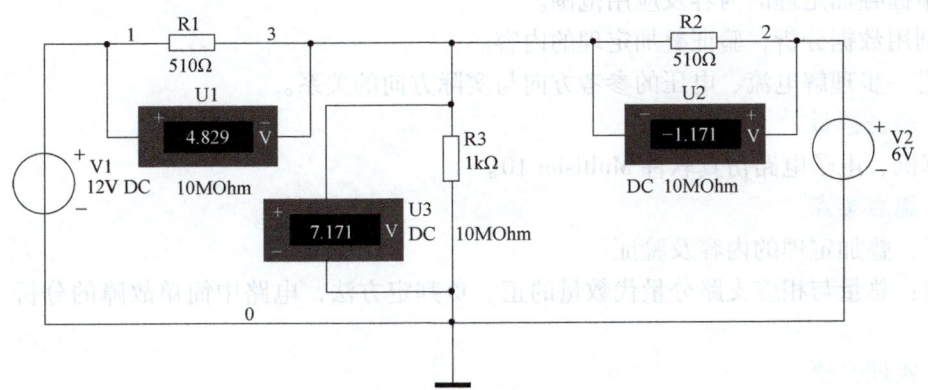

图 1-65 基尔霍夫电压定律的仿真实验电路

3)开启仿真开关,进行仿真测试。

改变电源 V_1、V_2 的数值,观察电压表 U_1、U_2、U_3 的数值,并记录于表 1-17 中。

表 1-17　基尔霍夫电压定律验证数据表

回路 1301	U_{13}/V	U_{30}/V	U_{01}/V	$\sum U$/V
仿真数据				
回路 1031	U_{31}/V	U_{03}/V	U_{10}/V	$\sum U$/V
仿真数据				
回路 3203	U_{32}/V	U_{20}/V	U_{03}/V	$\sum U$/V
仿真数据				
回路 3023	U_{23}/V	U_{02}/V	U_{30}/V	$\sum U$/V
仿真数据				

五、注意事项

1）注意分析电压表、电流表的极性与电压、电流的数值正、负的关系。

2）注意验证基尔霍夫第二定律时各段电压与回路绕向的关系，注意各段电压代数量正、负符号的判定。

六、实训总结

1）对图 1-64 所示电路中节点 1，说明三条支路电流表 A_1、A_2、A_3 之间的关系。

2）根据表 1-16 中记录各支路电流数值的正、负情况，请在电路图中标出各支路电流的实际方向（用虚线画出）与参考方向（用实线画出）。

3）通过实验数据分析回路 1301 中 U_{13}、U_{32}、U_{20}、U_{01} 各量之间的关系。

4）列写基尔霍夫第二定律方程式与所选择的回路绕向有关吗？

5）各组选派代表对实训结果分析并按时完成实训报告。

实训四　用 Multisim 10 仿真软件验证叠加定理

一、实训目的

1. 掌握叠加定理的内容及应用范围。
2. 利用数据分析，验证叠加定理的内容。
3. 进一步理解电流、电压的参考方向与实际方向的关系。

二、设备器材

计算机、电子电路仿真软件 Multisim 10。

三、重点难点

重点：叠加定理的内容及验证。

难点：总量与相应支路分量代数量的正、负判定方法，电路中简单故障的分析（短路、断路）。

四、实训步骤

1）调出所需元器件。

单击电子仿真软件 Multisim 10 基本界面，在软件中调出所需电阻元件、电源、单刀双掷开关及电压表、电流表，其中"单刀双掷开关"调出方法如下：

用鼠标左键单击电子仿真软件 Multisim 10 基本界面工具条中的 "Basic（放置基础元件）" 按钮，在弹出的 "Family（主数据库）" 栏下选取 "SWITCH（开关）"，再在 "Component（元件）"栏下选择"SPDT（单刀双掷开关）",弹出如图1-66所示的对话框,最后单击对话框右上角的"OK（确定）"按钮,将4个单刀双掷开关调出放置在电子平台上。

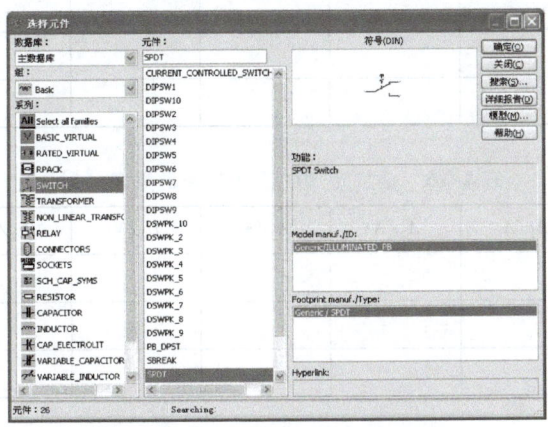

图1-66　单刀双掷开关调出对话框

2）调出元件后，按图1-67连接电路，力求使仿真电路布局合理、美观大方。

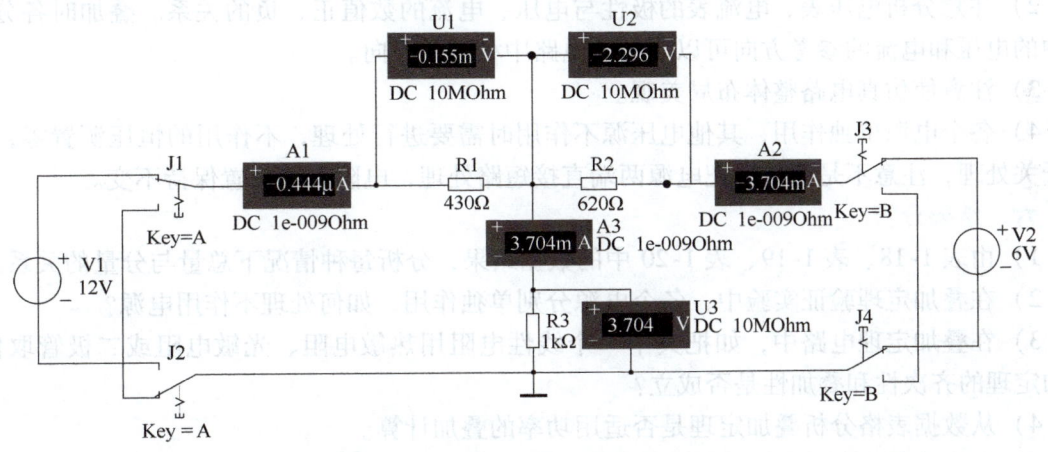

图1-67　叠加定理的仿真实验电路

3）开启仿真开关，进行仿真测试。

将电源 V_1、V_2 分别单独作用时的电流、电压的分量和电源 V_1、V_2 同时作用时的总量数值分别记录于表1-18、表1-19、表1-20中，计算功率大小。

表1-18　叠加定理的仿真验证数据表（1）

V_1/V	V_2/V	A_1/A	A_2/A	A_3/A	U_1/V	U_2/V	U_3/V	P_3/W
12	0							
0	6							
12	6							

表 1-19 叠加定理的仿真验证数据表（2）

V_1/V	V_2/V	A_1/A	A_2/A	A_3/A	U_1/V	U_2/V	U_3/V	P_3/W
24	0							
0	12							
24	12							

表 1-20 叠加定理的仿真验证数据表（3）

V_1/V	V_2/V	A_1/A	A_2/A	A_3/A	U_1/V	U_2/V	U_3/V	P_3/W
6	0							
0	3							
6	3							

五、注意事项

1）叠加定理适用于线性电路电压和电流的计算，电路的功率不等于按各分电路计算所得功率的叠加，因此叠加定理对功率不适用。

2）注意分析电压表、电流表的极性与电压、电流的数值正、负的关系。叠加时各分电路中的电压和电流的参考方向可以取与原电路中相同的方向。

3）注意使仿真电路整体布局美观。

4）各个电源单独作用，其他电压源不作用时需要进行处理，不作用的恒压源置零，依靠开关处理，注意不是简单地把电源两端直接短路处理，电阻元件位置保持不变。

六、结果分析

1）由表 1-18、表 1-19、表 1-20 中的数据结果，分析每种情况下总量与分量的关系。

2）在叠加定理验证实验中，各个电源分别单独作用，如何处理不作用电源？

3）在叠加定理电路中，如把其中一个线性电阻用热敏电阻、光敏电阻或二极管取代，叠加定理的齐次性和叠加性是否成立？

4）从数据表格分析叠加定理是否适用功率的叠加计算。

5）各组选派代表对实训结果分析并按时完成实训报告。

小 结

1. 电路是电流经过的路径，一般由电源、用电器、导线和开关等部分组成。如果不特别指出，连接导线的电阻可忽略不计。

2. 电源是把其他形式的能转换成电能的装置。电路状态有三种：空载、负载和短路。

3. 汽车电路特点：双电源、低压直流供电、负极搭铁、单线制、用电设备并联。

4. 电路中某点的电位就是该点与参考点之间的电压降。电位的高低与所选的路径无关，但如果选用不同的参考点，电路中的电位将会不同。而电路中任意两点间的电压就是这两点的电位差，数值与参考点无关，是固定值。

5. 基尔霍夫定律是求解复杂电路的基本定律，它包括节点电流定律和回路电压定律。其内容是：在任一时刻，对电路中任意一个节点，流入该节点的电流之和必定等于流出该节点的电流之和，即 $\sum I_入 = \sum I_出$；在任一时刻，对任一回路，沿回路绕行方向上各段电压的代数和为零，即 $\sum U = 0$。

6. 求解复杂电路最常用的方法是基尔霍夫定律、叠加定理和戴维南定理，理解这三种电路分析方法。

7. 实际电路中的电气设备、器件和导线都有额定值，不要长时间超过其额定值使用。

8. 实际电源可以等效成两种电源模型，一种是具有理想电压源 E 和内阻 R_0 串联的电压源；另一种是理想电流源和内阻 R_0 并联的电流源。这两种电源模型满足的数量关系是 $E = I_S R_0$，$R_0 = R_0$；方向关系是电压源的正极与电流源的电流流出端一致。

思考与练习题

一、填空题

1. 电源包括_____和_____两种。恒流源与内电阻并联为_____，恒压源与内电阻串联为_____。如果电压源内阻为_____，电源将提供_____，则称为恒压源；如果电流源内阻为_____，电源将提供_____，则称为恒流源。

2. 一般电路是由_____、_____、_____和_____等组成的闭合回路。按电路功能的不同，电路可分为_____和_____。

3. 电路中的_____根据所选参考点的不同可有不同的值，但电路中两点之间的_____是不变的。

4. 电阻在电路中可以限制_____的大小或进行_____的分配及电路的_____等。

5. 戴维南定理和叠加定理均是_____电路的基本定理（选择：线性或非线性）。

6. 基尔霍夫电流定律指出：在任意时刻电路中流入节点的电流之和_____流出该节点的电流之和，公式为_____；电压定律指出：在任意时刻沿回路一周，回路中所有的电动势的代数和_____回路中所有的电阻电压降的代数和，公式为_____。

7. 如图 1-68 所示，电路有_____个节点、_____条支路、_____个回路、_____个网孔。

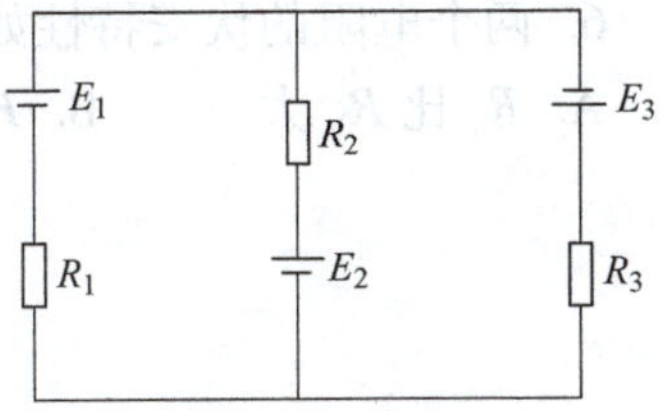

8. R_1 和 R_2 为两个电阻串联，已知 $R_1 = 2R_2$，若 R_1 上消耗的功率为 1W，则 R_2 上消耗的功率为_____。

9. 电路有_____、_____、_____三种工作状态。当端电压为零时，此种状态称作_____，这种情况下电源产生的功率全部消耗在_____。

图 1-68 填空题 7

10. 利用戴维南定理计算某电路电流和电压的步骤如下：①将待求支路与_____分离；②求有源二端网络_____的_____和_____；③作等效电路，用欧姆定律计算出支路的电流和电压。

二、判断题

1. 电路是电流通过的路径，是根据需要由电工元件或设备按一定方式组合起来的。（　　）

2. 电流的参考方向可能是电流的实际方向，也可能与实际方向相反。（　　）

3. 电路中某两点间的电压具有相对性，当参考点变化时，电压随着发生变化。（　　）

4. 几个用电器不论是串联还是并联使用，它们消耗的功率总是等于各电器实际消耗功

率之和。（   ）

5. 如果电路中某两点的电位都很高，则该两点间的电压也很大。（   ）
6. 电阻值不随电压、电流的变化而变化的电阻称为线性电阻。（   ）
7. 实际电压源与实际电流源之间的等效变换无论对内电路还是外电路都是等效的。（   ）
8. 无法用串并联电路特点及欧姆定律求解的电路称为复杂电路。（   ）
9. 叠加定理既适用于线性元件组成的电路，也适用于其他非线性电路。（   ）
10. 电流、电压的参考方向可以任意指定，指定的方向不同也不影响问题的最后结论。（   ）

三、选择题

1. 长度均匀导体其电阻为 R_1，当取其一半时，其电阻为 R_2，则 R_1 与 R_2 的关系为（   ）。
   A. $R_2 = 2R_1$ B. $R_1 = 2R_2$ C. $R_1 = 4R_2$ D. $R_2 = 8R_1$

2. 任何一个线性二端网络对外电路来说，都可以用一个等效的（   ）代替。
   A. 恒压源与电阻串联模型
   B. 电压源与电阻并联模型
   C. 电流源

3. 一个电阻、线圈与直流电源相连，当电路达到稳定状态时，电感两端的电压为（   ）。
   A. 0   B. ∞   C. 电源电压

4. 某节点的各支路电流如图 1-69 所示，已知 $I_1 = 5A$，$I_2 = 6A$，则 I_3 应为（   ）。
   A. -11A   B. 11A   C. 1A   D. -1A

5. 如图 1-70 所示电路，用一个等效电流源替代，则等效的电流源的参数为（   ）。
   A. 1A，4Ω   B. 1A，1Ω   C. 2A，4Ω   D. 2A，1Ω

6. 两个电阻的伏安特性如图 1-71 所示，则 R_a 与 R_b 的关系为（   ）。
   A. R_a 比 R_b 大   B. R_a 比 R_b 小   C. R_a 与 R_b 相等   D. 不确定

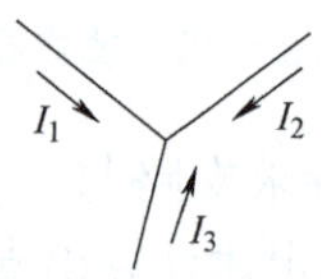

图 1-69 选择题 4 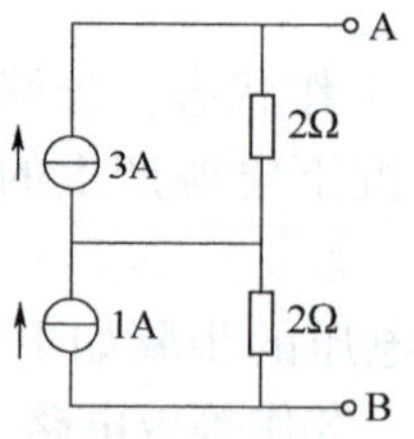　　图 1-70 选择题 5 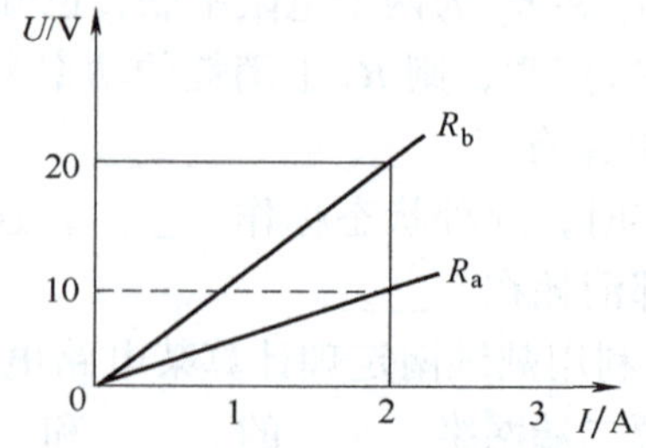　　图 1-71 选择题 6

7. 下列说法中，正确的是（   ）。
   A. 电位随着参考点（零电位点）选取的不同，数值会发生变化
   B. 电位差随着参考点（零电位点）选取的不同，数值会发生变化
   C. 电路上两点的电位很高，则其间电压很大
   D. 电路上两点的电位很高，则其间电压很小

8. 电路中标出的电流参考方向如图 1-72 所示。电流表读数为 2A，则可知电流 I 是（　　）。
A. $I=2A$　　　　B. $I=-2A$　　　　C. $I=0A$　　　　D. $I=-4A$

9. 在图 1-73 所示的电路中，电流 I 与电动势 E、电压 U 的关系是 $I=$（　　）。
A. E/R　　　　B. $(U+E)/R$　　　　C. $(U-E)/R$　　　　D. $-(U+E)/R$

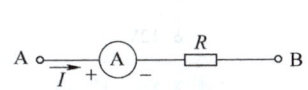

图 1-72　选择题 8

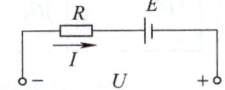

图 1-73　选择题 9

10. 若电源供电给电阻 R_L 时，电源电动势 E 和电阻 R_L 均保持不变，为了使电源输出功率最大，应调节内阻值等于（　　）。
A. 0　　　　B. R_L　　　　C. ∞　　　　D. $R_L/2$

四、计算题

1. 电路如图 1-74 所示，已知：$R_1=5\Omega$，$R_2=10\Omega$，$R_3=15\Omega$，$E_1=18V$，$E_2=8V$，请用支路电流法计算各支路的电流。

2. 如图 1-75 所示，用叠加定理求电流 I 和恒流源端电压。

3. 将有源二端网络化成等效电压源，如图 1-76 所示。

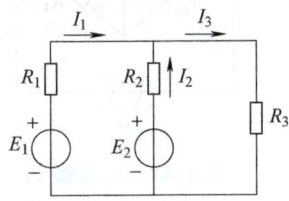

图 1-74　计算题 1

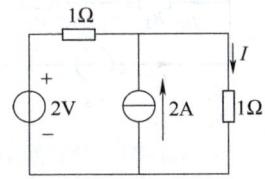

图 1-75　计算题 2

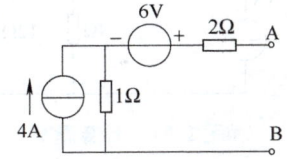

图 1-76　计算题 3

4. 电路如图 1-77 所示，试求各支路的电流。

5. 有一电流表内阻 $R_g=1k\Omega$、量程为 $I_g=100\mu A$，欲改装成可测 10mA 的电流表，求应并联的电阻 R。

6. 电路如图 1-78 所示，用电压源与电流源等效变换法计算 2Ω 电阻中的电流 I。

7. 在图 1-79 所示的电路中，已知 $R_1=R_2=1\Omega$，$R_3=4\Omega$，$U_{S2}=18V$，$U_{S1}=9V$，试用戴维南定理求电流 I_3。

8. 如图 1-80 所示，求 c 点的电位。

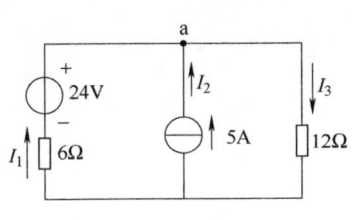

图 1-77　计算题 4

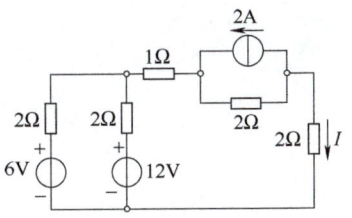

图 1-78　计算题 6

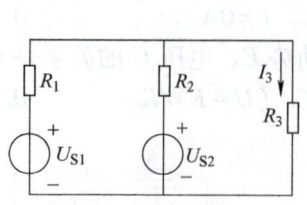
图 1-79 计算题 7

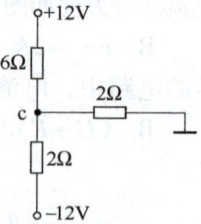
图 1-80 计算题 8

9. 电路如图 1-81 所示，应用叠加定理求电流 I。

10. 如图 1-82 所示电路中，已知 $U_S = 10V$，$I_S = 2A$，$R_1 = 4\Omega$，$R_2 = 1\Omega$，$R_3 = 5\Omega$，$R_4 = 3\Omega$，试用叠加定理求通过理想电压源的电流 I_5 和理想电流源两端的电压 U_6。

11. 电路如图 1-83 所示，已知：$R_1 = 5\Omega$、$R_2 = 5\Omega$、$R_3 = 10\Omega$、$R_4 = 5\Omega$、$E = 12V$、$R_g = 10\Omega$。试用诺顿定理求检流计中的电流 I_g。

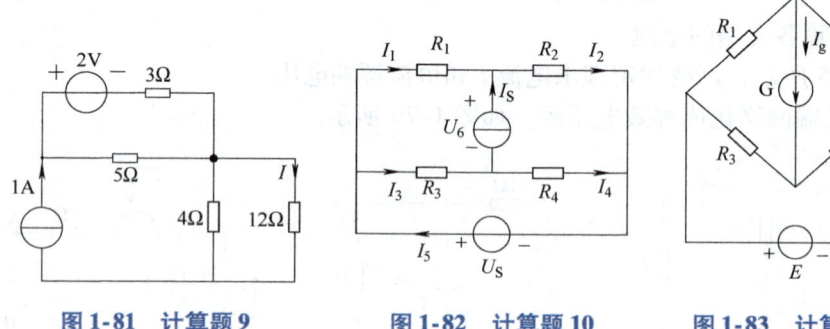

图 1-81 计算题 9　　图 1-82 计算题 10　　图 1-83 计算题 11

模块二　磁路、变压器与继电器

知识导入

本单元主要讲述电磁学的基本原理、电磁感应、电磁器件（变压器、电磁铁、继电器）的工作原理，通过电磁学基本常识、变压器、继电器等相关知识的学习，使学生掌握变压器与继电器的结构与原理，能完成电磁器件的应用及线路的连接。能够通过万用表学会对汽车喇叭继电器等电磁器件进行性能检测，对继电器电路进行基本测量。

【知识要求】

1. 理解磁路的基本物理量（磁感应强度、磁通、磁导率和磁场强度）。
2. 掌握电磁器件的工作原理。
3. 理解变压器的功能及应用。
4. 熟悉汽车常用电磁继电器及喇叭电路的工作原理分析和检测方法。

【技能要求】

1. 能够用万用表等仪器对电磁继电器和喇叭等电磁器件进行性能检测。
2. 能够对继电器电路进行基本测量。

【参考学时】　10 学时【6（理论）+4（实践）】

课题一：电磁学基本知识	2 学时
课题二：变压器	2 学时
课题三：继电器及其在汽车电路中的应用	2 学时
技能训练	4 学时

课题一　电磁学基本知识

许多实际电路中存在大量的电感元件，如电工测量仪表、电磁铁、变压器、电机等电气设备，都是依靠电磁相互作用的过程进行工作的。

在物理学中已经知道，运动的电荷周围不仅有电场，还有磁场，而磁场的变化又产生电动势，从而产生电场。因此，电生磁，磁生电，也就是说，通电导体周围存在着磁场。为了用较小的电流产生较大的磁场，通常把线圈绕在由铁磁材料制成的铁心上。

一、磁性材料

1. 磁场的基本物理量

磁场是磁体周围存在的一种特殊物质，磁体通过磁场发生相互作用。磁场的大小和方向可用磁感线来形象地描述：磁感线的疏密表示磁场的强弱，磁感线的切线方向表示磁场的方向。在磁体的周围空间有磁场的存在，磁场的特征可以用磁感应强度、磁通、磁导率和磁场强度等几个物理量来描述。

（1）磁感应强度 B　磁感应强度是表示磁场内某点磁场强弱（磁力线的多少）和磁场方向（磁力线的方向）的物理量，它是一个矢量。

$$B = \frac{F}{Il}$$

式中，F 表示电磁力；l 表示导体的长度；I 表示通过磁体的电流。

磁感应强度 B 的方向可用右手螺旋定则确定，其单位是特斯拉（T）。

（2）磁通 Φ　磁感应强度 B 与垂直于磁场方向的面积 S 的乘积，称为通过该面积的磁通 Φ，即

$$\Phi = BS \quad 或 \quad B = \frac{\Phi}{S}$$

磁通 Φ 反映了磁导体某个范围内磁力线的多少，其单位是韦伯（Wb）。

（3）磁导率 μ　磁导率 μ 是描述磁场介质导磁能力的物理量。磁性材料都有很强的导磁性能，不同的介质，其导磁能力不同磁导率也不同，常用的磁性材料主要有铁、镍、钴及其合金等。磁导率 μ 和磁场强度 B 的关系为

$$B_x = \mu \frac{NI}{l_x} = \mu H_x$$

式中，l_x 表示 x 点处的磁力线的长度；N 表示线圈的匝数；I 表示流过电流的大小。

（4）磁场强度 H　磁场强度 H 也是表征磁场强弱和方向的物理量，也是个矢量，但与磁介质无关，因此：

$$H = \frac{B}{\mu}$$

B 和 H 是方向相同、数值上相差 μ 倍的两个矢量。H 的单位为安培/米（A/m）。

注意：由实验测得真空中的磁导率为一常数，即 $\mu_0 = 4\pi \times 10^{-7}$ H/m，不同介质的磁导率不同。为了比较各种物质的导磁性能，将任一物质的磁导率与真空中的磁导率的比值叫作该物质的相对磁导率，用 μ_r 表示，即 $\mu_r = \frac{\mu}{\mu_0}$，它没有单位，它随磁介质种类的不同而不同，其数值反映了磁介质磁化后对原磁场影响的程度，是描述磁介质本身特性的物理量。

（5）磁场对电流的作用力

1）磁场对放置于其中的直线电流有力的作用，其大小为 $F = BIl\sin\theta$，方向可用左手定则判断。

2）通电线圈放在磁场中将受到磁力矩的作用。

【例 2-1】　匀强磁场的磁感应强度为 0.5T，介质是空气，求磁场强度。

解：磁场强度为

$$H = \frac{B}{\mu} = \frac{B}{\mu_0} = \frac{0.5}{4\pi \times 10^{-7}} \text{A/m} = 3.98 \times 10^5 \text{A/m}$$

表 2-1 中列出了通过实验测定的几种常见材料的相对磁导率。

表 2-1 几种常见材料的相对磁导率

材　料	相对磁导率	材　料	相对磁导率
钴	174	已经退火的铁	7000
未经退火的铸铁	240	变压器钢片	7500
已经退火的铸铁	620	在真空中融化的电解铁	12950
镍	1120	镍铁合金	60000
软钢	2180	C 形坡莫合金	115000

2. 铁磁性物质

（1）铁磁性物质的磁化　磁化曲线只反映了铁磁性物质在外磁场由零逐渐增强的磁化过程，而很多实际应用中，铁磁性物质是工作在交变磁场中的。所以，必须研究铁磁性物质反复交变磁化的问题。

在磁化曲线中，已知 H 值就可查出对应的 B 值。因此，在计算介质中的磁场问题时，磁化曲线是一个很重要的依据。图 2-1 给出了几种不同铁磁性物质的磁化曲线。

铁磁性物质都能够磁化。铁磁性物质在反复磁化过程中，有饱和、剩磁、磁滞现象，并且有磁滞损耗。铁磁性物质的 B 随 H 而变化的曲线称为磁化曲线，它表示了铁磁性物质的磁性能。磁滞回线常用来判断铁磁性物质的性质和作为选择材料的依据。

图 2-2 为通过实验测定的某种铁磁性物质的磁滞回线。

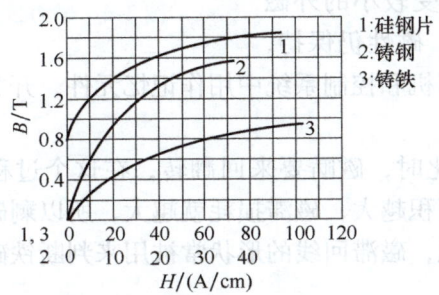

图 2-1　几种铁磁性物质的磁化曲线

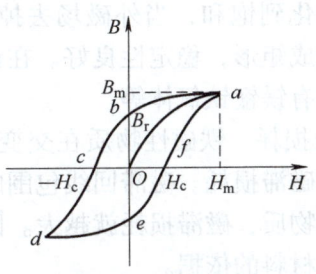

图 2-2　磁滞回线

1）当 B 随 H 沿起始磁化曲线达到饱和值以后，逐渐减小 H 的数值，由图 2-2 可看出，B 并不沿起始磁化曲线减小，而是沿另一条在它上面的曲线 ab 下降。

2）当 H 减小到零时，$B \neq 0$，而是保留一定的值，称为剩磁，用 B_r 表示。永久性磁铁就是利用剩磁很大的铁磁性物质制成的。

3）为消除剩磁，必须加反向磁场，随着反向磁场的增强，铁磁性物质逐渐退磁，当反向磁场增大到一定值时，B 值变为 0，剩磁完全消失，如图中 bc 段。bc 段曲线叫作退磁曲线，这时 H 值是为克服剩磁所加的磁场强度，称为矫顽磁力，用 H_c 表示。矫顽磁力的大小反映了铁磁性物质保存剩磁的能力。

4）当反向磁场继续增大时，B 值从 0 起改变方向，沿曲线 cd 变化，并能达到反向饱和点 d。

5）使反向磁场减弱到 0，B—H 曲线沿 de 变化，在 e 点 $H=0$，再逐渐增大正向磁场，B—H 曲线沿 efa 变化，完成一个循环。

6）从整个过程看，B 的变化总是落后于 H 的变化，这种现象称为磁滞现象。经过多次循环，可得到一个封闭的对称于原点的闭合曲线（$abcdefa$），称为磁滞回线。

7）改变交变磁场强度 H 的幅值，可相应得到一系列大小不一的磁滞回线，如图 2-2 所示。连接各条对称的磁滞回线的顶点，得到一条磁化曲线，叫作基本磁化曲线。

（2）磁性材料的分类

1）软磁材料：软件材料的特点是磁导率高，磁滞特性不明显，具有较小的矫顽磁力，磁滞回线较窄。一般用来制造电机、电器及变压器等的铁心，常用的材料有铸铁、硅钢片等。

2）硬磁材料：硬磁材料的特点是剩磁和矫顽力均较大，磁滞性明显，磁滞回线较宽。宜制作永久磁铁。永久磁铁（用一种铁镍钴合金制成）是指长时间内保持磁性作用的磁铁。这种永久磁铁靠近含有铁、镍和钴的材料会产生吸力。

磁铁有一个北极和一个南极。人们将磁铁周围有磁力作用且有想象中的磁力线穿过的空间称为磁场。磁力线在北极处穿出，在南极处穿入。在磁铁内部，磁力线从南极向北极伸展，磁性作用在磁极处最强，如图 2-3 所示。

硬磁材料广泛用于各种磁电系测量仪表、扬声器等，常用的有碳钢、钴钢等。

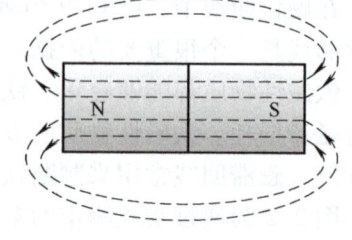

图 2-3 磁力线分布图

3）矩磁材料：矩磁材料的特点是只要受较小的外磁场作用就能磁化到饱和，当外磁场去掉后，磁性仍保持，磁滞回线几乎成矩形，稳定性良好。在计算机和控制系统中用作记忆元件、开关元件和逻辑元件，常用的有镁锰铁氧体等。

（3）磁滞损耗 铁磁性物质在交变磁化时，磁畴要来回翻转，在这个过程中产生了能量损耗，称为磁滞损耗。磁滞回线包围的面积越大，磁滞损耗就越大，所以剩磁和矫顽磁力越大的铁磁性物质，磁滞损耗就越大。因此，磁滞回线的形状常被用来判断铁磁性物质的性质和作为选择材料的依据。

二、磁路的基本定律

1. 磁路

磁通经过的闭合路径称为磁路。磁路中的磁通、磁动势和磁阻的关系，可用磁路欧姆定律来表示，即 $\Phi = \dfrac{E_m}{R_m}$，其中 $R_m = \dfrac{1}{\mu S}$。

上式与电路的欧姆定律相似，磁通 Φ 对应于电流 I，磁动势 E_m 对应于电动势 E，磁阻 R_m 对应于电阻 R。因此，这一关系称为磁路欧姆定律。

2. 磁路与电路的对应关系

图 2-4 是相对应的两种电路和磁路。表 2-2 列出了电路与磁路对应的物理量及其关系式。

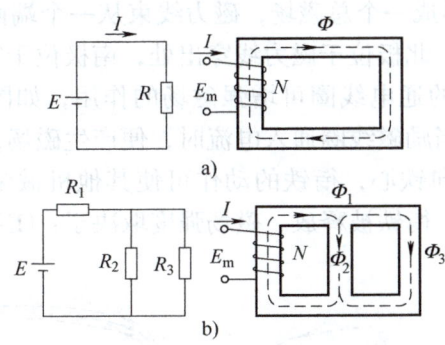

图 2-4 对应的电路和磁路

表 2-2 磁路和电路中对应的物理量及其关系式

电 路		磁 路	
电流	I	磁通	Φ
电阻	$R = \rho \dfrac{l}{S}$	磁阻	$R_m = \dfrac{l}{\mu S}$
电阻率	ρ	磁导率	μ
电动势	E	磁动势	$E_m = IN$
电路欧姆定律	$I = \dfrac{E}{R}$	磁路欧姆定律	$\Phi = \dfrac{E_m}{R_m}$

由于铁磁性物质的磁导率 μ 不是常数，因此磁路欧姆定律一般不能直接用来进行磁路计算，只用于定性分析。

3. 全电流定律

根据磁路的欧姆定律 $\Phi = \dfrac{E_m}{R_m}$，将 $\Phi = BS$、$E_m = NI$、$R_m = \dfrac{1}{\mu S}$ 代入，可得 $B = \mu \dfrac{IN}{l}$。

将上式与 $B = \mu H$ 对照，可得 $H = \dfrac{IN}{l}$ 或 $IN = Hl$，即磁路中磁场强度 H 与磁路的平均长度 l 的乘积，在数值上等于激发磁场的磁动势，这就是全电流定律。

磁场强度 H 与磁路平均长度 l 的乘积，又称磁位差，用 U_m 表示，即 $U_m = Hl$，磁位差 U_m 的单位为安培（A）。

若所研究的磁路具有不同的截面，并且是由不同的材料构成的，则可以把磁路分成许多段来考虑，于是有 $IN = H_1 l_1 + H_2 l_2 + \cdots + H_n l_n$ 或 $IN = \sum Hl = \sum U_m$。

4. 电磁关系

（1）通电导体产生的磁场　磁场围绕在通电导体周围，磁力线以圆环形式环绕在导体周围，如图 2-5 所示。磁力线方向取决于电流方向。磁场方向根据螺旋定则得

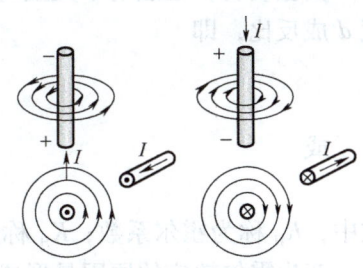

图 2-5 通电导体磁场

出：如果将一个螺栓向电流流动方向拧入导体中，那么螺栓的转动方向表示磁力线方向。电流在导体中的流向用点⊙（电流流向观察者）或叉×（电流离开观察者）来表示。

（2）线圈产生的磁场　电流流动时线圈的每个导体周围都会产生一个环形磁场，如图2-6所示。各磁场叠加后形成一个总磁场，磁力线束从一个端面处穿出，在相对的端面处穿入。因此线圈有两个磁极，北极位于磁力线穿出处，南极位于穿入处。

（3）电磁铁　带有铁心的通电线圈可增强磁场的作用，如图2-7所示。电磁铁可分为线圈、铁心及衔铁三部分。当励磁线圈通入电流时，便产生磁场，铁心和衔铁都被磁化，衔铁受到电磁力的作用而被吸向铁心，衔铁的动作可使其他机械装置发生联动；当电源断开时，电磁铁的磁性随着消失，衔铁被释放。磁场强度取决于：①线圈铁心的材料；②线圈圈数；③电流。

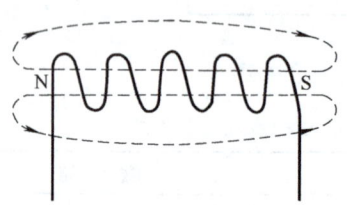

图2-6　线圈产生磁场

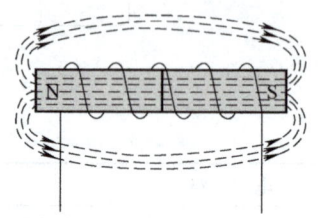

图2-7　带铁心的线圈磁场

三、霍尔效应

霍尔效应是磁电效应的一种，这一现象是霍尔（A. H. Hall，1855—1938）于1879年在研究金属的导电机构时发现的。

霍尔效应是研究半导体材料性能的基本方法。通过霍尔效应实验测定的霍尔系数，能够判断半导体材料的导电类型、载流子浓度及载流子迁移等重要参数。流体中的霍尔效应是研究"磁流体发电"的理论基础。

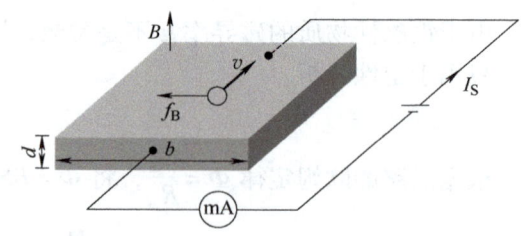

图2-8　霍尔效应原理

如图2-8所示，将一块半导体或导电材料，沿 Z 方向加一磁场 B，沿 X 方向通以工作电流 I，则在 Y 方向产生出电动势 V_H，这种现象称为霍尔效应，V_H 称为霍尔电压。

实验表明，在磁场不太强时，电位差 V_H 与电流强度 I 和磁场强度 B 成正比，与板的厚度 d 成反比，即

$$V_H = R_H \frac{IB}{d}$$

或

$$V_H = K_H IB$$

式中，R_H 称为霍尔系数；K_H 称为霍尔元件的灵敏度，单位为 mV/(mA·T)。

产生霍尔效应的原因是形成电流的定向运动的带电粒子即载流子（N型半导体中的载流

子是带负电荷的电子，P 型半导体中的载流子是带正电荷的空穴）在磁场中所受到的洛伦兹力作用而产生的。

一块长为 l、宽为 b、厚为 d 的 N 型单晶薄片，置于沿 Z 轴方向的磁场 B 中，在 X 轴方向通以电流 I，则其中的载流子——电子所受到的洛伦兹力为

$$F_m = qv \times B = -ev \times B = -evBj$$

式中，v 为电子的漂移运动速度，其方向沿 X 轴的负方向；e 为电子的电荷量；F_m 指向 Y 轴的负方向。自由电子受力偏转的结果，向 A 侧面积聚，同时在 B 侧面上出现同数量的正电荷，在两侧面间形成一个沿 Y 轴负方向上的横向电场 E_H（即霍尔电场），使运动电子受到一个沿 Y 轴正方向的电场力 F_e，A、B 面之间的电位差为 V_H（即霍尔电压），则

$$F = qE_H = -eE_H = eE_H j = e \frac{V_H}{b} j$$

F 将阻碍电荷的积聚，最后达到稳定状态时有

$$F_m + F_e = 0$$

$$-evBj + e\frac{V_H}{b}j = 0$$

即

$$evB = e\frac{V_H}{b}$$

得

$$V_H = vBb$$

此时 B 端电位高于 A 端电位。

若 N 型单晶体中的电子浓度为 n，则流过样片横截面的电流为

$$I = nebdv$$

代入上式，则

$$V_H = \frac{1}{ned}IB = R_H \frac{IB}{d} = K_H IB$$

式中，$R_H = \frac{1}{ne}$ 称为霍尔系数，它表示材料产生霍尔效应的本领大小；$K_H = \frac{1}{ned}$ 称为霍尔元件的灵敏度，一般来说，K_H 越大越好，以便获得较大的霍尔电压。因 K_H 和载流子浓度 n 成反比，而半导体的载流子浓度远比金属的载流子浓度小，所以采用半导体材料作霍尔元件灵敏度较高。又因 K_H 和样品厚度 d 成反比，所以霍尔片都切得很薄，一般 $d \approx 0.2$mm。

四、电磁感应、自感与互感

运动的电荷周围总是存在有电场和磁场。这三者（运动电荷、电场和磁场）是一个事物的不同方向，是统一的一个整体。现在就要讨论这三者另一种相互关联的现象，叫作电磁感应。这一电磁现象是英国物理学家法拉第于 1831 年发现的，即磁在一定条件下能使导体产生电流。这一发现不仅深刻地揭示了电和磁之间的内在联系，进一步推动了电磁理论的发展，而且在生产技术上具有划时代的意义。根据电磁感应原理，人们设计并制造了发电机、感应电动机和变压器等电力设备。

1. 直导体中的感应电动势

（1）**感应电动势的方向** 做切割磁力线运动的导体，其产生感应电动势的方向可用右手定则来确定：平伸右手，拇指与四指垂直，让磁感线垂直穿过手心，拇指指向运动方向，四指所指方向就是感应电动势的方向（或是感应电流的方向）。

需要注意的是：判断感应电动势方向时要把导体看成一个电源，在导体内部，感应电动势方向由负极指向正极。感应电流方向与感应电动势方向相同。当直导体没有形成闭合回路时，导体中只产生感应电动势，不产生感应电流。

（2）**感应电动势的大小** 实验证明：在均匀磁场中，做切割磁力线运动的直导体，其感应电动势 e 的大小与磁感应强度 B、导体的有效长度 l、导体的运动速度 v 以及导体运动方向与磁感线方向之间夹角 α 的正弦值成正比，即

$$e = Blv\sin\alpha$$

2. 线圈中的感应电动势

（1）**感应电动势的方向** 线圈中的磁通量发生变化时，线圈就会产生感应电动势。感应电动势的方向由楞次定律和右手螺旋定则来判定：感应电流产生的磁通总是企图阻碍原磁通的变化。也就是说，当线圈中的磁通量要增加时，感应电流产生的磁通方向与原磁通方向相反；若线圈中原来的磁通量减少，则感应电流产生的磁通方向与原磁通方向一致。如图 2-9 所示为楞次定律实验原理图两种情况下线圈的感应电动势的方向。

图 2-9a 中，条形磁铁自上而下插入线圈时，线圈磁通量要增加，根据楞次定律，感应电流产生的磁通自下而上，由右手螺旋定则可确定感应电流的方向自左向右流过检流计。在图 2-9b 中，可得感应电流的方向为自右向左流过检流计。

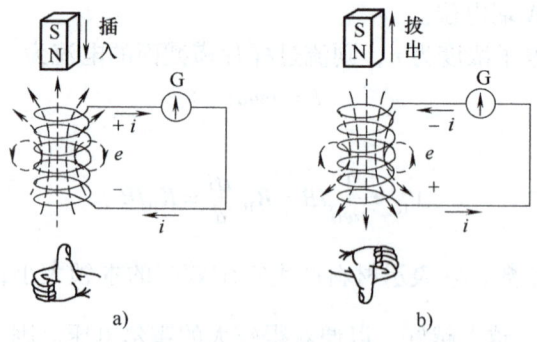

图 2-9 楞次定律实验原理图

（2）**电磁感应定律** 当流过线圈的电流发生变化时，线圈中的磁通也随之变化，并在线圈中出现感应电流，这表明线圈中感应了电动势。法拉第通过大量实验总结出：线圈中感应电动势的大小与线圈磁通量的变化率 $\dfrac{\mathrm{d}\varPhi}{\mathrm{d}t}$ 和线圈匝数 N 成正比。通常把这个规律叫作法拉第电磁感应定律，其数学表达式为

$$e = -N\dfrac{\mathrm{d}\varPhi}{\mathrm{d}t}$$

式中，N 为线圈匝数。感应电动势的方向由 $\dfrac{\mathrm{d}\varPhi}{\mathrm{d}t}$ 的符号与感应电动势的参考方向比较而定出。

当 $\frac{d\Phi}{dt}>0$，即穿过线圈的磁通增加时，$e<0$，这时感应电动势的方向与参考方向相反，表明感应电流产生的磁场要阻止原磁场的增加；当 $\frac{d\Phi}{dt}<0$，即穿过线圈的磁通减少时，$e>0$，这时感应电动势的方向与参考方向相同，表明感应电流产生的磁场要阻止原磁场的减少。

3. 自感

（1）自感现象　由通入线圈的电流变化而产生感应电动势的现象叫作自感现象，由自感现象产生的感应电动势叫作自感电动势。显然，自感现象属于电磁感应现象。

（2）自感系数　自感系数是用来描述线圈产生自感磁通能力的物理量。定义线圈中的磁通量与产生该磁通的电流的比值叫作自感系数，又叫电感，用符号 L 表示，单位是亨利（H）。即

$$L = \frac{\Phi}{i}$$

上式表明，电感表示线圈通过单位外电流所产生的自感磁通。电感越大，表示线圈产生自感磁通的能力越强。

电感的大小与线圈的匝数、形状、大小及周围介质的磁导率有关。对给定的空心线圈，电感是常数，即不随线圈中电流变化而变化，故称线性电感。铁心线圈由于铁磁材料的磁导率不是常数，所以它的电感随外电流的变化而变化，故称非线性电感。在其他条件相同的情况下，线圈匝数越多，电感越大；有铁心的线圈比空心线圈的电感大很多。

（3）自感电动势　自感电动势的大小可由法拉第电磁感应定律求得，即

$$e = -\frac{d\Phi}{dt}$$

$$d\Phi = Ldi$$

即

$$e = -L\frac{di}{dt}$$

由此表明，自感电动势的大小与线圈的电感及线圈中外电流的变化率成正比。"－"负号表示自感电动势的方向总是企图阻碍外电流的变化。"L"称为自感，表示线圈自感现象的强弱。

4. 互感

互感现象是指一个线圈中的电流变化而使另一个线圈产生感应电动势的现象，如图 2-10 所示。互感现象产生的电动势叫作互感电动势，也用符号 e 表示。

$$e_1 = -N_1\frac{d\Phi_{11}}{dt}$$

$$e_2 = -N_2\frac{d\Phi_{12}}{dt}$$

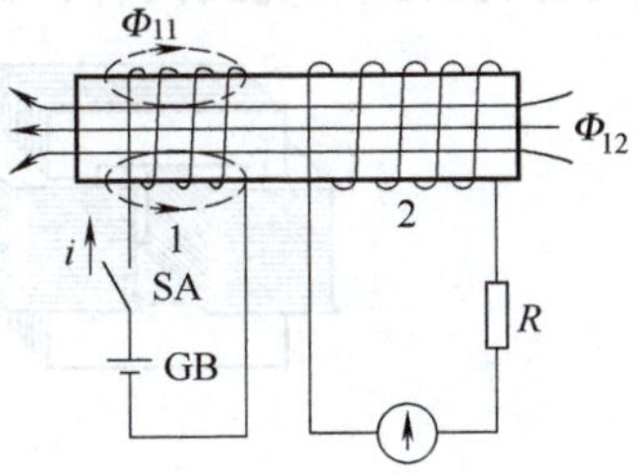

图 2-10　互感电路

那么正弦交流电在交流铁心中，电源电压 $u \approx -e_1$ 产生的磁通为

$$\Phi = \Phi_m \sin\omega t$$

$$u \approx N\frac{d\Phi}{dt} = N\frac{d}{dt}(\Phi_m \sin\omega t)$$

$$= N\omega\Phi_m\sin\omega t$$
$$= 2\pi fN\Phi_m\sin\left(\omega t+\frac{\pi}{2}\right)$$
$$= U_m\sin\left(\omega t+\frac{\pi}{2}\right)$$

则电源电压的有效值为

$$U=\frac{U_m}{\sqrt{2}}\approx\frac{2\pi fN\Phi_m}{\sqrt{2}}=4.44fN\Phi_m=4.44fNB_mS$$

此公式是交流发电机设置电压调节器的理论依据。

课题二 变压器

一、变压器的结构

变压器是根据电磁感应原理制成的一种静止的电气设备，用于将某一数值的交流电压或电流变换为同频率的另一数值的交流电压或电流，即具有变换电压、变换电流、变换阻抗的功能，在电力系统和电子电路中得到了广泛应用。它的用途可归纳为：经济地输电，合理地配电，安全地用电。

1. 变压器的用途和种类

变压器是利用互感原理工作的电磁装置，它的符号如图 2-11 所示，T 是它的文字符号。

（1）变压器的用途　变压器除可变换电压外，还可变换电流、变换阻抗、改变相位。

（2）变压器的种类　按照使用的场合，变压器有电力变压器、整流变压器、调压变压器、输入输出变压器等。

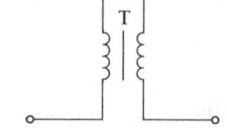

图 2-11　变压器的符号

2. 变压器的基本构造

变压器主要由铁心和线圈两部分构成。铁心是变压器的磁路通道，是用磁导率较高且相互绝缘的硅钢片制成，以便减少涡流损耗和磁滞损耗。按其构造形式可分为心式和壳式两种，如图 2-12 所示。

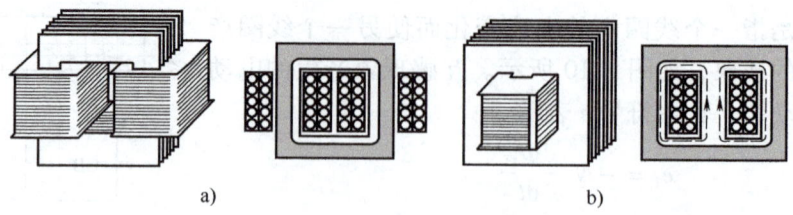

图 2-12　心式和壳式变压器

线圈是变压器的电路部分，是用漆包线、纱包线或丝包线绕成。其中和电源相连的线圈叫作一次绕组（俗称原线圈、初级绕组），和负载相连的线圈叫作二次绕组（俗称副线圈、次级绕组）。

二、变压器的工作原理

变压器是按电磁感应原理工作的,一次绕组接在交流电源上,在铁心中产生交变磁通,从而在一、二次绕组中产生感应电动势,如图 2-13 所示。

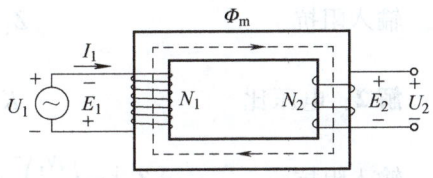

图 2-13 变压器空载运行原理图

1. 变压器的工作原理

(1) 变换交流电压　一次绕组接上交流电压,铁心中产生的交变磁通同时通过一、二次绕组,一、二次绕组中交变的磁通可视为相同。

设一次绕组匝数为 N_1,二次绕组匝数为 N_2,磁通为 Φ,得

$$\frac{U_1}{U_2} = \frac{N_1}{N_2} = K$$

式中,K 称为电压比。由此可见:变压器一、二次绕组的端电压之比等于匝数比。

如果 $N_1 < N_2$,$K < 1$,电压上升,称为升压变压器。

如果 $N_1 > N_2$,$K > 1$,电压下降,称为降压变压器。

(2) 变换交流电流

根据能量守恒定律,变压器输出的功率与从电网中获得的功率相等,即 $P_1 = P_2$,由交流电功率的公式可得

$$U_1 I_1 \cos\varphi_1 = U_2 I_2 \cos\varphi_2$$

式中,$\cos\varphi_1$ 为一次绕组电路的功率因数;$\cos\varphi_2$ 为二次绕组电路的功率因数。

φ_1、φ_2 相差很小,可认为相等,因此得到

$$U_1 I_1 = U_2 I_2 \qquad \frac{I_1}{I_2} = \frac{N_2}{N_1} = \frac{1}{K}$$

可见,变压器工作时一、二次绕组的电流跟线圈的匝数成反比。高压绕组通过的电流小,用较细的导线绕制;低压绕组通过的电流大,用较粗的导线绕制。这是在外观上区别变压器高、低压绕组的方法。

(3) 变换交流阻抗　设变压器一次侧输入阻抗为 $|Z_1|$,二次侧负载阻抗为 $|Z_2|$,则

$$|Z_1| = \left(\frac{N_1}{N_2}\right)^2 \frac{U_2}{I_2}$$

可见,二次侧接上负载 $|Z_2|$ 时,相当于电源接上阻抗为 $K^2|Z_2|$ 的负载。变压器的这种阻抗变换特性,在电子电路中常用来实现阻抗匹配和信号源内阻相等,使负载上获得最大功率。

【例 2-2】　有一电压比为 220/110 的降压变压器,如果二次侧接上 55Ω 的电阻,求变压器一次侧的输入阻抗。

解 1:二次电流

$$I_2 = \frac{U_2}{|Z_2|} = \frac{110}{55} \mathrm{A} = 2\mathrm{A}$$

$$K = \frac{N_1}{N_2} \approx \frac{U_1}{U_2} = \frac{220}{110} = 2$$

一次电流 $\quad I_1 = \dfrac{I_2}{K} = \dfrac{2}{2}\text{A} = 1\text{A}$

输入阻抗 $\quad |Z_1| = \dfrac{U_1}{I_1} = \dfrac{220}{1}\Omega = 220\Omega$

解2：电压比 $\quad K = \dfrac{N_1}{N_2} \approx \dfrac{U_1}{U_2} = \dfrac{220}{110} = 2$

输入阻抗 $\quad |Z_1| \approx \left(\dfrac{N_1}{N_2}\right)^2 |Z_2| = K^2 |Z_2| = 4 \times 55\Omega = 220\Omega$

【例2-3】 有一信号源的电动势为1V，内阻为600Ω，负载电阻为150Ω。欲使负载获得最大功率，必须在信号源和负载之间接一匹配变压器，使变压器的输入电阻等于信号源的内阻，如图2-14所示。问：变压器电压比、一、二次电流各为多少？

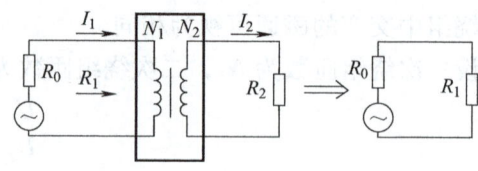

图2-14 例2-3图

解：负载电阻 $R_2 = 150\Omega$，变压器的输入电阻 $R_1 = R_0 = 600\Omega$，则电压比应为

$$K = \dfrac{N_1}{N_2} \approx \sqrt{\dfrac{R_1}{R_2}} = \sqrt{\dfrac{600}{150}} = 2$$

一、二次电流分别为

$$I_1 = \dfrac{E}{R_0 + R_1} = \dfrac{1}{600 + 600}\text{A} \approx 0.83 \times 10^{-3}\text{A} = 0.83\text{mA}$$

$$I_2 = \dfrac{N_1}{N_2}I_1 = 2 \times 0.83\text{mA} = 1.66\text{mA}$$

2. 电压的变化率

电压变化率是指变压器空载时二次端电压 U_{2N} 和有载时二次端电压 U_2 之差与 U_{2N} 的百分比，即

$$\Delta U = \dfrac{U_{2N} - U_2}{U_{2N}} \times 100\%$$

电压变化率越小，为负载供电的电压越稳定。

3. 变压器的功率和效率

（1）变压器的功率 变压器的功率消耗等于输入功率 $P_1 = U_1 I_1 \cos\varphi_1$ 和输出功率 $P_2 = U_2 I_2 \cos\varphi_2$ 之差，即 $P_L = P_1 - P_2$，变压器的功率损耗包括铁损和铜损。

（2）变压器的效率 变压器的效率为变压器输出功率与输入功率的百分比，即：

$$\eta = \dfrac{P_2}{P_1} \times 100\%$$

大容量变压器的效率可达98%~99%，小型电源变压器的效率为70%~80%。

【例2-4】 有一变压器一次电压为2200V，二次电压为220V，在接纯电阻性负载时，测得二次电流为10A，变压器的效率为95%。试求它的损耗功率、一次功率和一次电流。

解：二次负载功率 $\quad P_2 = U_2 I_2 \cos\varphi_2 = 220 \times 10\text{W} = 2200\text{W}$

一次功率 $\quad P_1 = \dfrac{P_2}{\eta} = \dfrac{2200}{0.95}\text{W} \approx 2316\text{W}$

损耗功率 $P_L = P_1 - P_2 = 2316\text{W} - 2200\text{W} = 116\text{W}$

一次电流 $I_1 = \dfrac{P_1}{U_1} = \dfrac{2316}{2200}\text{A} \approx 1.05\text{A}$

三、三相电力变压器

三相变压器就是三个相同的单相变压器的组合，如图 2-15 所示。三相变压器用于供电系统中。根据三相电源和负载的不同，三相变压器一次绕组和二次绕组可接成星形或三角形。

变压器的检验：变压器在使用前应进行检验，通常其检验内容包括如下几项：

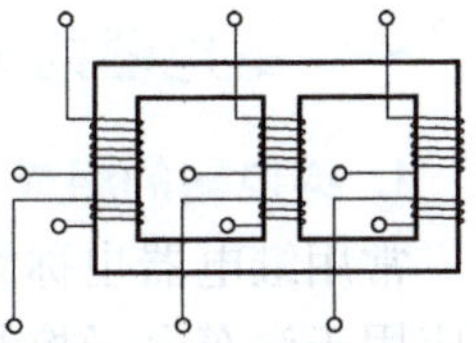

1) 区分绕组、测量各绕组的直流电阻。
2) 绝缘检查。
3) 各绕组的电压和电压比。
4) 磁化电流 I_μ：变压器二次侧开路时的一次电流叫作磁化电流，I_μ 一般为一次额定电流的 3%~8%。

图 2-15 三相变压器

各项检验都应符合设计标准，否则不宜使用。

【例 2-5】 有一台降压变压器，一次绕组电压为 220V，二次绕组电压为 110V，一次绕组为 2200 匝，若二次绕组接入阻抗值为 10Ω。试求：1) 该变压器的电压比；2) 一次绕组阻抗；3) 二次绕组的匝数；4) 一、二次绕组中的电流是多少？

解：1) 变压器的电压比为

$$K = \dfrac{U_1}{U_2} = \dfrac{220}{110} = 2$$

2) 相当于直接在一次绕组接上的负载

$$Z_1 = K^2 Z_L = 2^2 \times 10\text{Ω} = 40\text{Ω}$$

3) 二次绕组匝数为

$$N_2 = \dfrac{N_1 U_2}{U_1} = \dfrac{2200 \times 110}{220}\text{匝} = 1100\text{匝}$$

4) 二次绕组中电流为

$$I_2 = \dfrac{U_2}{Z_L} = \dfrac{110}{10}\text{A} = 11\text{A}$$

一次绕组中电流为 $I_1 = \dfrac{N_2}{N_1}I_2 = \dfrac{1100}{2200} \times 11\text{A} = 5.5\text{A}$

【课堂练习】 设交流信号源电压 $U = 100\text{V}$，内阻 $R_0 = 800\text{Ω}$，负载 $R_L = 8\text{Ω}$。

1) 将负载直接接至信号源，负载获得多大功率？2) 经变压器进行阻抗匹配，求负载获得的最大功率是多少？3) 变压器电压比是多少？

答案分析：

1) 负载获得功率为

$$P = I^2 R_L = \left(\dfrac{U}{R_0 + R_L}\right)^2 R_L = \left(\dfrac{100}{800 + 8}\right)^2 \times 8\text{W} = 0.123\text{W}$$

2)最大输出功率时，R_L 折算到一次绕组应等于 $R_0 = 800\Omega$。负载获得的最大功率为

$$P_{max} = I^2 R'_L = \left(\frac{U}{R_0 + R'_L}\right)^2 R'_L = \left(\frac{100}{800+800}\right)^2 \times 8\text{W} = 3.125\text{W}$$

3)变压器电压比为：$K = \dfrac{N_1}{N_2} = \sqrt{\dfrac{R_0}{R_L}} = \sqrt{\dfrac{800}{8}} = 10$

课题三　继电器及其在汽车电路中的应用

一、继电器的组成及分类

1. 继电器的组成与功能

常用继电器也称为电磁式继电器，是利用小的开关信号控制大的开关动作的器件。它广泛应用于汽车电子控制系统中，其作用是利用它的常闭（动断）和常开（动合）触点进行电路切换。由于继电器是利用改变金属触点位置，使动触点和静触点闭合或分开，所以具有接触电阻小、流过电流大和耐压高等优点，特别适用于大电流高电压的使用场合，小型继电器也常用作精密测量电路的转换开关。

所以，电磁继电器是由一个电磁铁、一个电枢和开关触点组成。电路接通时铁心吸引操纵开关触点的电枢，使触点断开、闭合或切换，相当于开关的作用。

2. 一般继电器的分类

（1）电流继电器　电流继电器又可分为过电流继电器和欠电流继电器。当电路中通过的电流超过规定值时，触点吸合；当电流低于规定值时，触点分开。电流继电器的工作线圈与负载串联，通过的电流很大，故它的线圈匝数少而导线粗，所以体积也较大，它可以获得需要的磁动势。

用途：适用于电动机的过载及短路保护、直流电动机磁极控制或失磁保护。

（2）电压继电器　电压继电器也可分为过电压继电器和欠电压继电器，当电路中的电压超过规定值时，触点吸合；当电路中的电压低于规定值时，触点分开。电压继电器的线圈与负载并联，以反映负载电压，其线圈匝数多而导线细，所以体积相对较小。

用途：电压继电器适用于电动机过电压或欠电压保护，以及制动和反转控制等，在汽车上也经常使用这种类型的继电器。

（3）中间继电器　中间继电器实质上也属于电压继电器，当电路中的端电压达到规定值时，中间继电器动作。中间继电器适用于多回路多触点的控制，它的控制容量较大，通过它增加控制回路数或起信号放大作用。

（4）热继电器　热继电器是由于过电流通过热元件，热元件发热弯曲而推动机构动作。

用途：它适用于一般电动机的过载、断相运转及电流不平衡保护，如汽车风窗玻璃升降电动机在玻璃升降至极限位置时的过载保护。

3. 汽车常用的继电器

汽车常用的继电器主要起保护开关和自动控制的作用。由于开关只控制继电器线圈的通断，而继电器用线圈产生的电磁力来通断开关所要控制的电路，加继电器后，控制开关只流过较小的继电器线圈电流，因而开关就不容易损坏，使用寿命得以延长。

(1) 汽车中常用继电器的类型及图形符号　汽车生产商采用的继电器有几种不同的类型：常开继电器、常闭继电器和混合式继电器。

1) 常开继电器。继电器线圈不通电时，继电器触点在其弹簧力作用下保持张开的位置，继电器线圈通电后触点闭合，如图 2-16 所示。

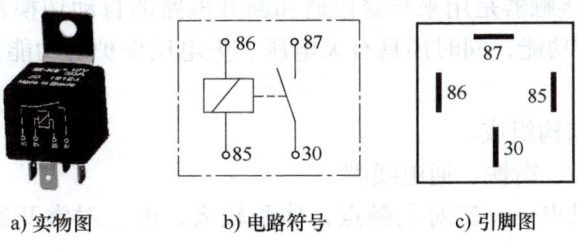

图 2-16　常开继电器

2) 常闭继电器。继电器线圈不通电时，继电器触点在其弹簧力作用下保持闭合的位置，继电器线圈通电后张开，如图 2-17 所示。

3) 混合式继电器（转换器使用的继电器）。继电器有动合触点和动断触点，继电器线圈通电后动合触点闭合，动断触点张开，如图 2-18 所示。

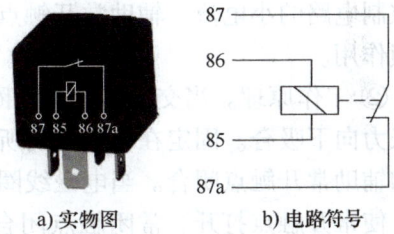

图 2-17　常闭继电器

常用的 4 引脚接线端的动合（N/O）触点型继电器，如图 2-19 所示为 4 引脚动合（N/O）触点型继电器接线端的布局设计和接线端框图。

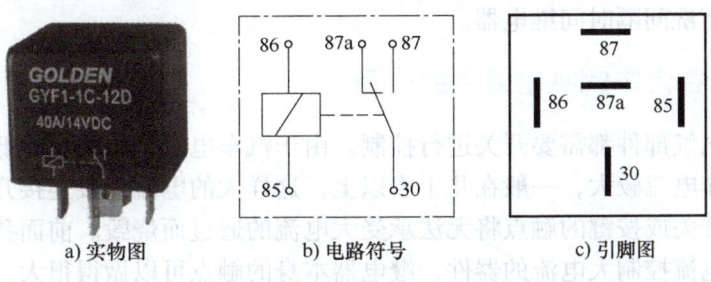

图 2-18　混合式继电器

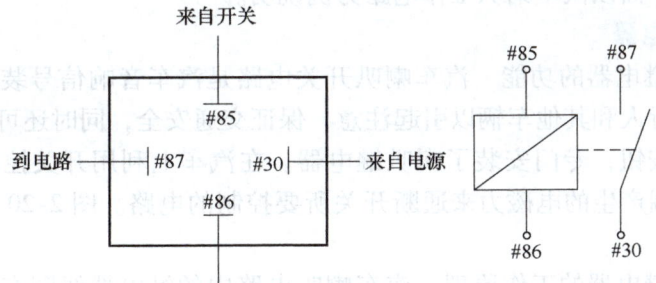

图 2-19　4 引脚 N/O 触点型继电器

（2）汽车其他继电器

1）低压断路器（俗称自动空气开关）。低压断路器主要用来控制局部照明线路或对电路的某些部分作通断控制。断路器在电路发生过载、短路及失电压、欠电压时，均能自动分断电路，起保护作用。

2）交流接触器。接触器是用来频繁接通和断开电路的自动切换器件，它具有手动切换电器所不能实现的遥控功能，同时还具有欠电压、失电压保护的功能，接触器的主要控制对象是电动机。

① 交流接触器的结构组成。

a. 电磁系统：铁心、衔铁、通电线圈。

b. 触点系统：主触点——三对主触点，体积较大，由三对常开触点组成，用于通断电动机主电路的大电流。

辅助触点——两对辅助常开触点、两对辅助常闭触点。辅助触点体积较小，主要用于通断控制电路的小电流，辅助常开触点一般起自锁或联锁作用；辅助常闭触点在电路中一般起互锁作用。

② 工作原理。当交流接触器线圈通入交流电之后，铁心和衔铁均被磁化，衔铁克服弹簧张力向下吸合。固定在衔铁上的所有动触点随之向下移动，辅助常开触点打开、三对主触点和辅助常开触点闭合。当电磁线圈失电后，铁心和衔铁也随即失磁，衔铁在弹簧张力下复位，使常开触点打开、常闭触点闭合。断电后铁心和衔铁即刻失磁，衔铁在弹簧张力下复位，各动触点随之复位。

所以，在车辆中的继电器可分为以下几类：作为开关使用的继电器，如汽车喇叭、前雾灯、散热器风扇、起动继电器和燃油泵的开关继电器；作为功能使用的继电器，如转向信号继电器、刮水和清洗间隔时间继电器。

二、继电器在汽车喇叭电路中的应用

汽车上许多电气部件都需要开关进行控制。由于汽车电气系统电压较低，具有一定功率的电气部件的工作电流较大，一般在几十安以上，这样大的电流直接连接开关，或直接按键进行通断控制，开关或按键的触点将无法承受大电流的通过而烧毁。前面我们已经分析，继电器是一种用小电流控制大电流的器件，继电器本身的触点可以做得很大，能够承受大电流的冲击。所以在汽车上经常利用开关控制继电器的吸合与断开，从而利用继电器的触点控制电气部件的通断。下面以汽车喇叭工作电路为例说明。

1. 汽车喇叭继电器

（1）汽车喇叭继电器的功能　汽车喇叭开关电路是汽车音响信号装置。在汽车的行驶过程中，用来警告行人和其他车辆以引起注意，保证交通安全，同时还可用于催行与传递信号。为了保护喇叭按钮，专门安装了喇叭继电器。在汽车上利用开关控制继电器线圈的通断，而继电器用线圈产生的电磁力来通断开关所要控制的电路。图2-20所示为汽车喇叭开关电路原理图。

（2）汽车喇叭继电器的工作原理　汽车喇叭电路中的继电器线圈有电流通过时，继电器常开触点闭合，接通蓄电池和喇叭部件中的电路，否则，继电器常开触点断开。

（3）汽车喇叭继电器的作用　汽车上有许多控制按钮（或开关），都不是直接与负载相

模块二　磁路、变压器与继电器

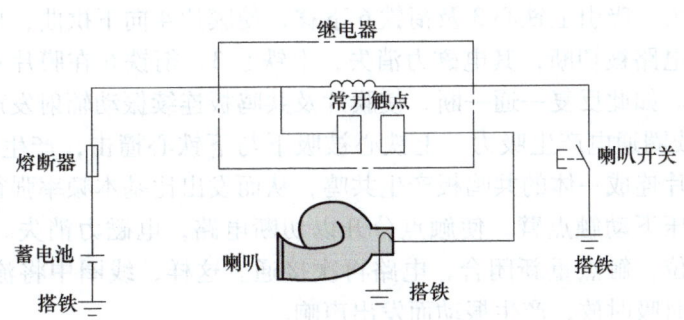

图 2-20　汽车喇叭开关电路原理图

连接，往往要串联一个继电器。汽车加入继电器后，控制按钮（或开关）只流过较小的继电器线圈电流，因而控制按钮（或开关）就不容易损坏，故可起到保护按钮（或开关）的作用，按钮（或开关）使用寿命得以延长。

【例 2-6】　继电器在汽车喇叭电路中的应用。试分析：汽车喇叭电路是什么类型？具有怎样的结构？如何工作？

解：1）目前，喇叭按其发音动力有电喇叭和气喇叭之分。按外形分有螺旋形、筒形和盆形；按声频可分为高音和低音喇叭；按音质可分为单音、双音和三音喇叭；按线路连接方式可分为单线制和双线制喇叭；按有无触点可分为有触点式（普通式）和无触点式（电子式）电喇叭。

气喇叭主要用于具有空气制动装置的重型载重车上。电喇叭具有接线方便、结构简单、体积小、重量轻、声音悦耳、检修容易等优点，因而在中小型车辆中获得了广泛应用。现代汽车一般装用双音盆形低噪声电喇叭。

2）盆形电喇叭电路的结构。电喇叭有振动机构和电路断续机构两个部分，主要由铁心、线圈、衔铁、膜片、共鸣板、压铁、触点和磁轭等组成，如图 2-21 所示。

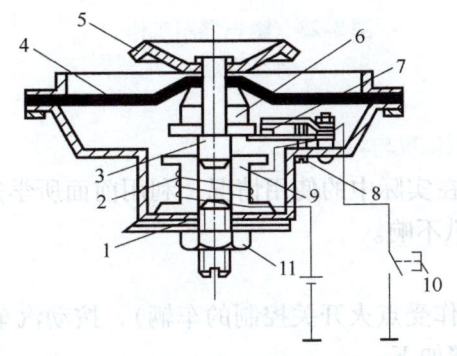

图 2-21　盆形电喇叭电路图

1—下铁心　2—线圈　3—上铁心　4—膜片　5—共鸣板　6—衔铁　7—触点
8—调整螺钉　9—铁心　10—喇叭按钮　11—锁紧螺母

3）分析盆形电喇叭电路的工作情况。

【工作过程】当按下喇叭按钮 10 时，就形成如下的电流通路（必须完成一个闭合回路，从正极到负极）：蓄电池正极→线圈 2→触点 7→喇叭按钮 10→搭铁→蓄电池负极。线圈 2

75

通电后产生电磁吸力，吸引上铁心3及衔铁6下移，使膜片4向下拱曲，衔铁6下移中将触点7顶开，线圈2电路被切断，其电磁力消失，上铁心3、衔铁6在膜片4弹力的作用下复位，触点7又闭合。如此反复一通一断，使膜片及共鸣板连续振动辐射发声。

【工作原理】线圈通电产生吸力，上铁心被吸下与下铁心撞击，产生较低的基本频率，并激励膜片及与膜片连成一体的共鸣板产生共鸣，从而发出比基本频率强得多而且分布比较集中的谐音。同时压下动触点臂，使触点分开以切断电路，电磁力消失。当铁心磁力消失后，衔铁又回到原位，触点重新闭合，电路再次接通。这样，线圈中将流过时通时断的电流，因此振动膜片时吸时放，产生振动而发出声响。

2. 汽车喇叭继电器的检测

如图2-22所示是汽车喇叭继电器内部电路。下面分别讨论不同情况时，如何进行汽车喇叭继电器的检测。

1）汽车喇叭继电器不工作情况的检查，如图2-23所示。用万用表电阻档测量继电器1、3脚电阻，阻值为100Ω左右，其他任意两脚间电阻都应为无穷大，此时继电器正常，否则继电器不能正常工作。

2）汽车喇叭继电器工作情况的检查，如图2-24所示。用万用表电压档测量1、3脚间电压，大约为12V，2、4脚间电压为0V，继电器处于正常工作状态，否则，继电器没有正常工作。

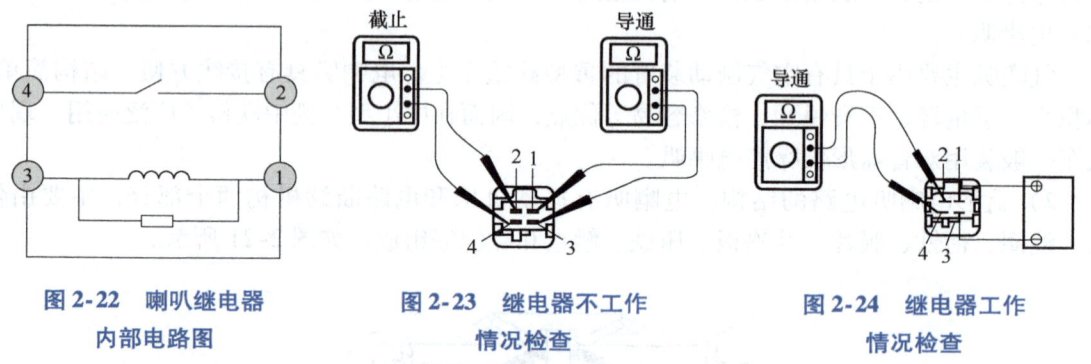

图2-22 喇叭继电器内部电路图　　图2-23 继电器不工作情况检查　　图2-24 继电器工作情况检查

3. 汽车喇叭电路的故障诊断与排除

下面根据汽车喇叭电路在实际中的使用情况，利用前面所学知识进行分析、判断。

【课堂练习】汽车电喇叭不响。

1）分析故障现象。

打开点火开关（喇叭工作受点火开关控制的车辆），按动汽车喇叭开关，喇叭不响。

2）分析故障，诊断步骤如下：

① 熔断器烧断。

② 继电器损坏。

③ 喇叭开关（按钮）损坏。

④ 线路出现故障，如线路连接松脱、断路。

⑤ 喇叭损坏。

3）故障排除步骤如下：

① 先检查熔断器是否烧断，线路连接处是否松脱或断路。在熔断器正常的情况下，接下来诊断喇叭及与其相关的部件。

② 打开点火开关，一个人按下喇叭开关不动，另一个人用万用表测量喇叭两接线之间的电压，正常值应为蓄电池电压。若正常则说明故障在喇叭自身；若无电压显示，则应接好喇叭接线，进一步检查喇叭继电器。

③ 用导线将喇叭与喇叭继电器之间的接线插头搭铁进行检查，若喇叭响，表明故障在控制线路；若仍不响，表明喇叭损坏，应更换。

④ 用导线将喇叭开关短接以检查控制线路，若喇叭响，表明喇叭开关损坏，应更换；若仍不响，表明喇叭继电器损坏，应更换。

实训一　汽车继电器的检测

一、实训目的
1. 了解汽车继电器的一般检测方法。
2. 掌握开关控制的继电器、汽车微机控制继电器的检测方法。

二、实验器材
1. 喇叭继电器、微机控制燃油继电器。
2. 跨接线、万用表、试灯。

三、重点难点
重点：检测电路连接。
难点：继电器引脚识别。

四、实训步骤
1. 开关控制继电器的检测

首先查找汽车电路图，确定所检测的继电器是受供电回路的开关控制还是受搭铁回路的开关控制。下面以检测受一只搭铁回路开关控制的喇叭继电器为例，介绍检测步骤。电路如图 2-25 所示。

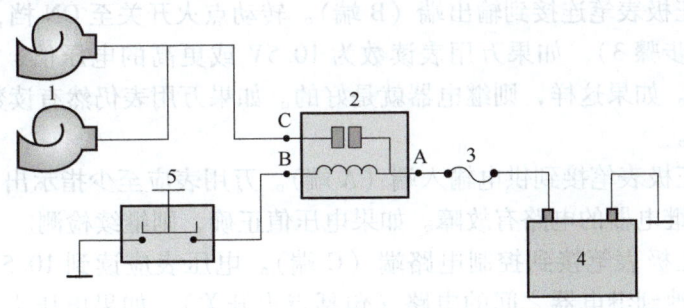

图 2-25　开关接在搭铁回路的喇叭继电器电路
1—喇叭　2—喇叭继电器　3—熔断器　4—蓄电池　5—喇叭开关

检测步骤如下：

1）使用试灯检查继电器蓄电池端（A端）有无电压。如果这端没有电压，则故障就在蓄电池到继电器之间的电路中。如果有电压，则继续检测。

2）检测控制端（B端）的电压。如果这端没有电压，则继电器线圈有故障。如果有电压，则继续检测。

3）用跨接线将B端接到良好搭铁处。如果喇叭响，则从B端到喇叭开关、搭铁之间的控制电路有故障。如果喇叭不响，则继续检测。

4）从蓄电池正极到C端连接一根跨接线。如果喇叭不响，则从继电器到喇叭搭铁之间的电路有故障。如果喇叭响，则继电器内部有故障。

2. 微机控制继电器的检测

如果继电器由汽车微机控制，就不推荐使用试灯，因为试灯可能会引起大的拉电流，会导致超出了电路设计的载流能力而损坏计算机。遇到这种情况，必须使用万用表电压档检测继电器电路。

下面以燃油泵继电器为例介绍检测步骤，如图2-26所示。

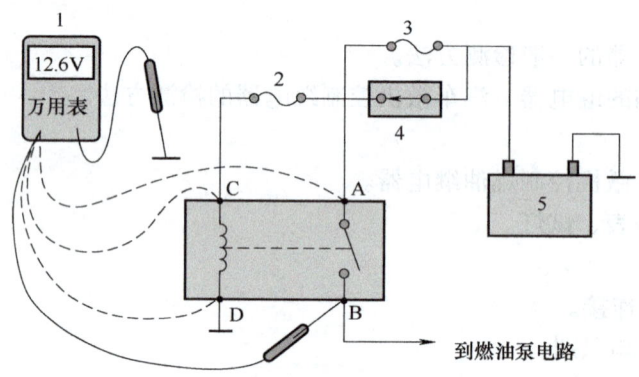

图2-26 用万用表检测微机控制的继电器
1—万用表 2—熔断器 3—易熔线 4—点火开关 5—蓄电池

将数字式万用表设置在20V直流档，按照下列步骤进行检测：

1）将万用表负极表笔接到良好的搭铁处。

2）将万用表正极表笔连接到输出端（B端）。转动点火开关至ON档，如果在端子上没测到电压，则进行步骤3）。如果万用表读数为10.5V或更高的电压值，则断开控制电路，万用表读数应为零。如果这样，则继电器就是好的。如果万用表仍然有读数，则该继电器触点粘连，需要更换。

3）把万用表正极表笔接到供电输入端（A端）。万用表应至少指示出10.5V。如果低于该值，则蓄电池到继电器的电路有故障。如果电压值正确，则继续检测。

4）把万用表正极表笔接到控制电路端（C端）。电压表应读到10.5V或更高的电压。若不是，检查蓄电池到继电器之间的电路（包括点火开关）。如果电压为10.5V或更高些，则继续检测。

5）把万用表正极表笔接到继电器搭铁端（D端）。如果表上指示值高于1V，则搭铁不良。

注意：最好将数字式万用表量程置于2V档。如果读数小于1V，则更换继电器。

操作规范：在微机控制的电路中，不推荐用试灯探查电源，因试灯通过的大电流会损坏系统部件。

3. 离车检测继电器

如果继电器端子不容易触到，则从插座上拔下继电器，用万用表进行检测。如图 2-27 所示，用万用表检测继电器的线圈两端的连通性。如果显示无穷大，则更换继电器。如果表明是连通的，就要用两根跨接线给励磁线圈励磁（见图 2-28），检查继电器的触点在吸合情况下是否连通。如果显示值为无穷大，则继电器失效了。如果连通性好，继电器也是好的，则必须检查电路。

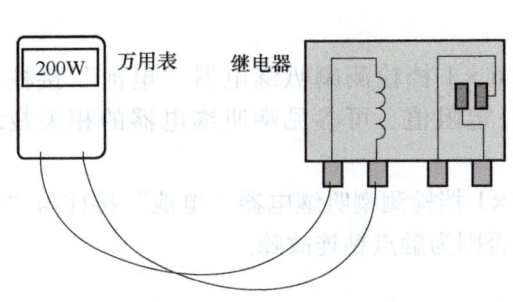

图 2-27　继电器线圈连通性检测

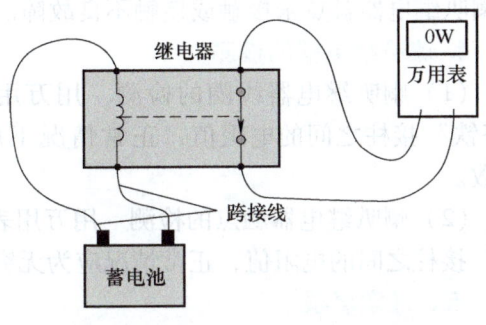

图 2-28　用蓄电池激励继电器线圈

五、注意事项

操作规范：在微机控制的电路中，不推荐用试灯探查电源，因试灯通过的大电流会损坏系统部件。在给励磁线圈励磁时，不要让万用表表笔触及线圈端子，以免损坏万用表。

实训二　喇叭电路的检测

一、实训目的

1. 了解喇叭电路的结构及工作原理，掌握喇叭音量及音调的调整方法。
2. 了解喇叭继电器的工作原理，掌握喇叭继电器好坏的检测。

二、实验器材

电喇叭、喇叭继电器、试灯、万用表、稳压电源及常用工具。

三、重点难点

重点：喇叭工作原理。
难点：喇叭音调及音量调整。

四、实训步骤

1. 喇叭音调的调整

减小衔铁与铁心间的间隙可以提高音调。衔铁与铁心的间隙一般在 0.5～1.5mm 之间，间隙太小会发生碰撞，太大则会吸不动衔铁。调整时铁心要平整，铁心与衔铁四周的间隙要均匀，否则会产生杂音。

2. 喇叭音量的调整

电喇叭音量的大小与通过喇叭线圈的电流大小有关。需增大音量时，可先松开锁紧螺母，再松调整螺母，使触点的压力增大。由于触点的接触电阻减小，触点闭合的时间增长，通过线圈的电流增大，所以音量也相应增大；反之喇叭音量就减小。

3. 喇叭继电器的就车检测（在喇叭完好状态下进行）

1）将点火开关置于 ON 档，按下喇叭按钮，此时喇叭应发出清脆声响；否则为喇叭继电器故障。

2）用万用表电压档检测喇叭继电器"电池"与"搭铁"接柱之间的电压，该电压为电源电压；若无电压指示或电压过小，则为喇叭继电器电源断路或连接故障。

3）如果上步检测电压为蓄电池电压，按下喇叭按钮的同时，检测喇叭继电器"喇叭"接柱与"搭铁"接柱之间的电压，该电压也应为电源电压；若无电压指示或电压过小，则为喇叭继电器触点未接触或接触不良故障。

4. 喇叭继电器的检测

（1）喇叭继电器线圈的检测　用万用表的 $R\times 1$ 档检测喇叭继电器"电池"接柱与"搭铁"接柱之间的电阻值，正常情况下应有一定阻值。可参见喇叭继电器的相关技术参数。

（2）喇叭继电器触点的检测　用万用表的 $R\times 1$ 档检测喇叭继电器"电池"接柱与"搭铁"接柱之间的电阻值，正常情况应为无穷大，否则为触点粘连故障。

五、注意事项

注意喇叭继电器线圈和触点的检测方法。

实训三　喇叭电路的连接与检测

一、实验目的

1. 了解电磁继电器的工作原理。
2. 掌握汽车喇叭电路的组成及工作原理。

二、实验原理

1. 实验说明，该实验为汽车喇叭电路连接实验，主要要求学生掌握汽车喇叭的工作原理；同时能够根据实物正确连接导线，使喇叭能按照要求工作。

2. 汽车喇叭电路原理图如图 2-29 所示。

三、实训步骤

1）喇叭继电器与电源正极的连接。
2）继电器与喇叭控制开关的连接。
3）继电器与喇叭间的连接。
4）电源负端与喇叭、喇叭控制开关的连接。
5）打开电源开关，按下喇叭开关，倾听喇叭发声情况。

四、思考题

1. 汽车喇叭是如何工作的？
2. 继电器的工作原理是什么？
3. 如何用万用表检测继电器的好坏？

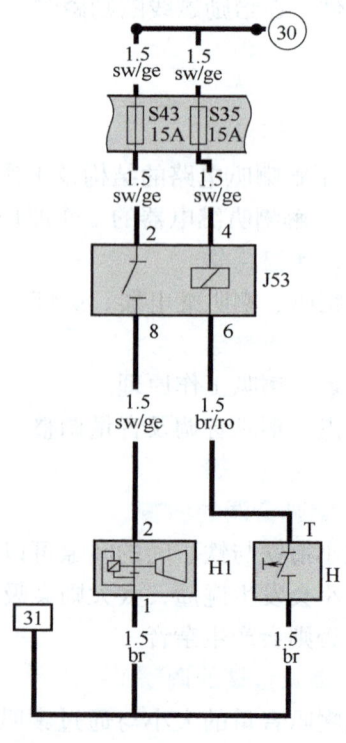

图 2-29　汽车喇叭电路原理图

小 结

1. 铁磁性材料因为其内部有磁畴而使其具有被磁化的可能。根据被磁化情况不同，铁磁性材料分成软磁性材料和硬磁性材料。
2. 电感线圈的自感、互感和感应电动势。
3. 变压器是根据电磁感应原理制成的静止电器。主要由硅钢片叠成的铁心和绕在铁心柱上的线圈组成。可以用来传输能量或信号，具有变换电压、电流和阻抗的功能。
4. 继电器的结构原理及分类。
5. 继电器在汽车电路中的应用及分析。

思考与练习题

一、判断题

1. 利用万用表测量变压器的直流电阻，红、黑表笔一定要分清。（　）
2. 变压器温升越大，工作越安全。（　）
3. 铁磁材料按其磁滞回线形状可分为三类：硬磁材料、软磁材料和矩磁材料。（　）
4. 变压器的电流由一次绕组和二次绕组构成各自回路。（　）
5. 所有变压器都有一次绕组和二次绕组之分。（　）
6. 在国际单位制中，磁通的单位是韦伯。（　）
7. 变压器是利用电磁感应原理制成的电气设备。（　）
8. 单相交流电磁铁的短路环脱落后会出现很大的振动和噪声。（　）
9. 互感器是电力系统中变换电压或电流的重要元件，其工作可靠性对整个电力系统具有重要意义。（　）
10. 电压比大于1的变压器是降压变压器。（　）

二、填空题

1. 在交流铁心线圈电路中，线圈上损耗的功率称为_____；铁心中损耗的功率称为_____，该损耗包括_____损耗和_____损耗两部分。
2. 铁磁材料按其磁性能可分为_____、_____和_____。铁磁材料的特点是_____、_____、_____、_____。
3. 自感和互感现象都属_____现象，自感现象产生的原因是由于线圈上的_____变化的结果；互感则是由于一个线圈上的电流变化而使与其靠近的另一个线圈产生_____的现象。
4. 楞次定律表明，线圈中的感应电流的方向总要阻碍_____的变化，若线圈中磁通增加时，感应电流的磁场方向与原磁场方向_____；若线圈中磁通减少时，感应电流的磁场方向与原磁场方向_____。
5. 磁路的基本物理量有_____、_____、_____和_____。
6. 变压器是根据_____原理制成的电气设备。
7. 铁磁材料的磁性能主要表现为_____、_____和_____。
8. 交流铁心线圈电源电压不变，若频率减少一半，则线圈电流增至_____倍，铜损增至_____倍。

9. 在直流铁心线圈中，磁通不仅与_____有关，而且还与磁路的_____有关。而在交流铁心线圈中，磁通仅与_____有关。

三、选择题

1. 在国内家用电源变压器输入的电压是（   ）交流电。
   A. 24V　　　　　　B. 110V　　　　　　C. 36V　　　　　　D. 220V
2. 发电的基本原理是电磁感应，发现电磁感应现象的科学家是（   ）。
   A. 安培　　　　　　B. 赫兹　　　　　　C. 法拉第　　　　　D. 奥斯特
3. 恒压变压器能输出（   ）电压。
   A. 稳定的交流　　　B. 直流　　　　　　C. 交流　　　　　　D. 稳定的直流
4. 我国的变压器频率为（   ）Hz。
   A. 60　　　　　　　B. 50　　　　　　　C. 100　　　　　　D. 314
5. 日本的变压器频率为（   ）Hz。
   A. 60　　　　　　　B. 50　　　　　　　C. 100　　　　　　D. 314
6. 变压器的一次绕组输入 220V、50Hz 的交流电压，二次绕组输出的电压频率是（   ）。
   A. 低于50Hz　　　　B. 等于50Hz　　　　C. 高于50Hz　　　　D. 不确定
7. 升压变压器输出电压（   ）输入电压。
   A. 等于　　　　　　B. 小于　　　　　　C. 大于　　　　　　D. 不确定
8. 降压变压器输出电压（   ）输入电压。
   A. 大于　　　　　　B. 小于　　　　　　C. 等于　　　　　　D. 不确定
9. 升压变压器的二次绕组的匝数（   ）一次绕组的匝数。
   A. 小于　　　　　　B. 大于　　　　　　C. 等于　　　　　　D. 不确定
10. 变压器的额定功率是指规定（   ），长时间工作而不超过规定温升的最大输出功率。
    A. 25℃　　　　　　B. 频率下　　　　　C. 电压下　　　　　D. 频率和电压下

四、问答题

1. 为什么各交流电机、电器和变压器铁心普遍采用硅钢片叠成？
2. 试述变压器的基本组成和作用。

五、计算题

1. 一台单相变压器，一次绕组电压为220V，$K=12$，求二次绕组电压为多大？若二次绕组侧电流为2A，则一次绕组侧电流多大？
2. 阻抗为8Ω的扬声器通过一电压比为6的理想变压器接到12V的信号源上，其内阻为200Ω，求：(1) 扬声器上的功率；(2) 若不用变压器直接相连时，求扬声器上的功率。
3. 有一单相变压器铭牌是220V/36V、500W。如果要使变压器在额定情况下运行，二次绕组可以接多少盏36V、15W的灯泡？并求一次、二次绕组中的额定电流。

模块三　正弦交流电路

知识导入

　　交流电路的分析、计算方法与直流电路有所不同，因此，必须要建立交流电的概念，特别是相位的概念，如任一电压或电流的叠加是相量和而不是代数和的概念。分析与计算正弦交流电路，主要是确定由不同参数组成的交流电路中电压与电流之间的关系和功率，其中应重点掌握电容元件和电感元件在正弦交流电路中的作用。三相电路着重介绍三相电源的特点、三相负载联结时电压、电流的线、相值的关系及三相功率的计算。

【知识要求】

1. 深刻理解正弦量的三要素及其表示法。
2. 熟练掌握两个同频率正弦量的相位关系。
3. 明确有效值的意义，掌握正弦量的幅值与有效值之间的关系。
4. 熟练掌握 R、L、C 三种元件伏安关系的相量形式，明确这三种元件电压与电流的相量关系。
5. 了解阻抗的定义，并会进行相关的计算。
6. 能用相量和相量图法分析串、并联正弦交流电路。
7. 掌握功率因数的概念、提高功率因数的意义及方法。
8. 掌握三相电源和三相负载的接法；熟练掌握三相对称负载星形联结、三角形联结时电压、电流的线、相值的关系及三相功率的计算；掌握三相电路不对称负载星形联结时中性线的作用。
9. 掌握安全用电的相关知识。

【技能要求】

能够正确连接照明电路、掌握安全用电的常识。

【参考学时】　20 学时（理论 16 学时 + 实践 4 学时）

课题一：正弦交流电的基本知识及表示方法	4 学时
课题二：单相正弦交流电路	6 学时
课题三：三相正弦交流电路	6 学时
技能训练	4 学时

课题一 正弦交流电的基本知识及表示方法

一、正弦交流电的基本知识

1. 交流电的特征

如图3-1所示,交流电是大小和方向均随时间做周期性变化的电压、电流或电动势。

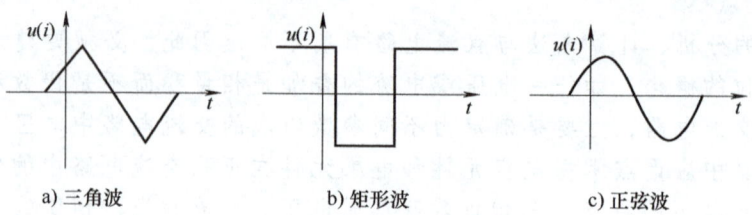

a) 三角波　　　　　b) 矩形波　　　　　c) 正弦波

图3-1　几种交流电波形

2. 交流电的主要优点

1)交流电可用变压器来改变其电压的大小,便于远距离输电和向用户提供各种不同等级的电压。

2)交流电机比同功率的直流电机构造简单、成本低、工作可靠。

3)交流电经过整流装置可转换为汽车、电车、电镀、电子设备等需要的直流电。所以,交流电在生产和生活中得到了广泛的应用。

3. 交流电的量值

如果只用某一瞬时的数值来表示交流电的大小是不确切的,而应以"最大值""有效值"和"平均值"来描述它,来表示交流电的大小。这是对交流电的各种不同含义的量值而言的。

(1) 瞬时值　因为交流电的大小每时每刻都随着时间按周期性规律变化,故将交流电在某一瞬间的量值大小称为它的"瞬时值",用小写字母 u、i、e 分别表示电压、电流、电动势的瞬时值。

(2) 幅值或最大值　交流电在变化过程中所出现的最大瞬时值,称为交流电的最大值,常用 I_m、U_m、E_m 分别表示交流电流的幅值或最大值、交流电压的幅值或最大值、交流电动势的幅值或最大值。

(3) 有效值　交流电通过电阻性负载时,如果所产生的热量与直流电在相同时间内通过同一负载所产生的热量相等,这一直流电的大小就等效为交流电的有效值,常用大写字母 I、U、E 分别表示交流电流、交流电压、交流电动势的有效值。电气设备铭牌标注的交流电压、电流的数值以及电气仪表所测量的数值都是指有效值。

(4) 平均值　所谓交流电的平均值,是指交流电在半个周期内,在同一方向通过导体横截面的电量与半个周期时间的比值。常用 I_P、U_P 来表示电流、电压的平均值。正弦交流电压的平均值与最大值和有效值的关系为:$U_P = 0.637 U_m = 0.9 U$。

二、正弦量的三要素及有效值

正弦交流电是指大小和方向均随时间做正弦(或余弦)函数曲线周期性变化的交流电。

正弦交流电可以用正弦函数或余弦函数表示，本书选用正弦函数表示正弦交流电。正弦交流电动势、电压、电流等物理量常称为正弦量。

1. 正弦量的三要素

正弦交流电压和电流的大小、方向是随时间而变化的，电路中标注的正方向代表它们的正半周方向，所以负半周时，电压或电流的正方向与实际方向相反，故为负值。正弦交流电压表达式：

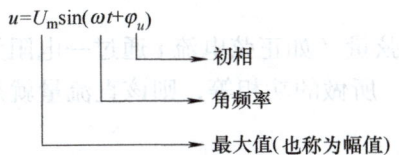

它的特征表现在大小、变化的快慢及初始值三个方面，分别用幅值（或有效值）、频率（或周期或角频率）和初相位表示，统称为正弦交流电的三要素。

（1）最大值 U_m、I_m　U_m、I_m 分别是正弦量 u 和 i 的瞬时值中的最大量值，其单位分别是伏特（V）和安培（A）。最大值表示正弦量的变化范围。

（2）角频率 ω　从正弦量瞬时值表达式可以看出，正弦量随时间变化的部分是式中的 $(\omega t + \varphi_u)$，它反映了正弦电压和电流随时间 t 变化的进程，称为正弦量的相位。ω 就是相位随时间变化的角速度，即

$$\frac{d(\omega t + \varphi_u)}{dt} = \omega \tag{3-1}$$

单位是弧度/秒（rad/s）。

正弦量随时间变化一周所需要的时间 T 称为周期，单位是秒（s）。单位时间内正弦量重复变化一周的次数 f，称为频率，$f = \dfrac{1}{T}$，单位是赫兹（Hz）。正弦量变化一周，相当于正弦函数变化 2π 弧度的电角度，正弦量的角频率 ω 就是单位时间变化的弧度数。即

$$\omega = \frac{2\pi}{T} = 2\pi f \tag{3-2}$$

式（3-2）就是角频率 ω 与周期 T 和频率 f 的关系式。

（3）初相位 φ（即 φ_u、φ_i）　它是 $t = 0$ 时刻正弦电压和电流的相位，简称为初相。

初相的单位可以用弧度（rad）或度数（deg）来表示，两者的对应关系为 $\pi(\text{rad}) = 180°(\text{deg})$。通常初相角应在 $|\varphi| \leq \pi$ 的范围内取值，即 φ 一般限定在 $-\pi \leq \varphi \leq \pi$ 的范围。如果 $|\varphi| > \pi$ 时，则应以 $\varphi \pm 2\pi$ 进行替换。例如 $\varphi = \dfrac{3\pi}{2}$（270°），应替换成 $\varphi = \dfrac{3\pi}{2} - 2\pi = -\dfrac{1}{2}\pi$（$-90°$）；又如 $\varphi = -1.2\pi$（$-216°$）时，则应替换为 $\varphi = -1.2\pi + 2\pi = 0.8\pi$（144°）。

正弦量初相 φ 的大小和正负，与选择正弦量的计时起点有关。在波形图上，与 $\omega t + \varphi = 0$ 相应的点，即正弦量瞬时值由负变正的零值点，称为零值起点，用 s 表示，计时起点是 $\omega t = 0$ 的点，即坐标原点 O。初相角 φ 就是计时起点对零值起点（即以零值起点为参考）的电角度。

顺便指出，如果正弦量是用余弦函数表示，如 $u = U_m\cos(\omega t + \varphi_u)$ 时，则正弦量的起点 s 是 $\omega t + \varphi_u = 0$，即 $u = +U_m$ 对应的横坐标点。

一个正弦量当计时起点选定后，初相角 φ 便是已知量，则某一给定时刻，相位 $(\omega t + \varphi)$ 便决定了该时刻正弦量瞬时值的大小、方向（正值或是负值），也可以决定正弦量该时刻的变化趋势，即正弦量的数值是趋于增加亦或趋于减小。由此可见，正弦量的相位也是一个重要的物理量。

2. 正弦量的有效值

在相同的时间里，一个正弦量（如正弦电流 i 通过一电阻元件 R）与某一直流量（如直流电流 I 通过同一电阻元件 R）所做的功相等，则该直流量就是正弦交流量的有效值。如正弦电流 i 的有效值为

$$I = \sqrt{\frac{1}{T}\int_0^T i^2 dt} = \frac{I_m}{\sqrt{2}} \tag{3-3}$$

同理，正弦电压 u 的有效值为

$$U = \sqrt{\frac{1}{T}\int_0^T u^2 dt} = \frac{U_m}{\sqrt{2}} \tag{3-4}$$

上述表明：正弦量的有效值等于最大值除以 $\sqrt{2}$，或者说，正弦量的最大值是有效值的 $\sqrt{2}$ 倍。

3. 正弦量的相位差

两个同频率正弦量的相位差等于它们的初相之差。如正弦电压的通式分别为 $u_1 = U_{1m}\sin(\omega t + \varphi_1)$，$u_2 = U_{2m}\sin(\omega t + \varphi_2)$，如果选取 u_2 为参考量，则 u_1 对 u_2 的相位差为 $\varphi = \varphi_1 - \varphi_2$。

若 $\varphi_1 > \varphi_2$，则 $\varphi > 0$，表示 u_1 超前 u_2 的相位为 φ，或者说 u_2 滞后 u_1 的相位为 φ；若 $\varphi_1 < \varphi_2$，则 $\varphi < 0$，表示 u_1 滞后 u_2 的相位为 φ，或者说 u_2 超前 u_1 的相位为 φ；若 $\varphi_1 = \varphi_2$，则 $\varphi = 0$，表示 u_1 与 u_2 同相；若 $\varphi = \pm 90°$ 时，则 u_1 与 u_2 正交；若 $\varphi = \pm 180°$ 时，则 u_1 与 u_2 反相。

如果选取 u_1 为参考量，则 u_2 对 u_1 的相位差为

$$\varphi' = \varphi_2 - \varphi_1$$

这表明两同频率正弦量之间相位关系的相对性。

特别指出，在进行两个正弦量相位关系的比较时，两个正弦量必须是同频率，幅值和角频率前面均为正号，表达式同是用正弦函数或同是用余弦函数表示的通式形式。

如果其中之一表达式是 $\cos(\omega t + \varphi)$ 函数时，则应转换为 $\sin$ 函数形式，即

$$\cos(\omega t + \varphi) = \sin(\omega t + \varphi + 90°)$$

如果两同频率的 $\sin$ 函数，其中表达式之一是负值函数 $-\sin(\omega t + \varphi)$ 时，则应转换为正值函数形式，即

$$-\sin(\omega t + \varphi) = \sin(\omega t + \varphi + 180°)$$

例如，若 $u = 100\sin(10t + 5°)$ V，$i = 6\cos(10t - 20°)$ A，进行相位关系比较时，应将电流的表达式转换成 $\sin$ 函数的形式，即

$$\cos(10t - 20°) = \sin(10t - 20° + 90°)$$
$$= \sin(10t + 70°)$$

故电压 u 对电流 i 的相位差为

$$\varphi = 5° - 70° = -65°$$

表明电压 u 滞后电流 i 的相位为 $65°$。

又如，$u = -100\sin(10t + 95°)$ V，$i = 6\sin(10t + 96°)$ A，进行相位关系比较时，应将正弦电压 u 的 $-\sin$ 函数形式转换为 $+\sin$ 函数形式，即

$$-100\sin(10t + 95°) = 100\sin(10t + 95° - 180°)$$
$$= 100\sin(10t - 85°)$$

故电压 u 对电流 i 的相位差为

$$\varphi = -85° - 96° = -181°$$

$|\varphi|$ 应在 $<180°$ 范围取值，因此 $\varphi = -181° + 360° = 179°$

表明电压 u 超前电流 i 的相位为 $179°$。

三、正弦量的四种表示方法

1. 解析式（瞬时值表达式）表示法

解析式法用正弦函数或余弦函数表示正弦交流电的瞬时值，本书中一律采用正弦函数表示正弦交流电的瞬时值。如正弦电流 $i = I_m\sin(\omega t + \varphi_i)$ A，从给定正弦量的瞬时值表达式中即可找出它的三个要素：幅值（或有效值）、角频率（或周期或频率）和初相角 φ，从而可以确定正弦量的零值起点 s 和计时起点（即坐标原点 O）的位置。分别计算出在一个周期内正弦量的相位 $(\omega t + \varphi) = \theta$ 为特殊角，如 0，$\frac{\pi}{0}$，$\frac{\pi}{4}$，$\frac{\pi}{2}$，$\frac{2}{3}\pi$，$\frac{3}{4}\pi$，$\frac{5}{6}\pi$，π，$\cdots$，并在坐标图上标出对应各点，将正弦量瞬时值各点用曲线板连接成连续曲线，便绘出了正弦量的波形图。

例如，正弦电压 $u = 10\sin\left(2\pi t + \frac{\pi}{4}\right)$ V，从瞬时值表达式可知它的幅值是 10 V，角频率 $\omega = 2\pi$ rad/s，初相角 $\varphi = \frac{\pi}{4}$ rad，它的周期为

$$T = \frac{2\pi}{\omega} = \frac{2\pi}{2\pi}\text{s} = 1\text{s}$$

由于初相 $\frac{\pi}{4}$ 为正值，故正弦电压波形的零值起点 s 在计时起点（坐标原点 O）之前。分别计算出当相位 $\left(2\pi t + \frac{\pi}{4}\right) = 0$，$\frac{\pi}{4}$，$\frac{\pi}{2}$，$\cdots$，$2\pi$ 时正弦电压 u 的瞬时值及对应的 ωt 值或时间 t 值。

如当 $\left(2\pi t + \frac{\pi}{4}\right) = 0$ 时，$u = 0$，$\omega t + \frac{\pi}{4}$，$t = -\frac{1}{2\times 4}$s $= -0.125$s；

当 $\left(2\pi t + \frac{\pi}{4}\right) = \frac{\pi}{4}$ 时，$u = 7.07$V，$\omega t = 0$，$t = 0$；

当 $\left(2\pi t + \frac{\pi}{4}\right) = \frac{\pi}{2}$ 时，$u = 10$V，$\omega t = \frac{\pi}{4}$，$t = 0.125$s，如此继续计算。

将以上数据中横坐标 ωt 或 t 各值在坐标系横坐标上找出对应的点，然后标出对应的正弦电压瞬时值的纵坐标位置，最后用曲线板将各电压瞬时值坐标点连接成连续的正弦函数波

形图。于是绘出正弦电压 $u = 10\sin\left(2\pi t + \dfrac{\pi}{4}\right)$ V 的波形图。

2. 波形图表示法

由正弦量的瞬时值表达式绘出它的波形图时，图中纵坐标是正弦量的瞬时值，横坐标表示正弦量变化进程的弧度 $\omega t(\text{rad})$ 或时间 $t(\text{s})$。从波形图中可以找出正弦量的三要素。从波形图中直接观察到正弦量的最大值 U_m 或 I_m；确定角频率时，先要从波形图的横坐标上找到一个完整的周期 $T(\text{s})$，再按式 $\omega = \dfrac{2\pi}{T}$ 计算出角频率 ω 的值；确定初相角 φ 时，在波形图的坐标原点 O 左右 $\pm\pi$ 或 $\pm\dfrac{T}{2}$ 范围内，找出正弦量瞬时值从负变正的零值起点 s，从 s 点到坐标原点 O（即计时起点）之间的电角度数，就是该正弦量的初相 φ。按正弦量变化的进程方向，如果 s 点在坐标原点 O 左侧出现时，如图 3-2 所示情况，则初相角 φ 为正值；若 s 点在坐标原点 O 右侧出现时，则初相角 φ 为负值；如果 s 点与坐标原点 O 重合，则初相角 φ 为 0。显然，从波形图中找到了正弦量的幅值、角频率和初相之后，即可写出该正弦量的瞬时值表达式。

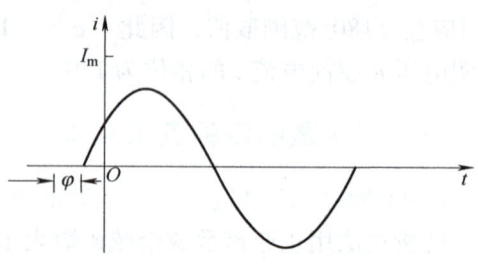

图 3-2　正弦交流电流波形图

正弦量的解析式表示法和波形图表示法各有各的特点。解析式表示法能完整和准确地描述正弦量特征，既表示了正弦量的三要素，又表示了瞬时值，它是正弦交流电路分析的基础。正弦量的波形图能直观、形象地表示它的变化进程，特别是便于对几个正弦量之间的比较，能明显看出它们的大小和相位的关系；其缺点是它不能准确地描述正弦量的特征，更不便于进行加、减等运算。为了便于在正弦交流电路中对正弦电压和电流进行分析计算，正弦量需要有便于计算的表示法，即正弦量的相量表示法。

3. 相量表示法

用复数的模表示正弦量的幅值或有效值，用复数的辐角表示正弦量的初相角，来分析计算正弦交流电。为了与一般复数区别，将这种用于表示正弦交流电的复数称为相量，并在大写字母上加一个点来表示相量。

对于电路分析而言，相量运算要求掌握的内容有如下两方面：

（1）复数的代数式与极坐标形式的互换　一个复数 A 的代数式为 $A = a_1 + ja_2$，其中 a_1 为实部，a_2 为虚部，$j = \sqrt{-1}$。复数 A 的另一种极坐标形式为 $A = |A|\angle\theta$，其中 $|A|$ 为模，θ 为辐角。两种形式的关系如下：

$$A = a_1 + ja_2 = |a|\angle\theta$$
$$a_1 = |A|\cos\theta,\ a_2 = |A|\sin\theta;$$
$$|A| = \sqrt{a_1^2 + a_2^2},\ \theta = \arctan\dfrac{a_2}{a_1}$$

（2）复数的加、减、乘、除四则运算

1）两复数的加、减运算，应采用复数的代数式或三角函数式来进行。运算的方法是：分别将两复数的实部相加、减、虚部相加、减。

2）两复数的乘、除运算，应采用复数的极坐标形式来进行。运算方法是：分别将两复数的模相乘、除，辐角相加、减。

$$i = I_m\sin(\omega t + \varphi_i) \rightarrow$$
$$\dot{I} = a + jb \qquad \text{代数式}$$
$$= I(\cos\varphi_i + j\sin\varphi_i) \qquad \text{三角函数}$$
$$= Ie^{j\varphi} \qquad \text{指数式}$$
$$= I\angle\varphi \qquad \text{极坐标式}$$

代数式、三角函数式一般适用于做加、减运算，指数式和极坐标式一般适用于做乘、除运算。

$$\dot{I}_1 \pm \dot{I}_2 = (a_1 \pm a_2) + j(b_1 \pm b_2)$$
$$\dot{I}_1 \cdot \dot{I}_2 = I_1 \cdot I_2 e^{j(\varphi_1 + \varphi_2)} = I_1 \cdot I_2 \angle (\varphi_1 + \varphi_2)$$
$$\dot{I}_1 / \dot{I}_2 = I_1 / I_2 e^{j(\varphi_1 - \varphi_2)} = I_1 / I_2 \angle (\varphi_1 - \varphi_2)$$

4. 相量图表示法

相量在复平面上的图形称为相量图，是按照几个同频率正弦量的大小和相位关系用初始位置的有向线段画出的几个相量的图形。相量图中有向线段的长度表示正弦量的幅值或有效值，因此可以分为幅值相量图、有效值相量图；有向线段与实轴正向的夹角表示初相；有向线段以角频率 ω 按照逆时针方向匀速转动。

图 3-3 所示为正弦交流电的相量图。

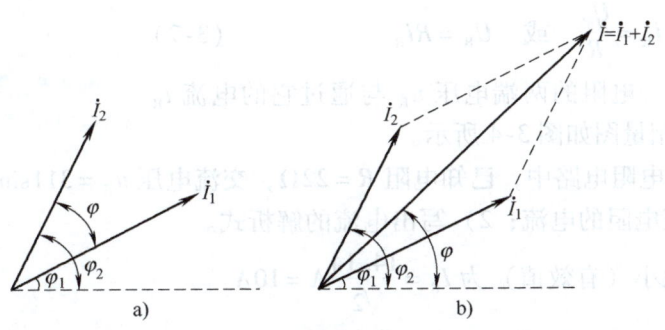

图 3-3　正弦交流电的相量图

相量表示法和相量图表示法是分析和计算交流电路常用的方法。它的优点是：

1）只有同频率的正弦量可以画在同一相量图上，如图 3-3b 所示，相量图可直观、快捷地解决一些特殊的交流电路问题。

2）相量法可准确无误地计算复杂交流电路问题。

3）相量图合成时应遵循平行四边形法则，即以表示两个正弦量的相量作为邻边画出平行四边形，则该平行四边形中与两个相量共顶点的对角线相量表示合成相量。

注意：相量可以表示正弦量，但不等于正弦量，它只是分析和计算交流电路的一种方法。

若要将正弦电流 $i = 6\sin(\omega t + 45°)$ A 表示成相量，则为 $\dot{I}_m = I_m\angle 45° = 6\angle 45°\text{A} = 6e^{j45°}$ A。

所以，只要知道了正弦量的瞬时值表达式，就可以写出它的相量式；反之，若已知相量式，也可以写出它所代表的正弦量的瞬时值表达式。

课题二　单相正弦交流电路

一、单一参数的正弦交流电路

1. 纯电阻电路

只含有电阻元件的交流电路叫作纯电阻电路，如含有白炽灯、电炉、电烙铁等的电路。

（1）电压、电流的瞬时值关系

$$i_R = \frac{u_R}{R} = \frac{U_m}{R}\sin\omega t = I_m\sin\omega t \tag{3-5}$$

其中

$$i_m = \frac{U_m}{R} \tag{3-6}$$

这说明，正弦交流电压和电流的幅值之间满足欧姆定律。

（2）电压、电流的有效值关系　电压、电流的有效值关系又叫作电压、电流的大小关系。

由于纯电阻电路中正弦交流电压和电流的幅值之间满足欧姆定律，因此把等式两边同时除以 $\sqrt{2}$，即得到有效值关系，即

$$I_R = \frac{U_R}{R} \quad 或 \quad U_R = RI_R \tag{3-7}$$

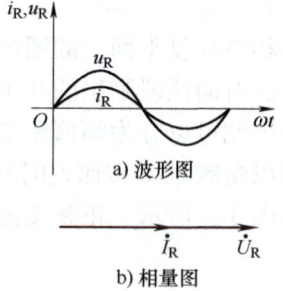

图 3-4　电阻电压 u 与电流 i 的波形图和相量图

（3）相位关系　电阻的两端电压 u_R 与通过它的电流 i_R 同相，其波形图和相量图如图 3-4 所示。

【例 3-1】　在纯电阻电路中，已知电阻 $R = 22\Omega$，交流电压 $u_R = 311\sin(314t + 30°)$ V，1）计算通过该电阻的电流；2）写出电流的解析式。

解：1）电流大小（有效值）为 $I_R = \frac{14.14}{\sqrt{2}}A = 10A$

2）解析式 $i_R = \frac{u_R}{R} = 14.14\sin(314t + 30°)$ A

2. 纯电感电路

（1）电感元件对交流电的阻碍作用　感抗：反映电感对交流电流阻碍作用程度的参数叫作感抗。纯电感电路中通过正弦交流电流时，所呈现的感抗为：$X_L = \omega L = 2\pi f L$，式中，自感系数 L 的国际单位制是亨利（H），常用的单位还有毫亨（mH）、微亨（μH）、纳亨（nH）等，它们与亨利（H）的换算关系如下：

$$1mH = 10^{-3}H,\ 1\mu H = 10^{-6}H,\ 1nH = 10^{-9}H$$

如果线圈中不含有导磁介质，则叫作空心电感或线性电感，线性电感 L 在电路中是一常数，与外加电压或通电电流无关。

如果线圈中含有导磁介质时，则电感 L 将不是常数，而是与外加电压或通电电流有关的量，这样的电感叫作非线性电感，例如铁心电感。

用于"通直流、阻交流"的电感线圈叫作低频扼流圈，用于"通低频、阻高频"的电感线圈叫作高频扼流圈。

（2）电感电流与电压的关系　电感电流与电压的大小关系为

$$I_L = \frac{U_L}{X_L} \quad (3-8)$$

显然，感抗与电阻的单位相同，都是欧姆（Ω）。

电感电压比电流超前90°（或 π/2），即电感电流比电压滞后90°，如图3-5所示。

【例3-2】　已知电感 $L = 80\text{mH}$，外加电压 $u_L = 50\sqrt{2}\sin(314t + 65°)$ V。试求：1）感抗 X_L；2）电感中的电流 I_L；3）电流瞬时值 i_L。

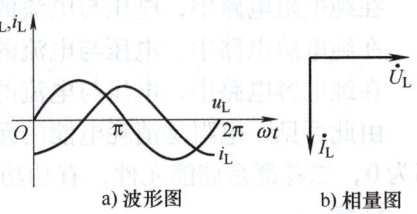

图3-5　纯电感电路中电压与电流的波形图与相量图

解：1）电路中的感抗为

$$X_L = \omega L = 314 \times 0.08 \Omega \approx 25\Omega$$

2）$I_L = \dfrac{U_L}{X_L} = \dfrac{50}{25}\text{A} = 2\text{A}$

3）电感电流 i_L 比电压 u_L 滞后90°，则

$$i_L = 2\sqrt{2}\sin(314t - 25°)\text{A}$$

3. 纯电容电路

（1）电容元件对交流电的阻碍作用　容抗：反映电容对交流电流阻碍作用程度的参数叫作容抗。容抗按下式计算：

$$X_C = \frac{1}{\omega C} = \frac{1}{2\pi fC} \quad (3-9)$$

容抗和电阻、感抗的单位相同，也是欧姆（Ω）。

在电路中，用于"通交流、隔直流"的电容叫作隔直电容器；用于"通高频、阻低频"（将高频电流成分滤除）的电容叫作高频旁路电容器。

（2）电流与电压的关系　电容电流与电压的大小关系为

$$I_C = \frac{U_C}{X_C}$$

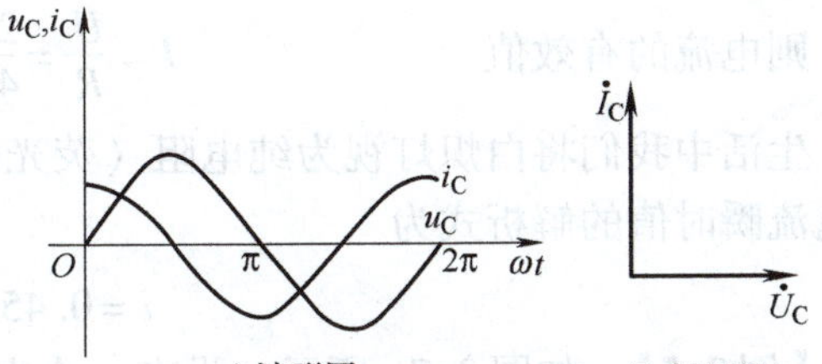

图3-6　纯电容电路中电压与电流的波形图与相量图

电容电流与电压的相位关系：电容电流比电压超前90°（或 π/2），即电容电压比电流滞后90°，如图3-6所示。

【例3-3】　已知电容 $C = 127\mu\text{F}$，外加正弦交流电压 $u_C = 20\sqrt{2}\sin(314t + 20°)$ V，试求：1）容抗 X_C；2）电流 I_C；3）电流瞬时值 i_C。

解：1）$X_C = \dfrac{1}{\omega C} = 25\Omega$

2) $I_C = \dfrac{U_C}{X_C} = \dfrac{20}{25}\text{A} = 0.8\text{A}$

3) 电容电流比电压超前90°，则 $i_C = 0.8\sqrt{2}\sin(314t + 110°)$ A

在纯电阻电路中，电压与电流的相位差 $\varphi = 0$，有功功率 $P_R = U_R I_R = I_R^2 R$。

在纯电感电路中，电压与电流的相位差 $\varphi = 90°$，有功功率 $P_L = 0$。

在纯电容电路中，电压与电流的相位差 $\varphi = -90°$，有功功率 $P_C = 0$。

由此可见，电阻是消耗电能的元件；而电感和电容都是不消耗电能的元件，其有功功率都为0，二者都是储能元件，有功功率是反映电路实际消耗的平均功率。

注意：

1) 感抗 X_L 和容抗 X_C 是新概念，它们的地位和电阻 R 相当，都表示对电流的阻碍能力，电压和电流的有效值之间也符合欧姆定律，但感抗 X_L 和频率 f 成正比，容抗 X_C 和频率 f 成反比。对直流电路来讲，频率 $f = 0$，感抗 $X_L = 0$，因此电感元件在直流电路中可视为短路，而容抗 $X_C = \infty$，因此电容元件在直流电路中可视为开路；对交流电路来讲，频率 f 越高，感抗 X_L 越大，而容抗 X_C 越小，高频估算时，可认为 $X_L \to \infty$，$X_C \to 0$，故称电容"隔直通交"，电感"通直阻交"。

2) 掌握电感和电容元件上电压和电流的相位关系。理解"j"和"-j"的意义，即"$j\dot{A}$"表示相量 $\dot{A}$ 在空间逆时针转过90°，而"$-j\dot{A}$"表示相量 $\dot{A}$ 在空间顺时针转过90°；并有 $j^2 = -1$，表示逆时针转过180°。

【例3-4】 已知一只白炽灯工作时的电阻为484Ω，其两端的电压为 $u = 311\sin314t$ V，试求电流的有效值，并写出电流瞬时值的解析式。

解： 由 $u = 311\sin314t$ V 可知，

交流电压的有效值　　　　$U = \dfrac{U_m}{\sqrt{2}} = \dfrac{311}{\sqrt{2}}\text{V} \approx 220\text{V}$

则电流的有效值　　　　$I = \dfrac{U}{R} = \dfrac{220}{484}\text{A} \approx 0.45\text{A}$

生活中我们将白炽灯视为纯电阻（荧光灯视为电阻和电感串联），电压与电流同相，所以电流瞬时值的解析式为

$$i = 0.45\sqrt{2}\sin314t\text{A}$$

【例3-5】 如图3-7a所示，设有一个电阻可以忽略的线圈接在电压 $u = 220\sqrt{2}\sin(314t + 30°)$ V 的交流电源上，线圈的电感量 $L = 0.7$H。试求：1) 请写出流过线圈电流的瞬时值表达式；2) 请画出电压和电流的相量图。

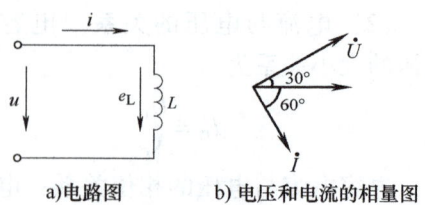

a) 电路图　　b) 电压和电流的相量图

图3-7 电路图和相量图

解： 1) 因线圈感抗

$$X_L = \omega t = 314 \times 0.7\Omega \approx 220\Omega$$

电压的有效值 $U = \dfrac{U_m}{\sqrt{2}} = \dfrac{220\sqrt{2}}{\sqrt{2}}\text{V} = 220\text{V}$

则电流的有效值 $I = \dfrac{U}{X_L} = \dfrac{220}{220}\text{A} = 1\text{A}$

又因为电流滞后电压 90°，而电压的初相为 30°，则电流的初相为
$$\varphi_i = \varphi_u - 90° = 30° - 90° = -60°$$
所以，流过线圈电流的瞬时值表达式为
$$i = \sqrt{2}\sin(314t - 60°) \text{ A}$$

2）电压和电流的相量图如图 3-7b 所示。

单一参数的交流电路是研究交流电路的基础，其电路特点、电压、电流的关系及功率的计算见表 3-1。

表 3-1 R、L、C 元件电压与电流的关系及功率关系

元件	R	L	C
基本关系	$u_R = Ri_R$	$u_L = L\dfrac{di_L}{dt}$	$u_C = \dfrac{1}{C}\int_0^t i_C dt$
有效值关系	$U_R = RI_R$	$U_L = X_L I_L$	$U_C = X_C I_C$
相量式	$\dot{U}_R = R\dot{I}_R$	$\dot{U}_L = jX_L \dot{I}_L$	$\dot{U}_C = -jX_C \dot{I}_C$
电阻或电抗	R	$X_L = \omega L$	$X_C = \dfrac{1}{\omega C}$
相位关系	u_R 与 i_R 同相	u_L 超前 i_L 90°	u_C 滞后 i_C 90°
相量图	$\dot{I}_R \longrightarrow \dot{U}_R$	$\dot{U}_L \uparrow$, $\dot{I}_L \rightarrow$	$\dot{I}_C \uparrow$, $\dot{U}_C \rightarrow$
有功功率	$P_R = U_R I_R = I_R^2 R$	$P_L = 0$	$P_C = 0$
无功功率	$Q_R = 0$	$Q_L = U_L I_L = I_L^2 X_L$	$Q_C = -U_C I_C = -I^2 X_C$

二、R-L-C 串联电路

1. R-L-C 串联电路

由电阻、电感、电容相串联构成的电路叫作 R-L-C 串联电路，如图 3-8、图 3-9 所示。

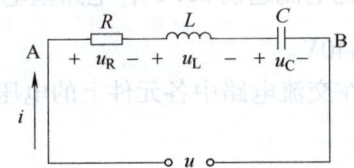

图 3-8 R-L-C 串联电路

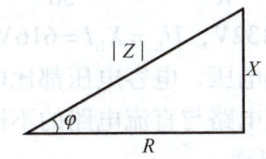

图 3-9 R-L-C 串联电路的阻抗三角形

1）在任一时刻总电压 u 的瞬时值为
$$u = u_R + u_L + u_C$$

2）作出相量图，如图 3-10 所示，并得到各电压相量之间的关系为
$$\dot{U} = \dot{U}_R + \dot{U}_L + \dot{U}_C \tag{3-10}$$

得到各电压之间的大小关系为

$$U = \sqrt{U_R^2 + (U_L - U_C)^2} \quad (3\text{-}11)$$

2. R-L-C 串联电路的阻抗为

$$|Z| = \frac{U}{I} = \sqrt{R^2 + (X_L - X_C)^2} = \sqrt{R^2 + X^2} \quad (3\text{-}12)$$

式（3-12）称为阻抗三角形关系式，其中电抗 $X = X_L - X_C$，阻抗三角形的关系如图 3-9 所示。

$$\varphi = \arctan\frac{U_L - U_C}{U_R} = \arctan\frac{X_L - X_C}{R} = \arctan\frac{X}{R} \quad (3\text{-}13)$$

式中，φ 叫作阻抗角。

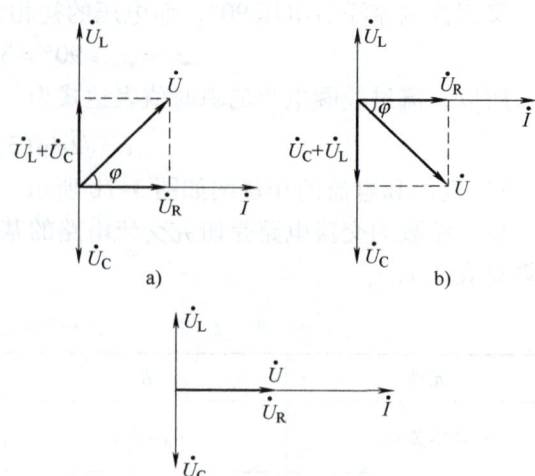

图 3-10 R-L-C 串联电路的相量图

3. R-L-C 串联电路的性质

根据 R-L-C 串联电路中总电压与电流的相位差（即阻抗角 φ）为正、为负、为零三种情况，将电路分为以下三种性质：

1）电感性电路：当 $X_L > X_C$ 时，即 $X > 0$，电压 u 比电流 i 超前 φ，称电路呈电感性。
2）电容性电路：当 $X_L < X_C$ 时，即 $X < 0$，电压 u 比电流 i 滞后 φ，称电路呈电容性。
3）电阻性电路：当 $X_L = X_C$ 时，即 $X = 0$，$\varphi = 0$，电压 u 与电流 i 同相，称电路呈电阻性，电路处于这种状态时，叫作谐振状态。

R-L-C 串联电路中电压与电流的相量关系如图 3-10 所示。

【例 3-6】 在 R-L-C 串联电路中，交流电源电压 $U = 220\text{V}$，频率 $f = 50\text{Hz}$，$R = 30\Omega$，$L = 445\text{mH}$，$C = 32\mu\text{F}$。试求：1）电路中的电流大小 I；2）总电压与电流的相位差 φ；3）各元件上的电压 U_R、U_L、U_C。

解：1）$X_L = 2\pi fL \approx 140\Omega$，$X_C = \dfrac{1}{2\pi fC} \approx 100\Omega$，$|Z| = \sqrt{R^2 + (X_L - X_C)^2} = 50\Omega$，则

$$I = \frac{U}{|Z|} = 4.4\text{A}$$

2）$\varphi = \arctan\dfrac{X_L - X_C}{R} = \arctan\dfrac{40}{30} = 53.1°$，总电压比电流超前 $53.1°$，电路呈电感性。

3）$U_R = RI = 132\text{V}$，$U_L = X_L I = 616\text{V}$，$U_C = X_C I = 440\text{V}$。

本例题中电感电压、电容电压都比电源电压大，在交流电路中各元件上的电压可以比总电压大，这是交流电路与直流电路的不同之处。

4. 串联谐振电路

工作在谐振状态下的电路称为谐振电路，谐振电路在电子技术与工程技术中有着广泛的应用。谐振电路最为明显的特征是电路性质呈电阻性，即电路的等效阻抗为 $Z_0 = R$，总电压 u 与总电流 i 同相。

（1）谐振频率与特性阻抗

1）谐振角频率为

$$\omega_0 = \frac{1}{\sqrt{LC}} \quad (3\text{-}14)$$

2）谐振频率为

$$f_0 = \frac{1}{2\pi\sqrt{LC}} \tag{3-15}$$

3）固有频率。由此可见，谐振频率 f_0 只由电路中的电感 L 与电容 C 决定，是电路中的固有参数，所以通常将谐振频率 f_0 叫作固有频率。

4）特性阻抗。电路发生谐振时的感抗或容抗叫作特性阻抗，用符号 ρ 表示，单位为欧姆（Ω）。

$$\rho = \omega_0 L = \frac{1}{\omega_0 C} = \sqrt{\frac{L}{C}} \tag{3-16}$$

（2）串联谐振电路的特点

1）电路呈电阻性。当外加电源 u_s 的频率 $f = f_0$ 时，电路发生谐振，由于 $X_L = X_C$，则此时电路的阻抗达到最小值，称为谐振阻抗 Z_0 或谐振电阻 R，即

$$Z_0 = |Z|_{\max} = R \tag{3-17}$$

2）电流呈现最大。谐振时电路中的电流则达到了最大值，叫作谐振电流 I_0，即

$$I_0 = \frac{U_S}{R} \tag{3-18}$$

3）电感 L 与电容 C 上的电压。串联谐振时，电感 L 与电容 C 上的电压大小相等，即

$$U_L = U_C = X_L I_0 = X_C I_0 = QU_S \tag{3-19}$$

式中，Q 叫作串联谐振电路的品质因数，即

$$Q = \frac{\rho}{R} = \frac{\omega_0 L}{R} = \frac{1}{\omega_0 CR} \tag{3-20}$$

R-L-C 串联电路发生谐振时，电感 L 与电容 C 上的电压大小都是外加电源电压 U_S 的 Q 倍，所以串联谐振电路又叫作电压谐振。一般情况下串联谐振电路都符合 $Q \gg 1$ 的条件。

（3）串联谐振的应用 串联谐振电路常用来对交流信号进行选择，例如接收机中选择电台信号，即调谐。

5. R-L 串联电路与 R-C 串联电路

（1）R-L 串联电路

只要将 R-L-C 串联电路中的电容 C 短路去掉，即令 $X_C = 0$，$U_C = 0$，则有关 R-L-C 串联电路的公式完全适用于 R-L 串联电路。

【例3-7】 在 R-L 串联电路中，已知电阻 $R = 40\Omega$，电感 $L = 95.5\text{mH}$，外加频率为 $f = 50\text{Hz}$、$U = 200\text{V}$ 的交流电压源，试求：1）电路中的电流 I；2）各元件电压 U_R、U_L；3）总电压与电流的相位差 φ。

解：1）$X_L = 2\pi f L \approx 30\Omega$，$|Z| = \sqrt{R^2 + X_L^2} = 50\Omega$，则 $I = \frac{U}{|Z|} = 4\text{A}$

2）$U_R = RI = 160\text{V}$，$U_L = X_L I = 120\text{V}$

3）$\varphi = \arctan\frac{X_L}{R} = \arctan\frac{30}{40} = 36.9°$，总电压 u 比电流 i 超前 $36.9°$，电路呈电感性。

（2）R-C 串联电路

只要将 R-L-C 串联电路中的电感 L 短路去掉，即令 $X_L = 0$，$U_L = 0$，则有关 R-L-C 串联

电路的公式完全适用于 R-C 串联电路。

【例 3-8】 在 R-C 串联电路中，已知：电阻 $R=60\Omega$，电容 $C=20\mu F$，外加电压为 $u=141.2\sin628t\text{V}$。试求：1）电路中的电流 I；2）各元件电压 U_R、U_C；3）总电压与电流的相位差 φ。

解：1）由 $X_C = \dfrac{1}{\omega C} = 80\Omega$，$|Z| = \sqrt{R^2 + X_C^2} = 100\Omega$，$U = \dfrac{141.2}{\sqrt{2}}\text{V} = 100\text{V}$，则电流为

$$I = \frac{U}{|Z|} = 1\text{A}$$

2）$U_R = RI = 60\text{V}$，$U_C = X_C I = 80\text{V}$

3）$\varphi = \arctan\left(-\dfrac{X_C}{R}\right) = \arctan\left(-\dfrac{80}{60}\right) = -53.1°$，总电压比电流滞后 $53.1°$，电路呈电容性。

三、R-L-C 并联电路

1. R-L-C 并联电路电压、电流的关系

由电阻、电感、电容相并联构成的电路叫作 R-L-C 并联电路，如图 3-11 所示。

在任一时刻总电流 i 的瞬时值为

$$i = i_R + i_L + i_C \tag{3-21}$$

作出相量图，如图 3-12 所示，并得到各电流相量之间的关系。

$$\dot{I} = \dot{I}_R + \dot{I}_L + \dot{I}_C \tag{3-22}$$

从相量图中得出

$$I = \sqrt{I_R^2 + (I_C - I_L)^2} = \sqrt{I_R^2 + (I_L - I_C)^2} \tag{3-23}$$

式（3-23）称为电流三角形关系式。

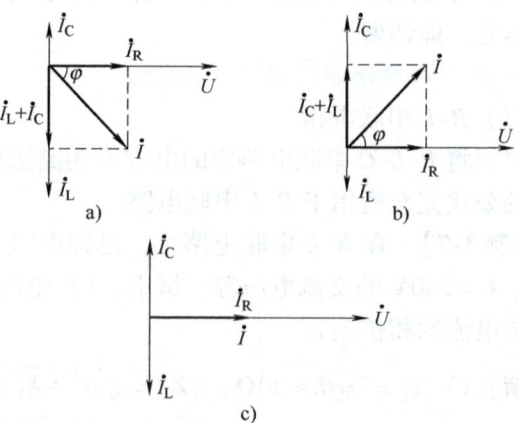

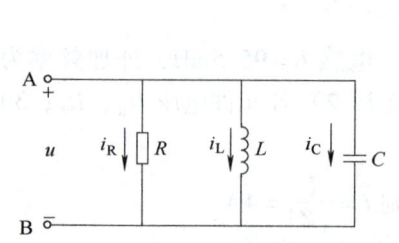

图 3-11　R-L-C 并联电路　　图 3-12　并联电路电流之间的大小关系

2. R-L-C 并联电路的性质

同样是根据电压与电流的相位差（即阻抗角 φ）为正、为负、为零三种情况，将电路分为三种性质：

1) 电感性电路：当 $X_C > X_L$ 时，$\varphi > 0$，电压 u 比电流 i 超前 φ，称电路呈电感性。
2) 电容性电路：当 $X_C < X_L$ 时，$\varphi < 0$，电压 u 比电流 i 滞后 $|\varphi|$，称电路呈电容性。
3) 电阻性电路：当 $X_C = X_L$ 时，$\varphi = 0$，电压 u 与电流 i 同相，称电路呈电阻性。

【例 3-9】 在 R-L-C 并联电路中，已知：电源电压 $U=120\mathrm{V}$，频率 $f=50\mathrm{Hz}$，$R=50\Omega$，$L=0.19\mathrm{H}$，$C=80\mu\mathrm{F}$。试求：1) 各支路电流 I_R、I_L、I_C；2) 总电流 I，并说明该电路呈何性质？3) 等效阻抗 $|Z|$。

解：1) $\omega = 2\pi f = 314\mathrm{rad/s}$，$X_L = \omega L = 60\Omega$，$X_C = 1/(\omega C) = 40\Omega$
$I_R = U/R = 120/50\mathrm{A} = 2.4\mathrm{A}$，$I_L = U/X_L = 2\mathrm{A}$，$I_C = U/X_C = 3\mathrm{A}$

2) $I = \sqrt{I_R^2 + (I_C - I_L)^2} = 2.6\mathrm{A}$，因 $X_L > X_C$，则电路呈电容性。

3) $|Z| = U/I = 120/2.6\Omega = 46\Omega$。

3. R-L 并联与 R-C 并联电路

在讨论 R-L-C 并联电路的基础上，容易分析 R-L 并联和 R-C 并联电路的电流情况，只需将 R-L-C 并联电路中的电容开路或去掉（$I_C = 0$），即可获得 R-L 并联电路；若将 R-L-C 并联电路中的电感开路或去掉（$I_L = 0$），即可获得 R-C 并联电路。有关 R-L-C 并联电路的公式对这两种电路也完全适用。

4. 电感线圈和电容的并联电路

1) R-L 串联再与电容 C 并联，如图 3-13 所示。
2) 电感线圈和电容并联电路的相量图如图 3-14 所示。

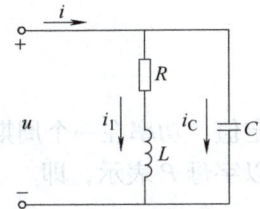

图 3-13 电感线圈和电容的并联电路　　图 3-14 电感线圈和电容的并联电路的相量图

由相量图可求得电路中的总电流为

$$I = \sqrt{I_{1R}^2 + (I_{1L} - I_C)^2} \qquad (3\text{-}24)$$

端电压与总电流的相位差（即阻抗角）为

$$\varphi = -\arctan\frac{I_{1L} - I_C}{I_{1R}} \qquad (3\text{-}25)$$

由此可知：如果电源频率为某一数值 f_0，使得 $I_{1L} = I_C$，则阻抗角 $\varphi = 0$，电压与总电流同相，即电路处于谐振状态。

5. 并联谐振电路的特点

(1) 谐振频率　对 L-C 并联谐振是建立在 $Q_0 = \dfrac{\omega_0 L}{R} \gg 1$ 条件下的，即电路的感抗 $X_L \gg R$，Q_0 叫作谐振回路的空载 Q 值，实际电路一般都满足该条件。

理论上可以证明 L-C 并联谐振角频率 ω_0 与频率 f_0 分别为

$$\omega_0 = \frac{1}{\sqrt{LC}}, \quad f = \frac{1}{2\pi\sqrt{LC}} \tag{3-26}$$

（2）谐振阻抗　谐振时电路阻抗达到最大值，且呈电阻性。谐振阻抗和电流分别为

$$|Z_0| = R(1+Q_0^2) \approx Q_0^2 R = \frac{L}{CR} \tag{3-27}$$

（3）谐振电流　电路处于谐振状态，总电流为最小值

$$I_0 = \frac{U}{|Z_0|} \tag{3-28}$$

谐振时 $X_{L0} \approx X_{C0}$，则电感 L 支路电流 I_{L0} 与电容 C 支路电流 I_{C0} 为

$$I_{L0} \approx I_{C0} = \frac{U}{X_{C0}} \approx \frac{U}{X_{L0}} = Q_0 I_0 \tag{3-29}$$

即谐振时各支路电流为总电流的 Q_0 倍，所以 L-C 并联谐振又叫电流谐振。

当 $f \neq f_0$ 时，称为电路处于失谐状态。对于 L-C 并联电路来说，若 $f < f_0$，则 $X_L < X_C$，电路呈电感性；若 $f > f_0$，则 $X_L > X_C$，电路呈电容性。

（4）通频带　理论分析表明，并联谐振电路的通频带为

$$B = f_2 - f_1 = \frac{f_0}{Q_0} \tag{3-30}$$

频率 f 在通频带以内（即 $f_1 \leq f \leq f_2$）的信号，可以在并联谐振回路两端产生较大的电压，而频率 f 在通频带以外（即 $f < f_1$ 或 $f > f_2$）的信号，在并联谐振回路两端产生很小的电压，因此并联谐振回路也具有选频特性。

四、功率与功率因数

1. 有功功率（平均功率）P

有功功率又叫平均功率。交流电的瞬时功率不是一个恒定值，功率在一个周期内的平均值叫作有功功率，它是指在电路中电阻部分所消耗的功率，以字母 P 表示，即

$$P = U_R I = UI\cos\varphi = I^2 R = \frac{U_R^2}{R} \tag{3-31}$$

有功功率的单位为千瓦（kW）或瓦特（W）。

2. 无功功率 Q

在具有电感（或电容）的电路里，电感（或电容）在半周期的时间里把电源的能量变成磁场（或电场）的能量储存起来，在另外半周期的时间里又把储存的磁场（或电场）能量送还给电源。它们只是与电源进行能量交换，并没有真正消耗能量。我们把电感（或电容）与电源交换能量的幅值叫作无功功率，以字母 Q 表示，即

$$Q = U_X I = UI\sin\varphi = I^2 X = \frac{U_X^2}{X} \tag{3-32}$$

又因为 $X = X_L - X_C$，所以

$$Q = I^2(X_L - X_C) = Q_L - Q_C \tag{3-33}$$

无功功率的单位为千乏（kvar）或乏（var）。

注意："无功功率"的含义是"交换"而不是"消耗"，它是相对于"有功功率"而言的，决不能理解为"无用"。事实上无功功率在生产实践中占有很重要的地位。具有电感性

质的变压器、电动机等设备都是靠电磁转换工作的。

3. 视在功率（表观功率）S

视在功率又称为表观功率，通常用它来表述交流设备的额定容量，以字母 S 表示，即

$$S = UI \tag{3-34}$$

视在功率的单位为千伏安（kV·A）或伏安（V·A）。

三者功率之间的关系：（即有功功率、无功功率、视在功率的关系）如图 3-15 所示。

$$P = S\cos\varphi \tag{3-35}$$
$$Q = S\sin\varphi \tag{3-36}$$
$$S = \sqrt{P^2 + Q^2} \tag{3-37}$$

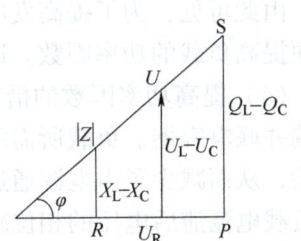

图 3-15 电压、阻抗及功率三角形

4. 功率因数 $\cos\varphi$

（1）功率因数的定义　二端网络的平均功率 P 与视在功率 S 之比，定义为该网络的功率因数，用希腊字母 λ 表示，即

$$\lambda = \frac{P}{S} = \cos(\varphi_0 - \varphi_i) \tag{3-38}$$

网络的阻抗角 φ 决定功率因数 λ 的数值，称为功率因数角。对于负载的功率因数，决定于负载的阻抗角；对于电源的功率因数，则决定于电源端口外部电路的阻抗角。由于 $\cos(-\varphi) = \cos\varphi$，故不论 φ 是正值还是负值，功率因数始终为非负值。

（2）电感性和电容性负载的功率因数　由于无论负载阻抗角是正值还是负值，功率因数始终为非负值。因此，从功率因数 λ 的数值上分辨不出电路负载的性质是电感性负载还是电容性负载。所以，对于这两种不同性质负载的功率因数，就应该加以注明。功率因数表显示的超前与滞后，能够反映电路中电压与电流的相位关系，从而判断电路负载的性质。

（3）提高功率因数的意义　在电工技术中，功率因数 λ 是一个重要的参数。特别在电力系统中，功率因数是重要的技术指标，具有重大的经济意义。

1）发电设备的利用率与供电网络的功率因数有关，提高功率因数，能提高发电设备的利用率。

例如，电力变压器的额定容量，是它的额定伏安数视在功率 $S_N = U_N I_N$。如果它在功率因数 $\lambda = 0.7$ 的情况下运行时，提供的负载功率是 $0.7 S_N$；如果它是在功率因数 $\lambda = 0.85$ 的情况下运行时，提供的负载功率是 $0.85 S_N$。

由此可见，在高功率因数运行时，能向负载提供较多的功率，从而提高发电设备的利用率。

2）电力输电线路上的功率损耗与功率因数有关，提高功率因数，能减少线路的损耗，提高输电的能力。

在电力系统中，发电厂发出的正弦交流电能，通过输电线路输送到用户，线路中的电流为

$$I = \frac{P}{U\cos\varphi} \tag{3-39}$$

可见，在同一输电电压 U 以及输送相同的功率 P 的条件下，若负载的功率因数越低，

则输电电流 I 就越大，输电线路中的功率损耗就越大。因此，为了减少输电线路的功率损耗，就需要提高负载的功率因数。

同时，若在允许的输电线路的功率范围内，在输电电压一定的情况下，提高负载的功率因数，就可以增大输电的能力。

由此可见，为了提高发电设备的利用率，减少输电线路的功率损耗，提高输电能力，就必须提高负载的功率因数。通常感性负载的功率因数都在 0.6 左右，要求提高到 0.9 以上。

（4）提高功率因数的措施　在供电系统中，提高负载的功率因数，就是在感性负载的两端并联电容器。负载所需的感性无功功率，由接地的并联电容器产生的容性无功功率进行补偿，从而减少了由电源通过输电线路传输的无功功率，使输电线路中的电流减少，并使感性负载电流滞后电压的相位减小，从而提高了负载的功率因数。这种提高功率因数的方法称为无功补偿，并联的电容器则称为补偿电容器。

设感性负载的平均功率为 P，功率因数为 $\cos\varphi_1$，工作电压为 U，电网的角频率 $\omega = 314\text{rad/s}$。为了提高功率因数达到 $\cos\varphi_2$ 值，这时所需并联的补偿电容容量为 C，则

$$C = \frac{P}{\omega U^2}(\tan\varphi_1 - \tan\varphi_2) \tag{3-40}$$

【例 3-10】　将电感为 25.5mH、电阻为 6Ω 的线圈接到电压有效值 $U = 220\text{V}$、角频率 $\omega = 314\text{rad/s}$ 的电源上。求：1）线圈的阻抗；2）电路中的电流；3）电路中的 P、Q 和 S；4）电路的功率因数。

解：1）$X_L = \omega L = 314 \times 25.5 \times 10^{-3}\Omega \approx 8\Omega$

线圈的阻抗 $|Z| = \sqrt{R^2 + X_L^2} = \sqrt{6^2 + 8^2}\Omega = 10\Omega$

2）电路中的电流 $I = \frac{U}{|Z|} = \frac{220}{10}\text{A} = 22\text{A}$

3）电路中的功率　　$P = I^2 R = 22^2 \times 6\text{W} = 2904\text{W}$

$$Q = I^2 X_L = 22^2 \times 8\text{var} = 3872\text{var}$$

$$S = UI = 220 \times 22\text{V} \cdot \text{A} = 4840\text{V} \cdot \text{A}$$

4）电路的功率因数 $\lambda = \cos\varphi = \frac{P}{S} = \frac{R}{|Z|} = \frac{6}{10} = 0.6$

课题三　三相正弦交流电路

一、三相交流电源

自从 19 世纪末发明三相交流电机和三相变压器以来，三相正弦交流电之所以获得如此长期广泛的应用，是因为一方面大量使用的三相变压器和三相交流电动机构造简单，易于制造，价格便宜，而且工作特性能满足实际的需求；另一方面是因为三相电压的变换方便，输电效率高，适用于远距离输送。因此研究三相正弦交流电路的基本规律，对于解决实际问题具有十分重要的意义。

1. 对称三相交流电源的产生

三相交流电动势是由三相交流发电机产生的。如图 3-16 所示是三相交流发电机的原理

示意图。三组完全相同的线圈（定子电枢绕组）U_1、V_1 和 W_1 分别表示三个绕组的首端，U_2、V_2 和 W_2 分别表示末端。每一个绕组叫作发电机的一相，放置在空间上相差 120°的发电机定子铁心凹槽里固定不动。转子铁心上绕有励磁绕组，通入直流电后产生磁场，该磁场的磁感应强度在定子与转子之间的气隙中按正弦规律分布。当转子由原动机带动，并以角速率 ω 匀速顺时针旋转时，每个定子绕组依次切割磁力线产生频率相同、幅值相同的正弦电动势 e_U、e_V、e_W，但相位依次相差 120°，以 U 相为参考可表示为如下形式：

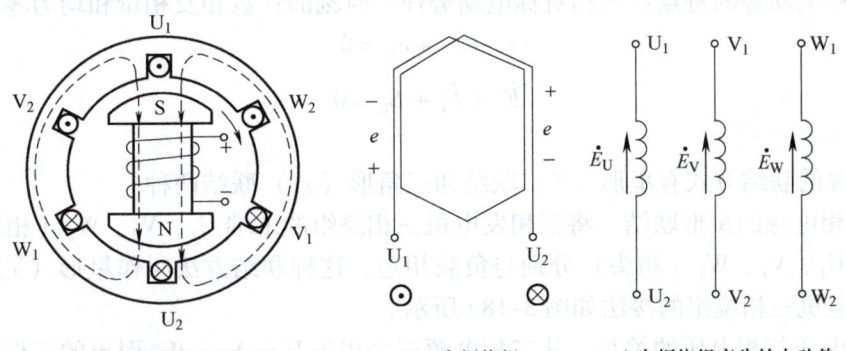

a) 三相交流发电机的原理　　b) 电枢绕组　　c) 电枢绕组产生的电动势

图 3-16　三相交流发电机的原理示意图

$$\left. \begin{aligned} e_U &= E_m \sin\omega t \\ e_V &= E_m \sin(\omega t - 120°) \\ e_W &= E_m \sin(\omega t + 120°) \end{aligned} \right\} \text{三相对称电动势的瞬时值解析式} \tag{3-41}$$

$$\left. \begin{aligned} \dot{E}_U &= E\angle 0° = E \\ \dot{E}_V &= E\angle -120° = E\left(-\frac{1}{2} - j\frac{\sqrt{3}}{2}\right) \\ \dot{E}_W &= E\angle +120° = E\left(-\frac{1}{2} + j\frac{\sqrt{3}}{2}\right) \end{aligned} \right\} \text{三相对称电动势的相量式} \tag{3-42}$$

三相对称电动势的波形图和相量图如图 3-17 所示。

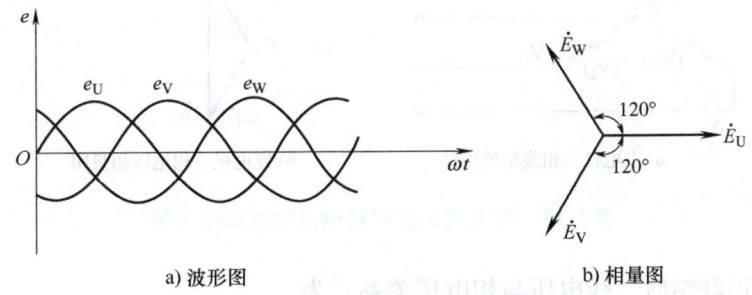

a) 波形图　　　　　　　　　　b) 相量图

图 3-17　三相对称电动势的波形图和相量图

2. 三相交流电的相序

从图 3-17 所示的波形图中可以看出，三相电动势达到最大值（或零值）时具有一定的次序，这种先后次序叫作三相交流电的相序。相序有顺相序和逆相序两种，按 U→V→W 的次序循环称为顺相序；按 U→W→V 的次序循环称为逆相序。相序由电枢的旋转方向来决定，通常都是采用顺相序。

由于三相交流电的幅值相等、频率相同，彼此间的相位差也相同，所以可以得出它们的瞬时值或相量的和为零。

三相电动势的幅值相等、频率相同，相位彼此也相差 120°，这种电动势称为三相对称电动势。

三相对称电动势的特点：三相对称电动势任一时刻的代数和及相量和均为零。即

$$e_U + e_V + e_W = 0 \tag{3-43}$$

$$\dot{E}_U + \dot{E}_V + \dot{E}_W = 0 \tag{3-44}$$

3. 三相电源的联结

三相电源的联结方式有星形（Y）联结和三角形（△）联结两种。

（1）三相电源的星形联结　将三相发电机三相绕组的末端 U_2、V_2、W_2（相尾）连接在一点，始端 U_1、V_1、W_1（相头）分别与负载相连，这种联结方法叫作星形（Y）联结。通常用到的发电机三相绕组的接法如图 3-18a 所示。

（2）线电压与相电压的关系　从三相电源三个相头 U_1、V_1、W_1 引出的三根导线叫作端线或相线，俗称火线，任意两根相线之间的电压叫作线电压。Y公共联结点 N 叫作中性点，从中性点引出的导线叫作中性线或零线。由三根相线和一根中性线组成的输电方式叫作三相四线制（通常在低压配电中采用）。每相绕组始端与末端之间的电压（即相线与中性线之间的电压）叫作相电压，它们的瞬时值用 u_1、u_2、u_3 来表示，显然这三个相电压也是对称的。相电压有效值均为 $U_1 = U_2 = U_3 = U_P$。

任意两相始端之间的电压（即相线与相线之间的电压）叫作线电压，它们的瞬时值用 u_{12}、u_{23}、u_{31} 来表示。Y接法的相量图如图 3-18b 所示。显然三个线电压也是对称的。大小（有效值）均为：$U_{12} = U_{23} = U_{31} = U_L = \sqrt{3}U_P$。

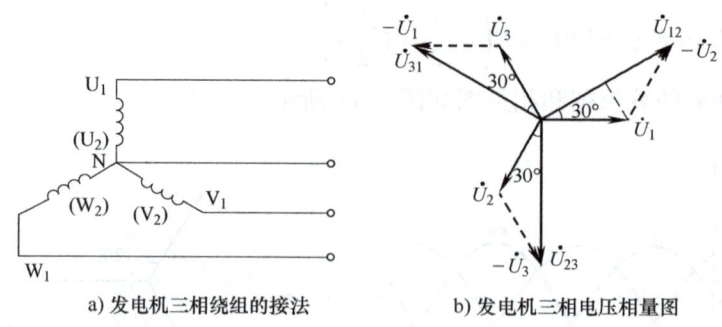

a) 发电机三相绕组的接法　　b) 发电机三相电压相量图

图 3-18　发电机的星形联结及其电压相量图

三相电源星形联结时，线电压与相电压关系式为

$$\dot{U}_L = \sqrt{3}\dot{U}_P \angle 30° \tag{3-45}$$

线电压比相应的相电压超前 30°，如线电压 u_{12} 比相电压 u_1 超前 30°，线电压 u_{23} 比相电压 u_2 超前 30°，线电压 u_{31} 比相电压 u_3 超前 30°。因此三相电源的线电压也是对称的，大小等于相电压的 $\sqrt{3}$ 倍，且在相位上超前相应的相电压 30°。

（3）三相电源的三角形联结　将三相发电机的第二绕组始端与第一绕组的末端相连、第三绕组始端与第二绕组的末端相连、第一绕组始端与第三绕组的末端相连，并从三个始端引出三根导线分别与负载相连，这种连接方法叫作三角形（△）联结，如图 3-19 所示。显然这时线电压等于相电压，即

$$U_L = U_P \tag{3-46}$$

这种供电方式只用三根相线，称为"三相三线制"。

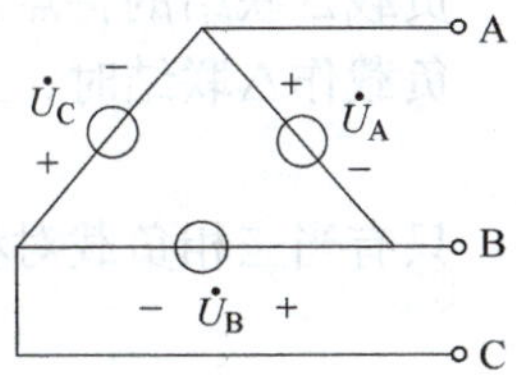

图 3-19　三相电源的三角形联结

注意： 电源为三角形联结时，在三相绕组的闭合回路中同时作用着三个电压源，但是由于三相电压瞬时值的代数和或其相量和均为零，所以回路中不至于发生短路而引起很大的电流。但是若有一相绕组接反，则此时三个电压的相量和不为零，在三相绕组中便产生很大的环流，致使发电机烧坏，因此使用时应注意。特别需要注意的是，在工业用电系统中如果只引出三根导线（三相三线制），那么就都是相线（没有中性线），这时所说的三相电压大小均指线电压 U_L；而民用电源则需要引出中性线，所说的电压大小均指相电压 U_P。

二、三相负载的联结

三相负载的联结方式有两种，按照电源额定电压与负载的需求，确定采用星形或三角形联结，这两种都为三相负载常用的联结方式。对称三相负载是指各相负载的电阻、电抗分别相等的负载，否则为不对称三相负载。

1. 三相负载的星形（Y）联结

负载做Y联结时，一般采用三相四线制Y接法，如图 3-20 所示。

负载Y联结的特点：$U_L = \sqrt{3} U_P$，$I_P = I_L$ 　　(3-47)

注意：

1）当负载对称时，三个相电流也对称。中性线电流为零，即

$$\dot{I}_N = \dot{I}_A + \dot{I}_B + \dot{I}_C = 0 \tag{3-48}$$

在三相四线制电路中，当某一相发生故障时，其他无故障负载相电路仍正常工作。因此，在不对称情况下的三相电路中，中性线绝对不允许断开，而且必须保证中性线可靠，同时，中性线上禁止安装熔断器和开关。

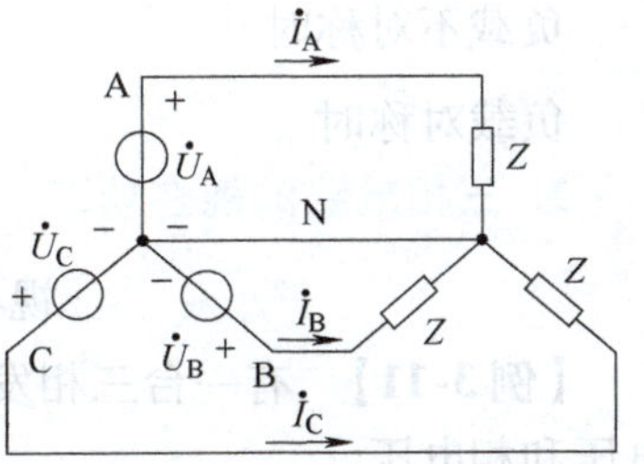

图 3-20　对称负载星形联结

2）当中性线电流为零时，中性线可以省去，这样的三相电路称为三相对称电路。此时负载的中性点与电源中性点等电位，电路的工作状态与有无中性线无关。去掉中性线的三相对称电路为三相三线制电路，是三相四线制的特例。

3）一般情况下，负载不对称，三个电流也不对称，且：$\dot{I}_N = \dot{I}_A + \dot{I}_B + \dot{I}_C \neq 0$，此时中性线不可省去，中性线的作用在于使不对称负载的相电压对称，这一点是非常重要的。

4）负载不对称而又无中性线时，实际工作中禁止此种情况出现。此时 $U_L = \sqrt{3} U_P$ 与 $I_P = I_L$ 关系不再成立，具体问题应根据具体电路分析计算。所以，我们强调中性线一般不接熔断器。

2. 三相负载的三角形（△）联结

负载△联结的特点：

负载作△联结时，三相负载的相电压即为电源的线电压，即

$$U_P = U_L \tag{3-49}$$

只有当三相负载对称时，三个相电流才对称，三个线电流也才是对称的。且有

$$\dot{I}_L = \sqrt{3}\dot{I}_P \angle -30° \tag{3-50}$$

注意：三相负载不对称时，$\dot{I}_L \neq \sqrt{3}\dot{I}_P \angle -30°$，相、线间电流关系不成立。

总之，无论哪种接法，负载对称时，根据Y与△联结的特点，只要计算其中一相，其余两相的结果按照对称性类推即可；负载不对称时，尽管三个相电压对称，但三个相电流因阻抗不同而不再对称，只能逐相计算。

三相负载采用何种连接方式取决于每相负载的额定电压与电源线电压的关系。如三相电动机铭牌上常有"Y/△、380V/220V"这样的标识，意即：电源线电压为380V时，按Y联结；电源线电压为220V时，按△联结。

三、三相功率的计算

1. 三相电路的有功功率

三相电路的有功功率为各相有功功率之和，即

$$P_3 = P_A + P_B + P_C = U_{AP}I_{AP}\cos\varphi_A + U_{BP}I_{BP}\cos\varphi_B + U_{CP}I_{CP}\cos\varphi_C \tag{3-51}$$

当三相负载对称时

$$P_3 = 3P_1 = 3U_PI_P\cos\varphi = \sqrt{3}U_LI_L\cos\varphi \tag{3-52}$$

式中，φ是U_P与I_P间的相位差，亦即负载的阻抗角。

2. 三相电路的无功功率

负载不对称时

$$Q = Q_A + Q_B + Q_C \tag{3-53}$$

负载对称时

$$Q = \sqrt{3}U_LI_L\sin\varphi \tag{3-54}$$

3. 三相电路的视在功率

$$\text{视在功率 } S = \sqrt{P^2 + Q^2} \xrightarrow{\text{(对称)}} \sqrt{3}U_LI_L \tag{3-55}$$

【例3-11】 有一台三相发电机，每相绕组的电动势为220V，求绕组作星形联结时的线电压和相电压。

解：由相电压的定义可知，发电机每相绕组的电动势即为其相电压。所以有

$$U_P = 220\text{V}$$

$$U_L = \sqrt{3}U_P = \sqrt{3} \times 220\text{V} = 380\text{V}$$

【例3-12】 某电阻性的三相负载作星形联结，其各相电阻分别为$R_U = R_V = 20\Omega$，$R_W = 10\Omega$，已知电源的线电压$U_L = 380$V，求相电流、线电流。

解：每相负载所承受的相电压：

$$U_P = \frac{U_L}{\sqrt{3}} = \frac{380}{\sqrt{3}}\text{V} = 220\text{V}$$

各相电流为

$$I_U = I_V = \frac{U_P}{R_U} = \frac{220}{20}\text{A} = 11\text{A}$$

$$I_W = \frac{U_P}{R_W} = \frac{220}{10}\text{A} = 22\text{A}$$

因为线电流等于相电流，所以

$$I_U = I_V = 11\text{A} \qquad I_W = 22\text{A}$$

【课堂练习】 对称三相三线制的线电压 $U_L = 100\sqrt{3}\text{V}$，每相负载阻抗为 $Z = 10\angle 60°\Omega$，求负载分别为星形联结及三角形联结两种情况下的电流和三相功率。

分析步骤：1）负载星形联结时，相电压的有效值为

$$U_P = \frac{U_L}{\sqrt{3}} = 100\text{V}$$

设 $\dot{U}_A = 100\angle 0°\text{V}$，线电流等于相电流，为

$$\dot{I}_A = \frac{\dot{U}_A}{Z} = \frac{100\angle 0°}{10\angle 60°}\text{A} = 10\angle -60°\text{A}$$

$$\dot{I}_B = \frac{\dot{U}_B}{Z} = \frac{100\angle -120°}{10\angle 60°}\text{A} = 10\angle -180°\text{A}$$

$$\dot{I}_C = \frac{\dot{U}_C}{Z} = \frac{100\angle 120°}{10\angle 60°}\text{A} = 10\angle 60°\text{A}$$

三相总功率为

$$P = \sqrt{3}U_L I_L \cos\varphi = \sqrt{3}\times 100\sqrt{3}\times 10\times \cos 60°\text{W} = 1500\text{W}$$

2）当负载为三角形联结时，相电压等于线电压

设 $\dot{U}_{AB} = 100\sqrt{3}\angle 0°\text{V}$，相电流为

$$\dot{I}_{AB} = \frac{\dot{U}_{AB}}{Z} = \frac{100\sqrt{3}\angle 0°}{10\angle 60°}\text{A} = 10\sqrt{3}\angle -60°\text{A}$$

$$\dot{I}_{BC} = \frac{\dot{U}_{BC}}{Z} = \frac{100\sqrt{3}\angle -120°}{10\angle 60°}\text{A} = 10\sqrt{3}\angle -180°\text{A}$$

$$\dot{I}_{CA} = \frac{\dot{U}_{CA}}{Z} = \frac{100\sqrt{3}\angle 120°}{10\angle 60°}\text{A} = 10\sqrt{3}\angle -60°\text{A}$$

线电流为

$$\dot{I}_A = \sqrt{3}\dot{I}_{AB}\angle -30° = 30\angle -90°\text{A}$$

$$\dot{I}_B = \sqrt{3}\dot{I}_{BC}\angle -30° = 30\angle -210°\text{A} = 30\angle 150°\text{A}$$

$$\dot{I}_C = \sqrt{3}\dot{I}_{CA}\angle -30° = 30\angle 30°\text{A}$$

三相总功率为

$$P = \sqrt{3}U_L I_L \cos\varphi = \sqrt{3}\times 100\sqrt{3}\times 30\times \cos 60°\text{W} = 4500\text{W}$$

由此可知，负载由星形联结改为三角形联结后，相电流增加到原来的 $\sqrt{3}$ 倍，线电流增加到原来的 3 倍，功率也增加到原来的 3 倍。

四、安全用电

电气危害有两个方面：一方面是对系统自身的危害，如短路、过电压、绝缘老化等；另

一方面是对用电设备、环境和人员的危害，如触电、电气火灾、电压异常升高造成用电设备损坏等，其中尤以触电和电气火灾危害最为严重。触电可直接导致人员伤残、死亡。另外，静电产生的危害也不容忽视，它是造成电气火灾的原因之一，对电子设备的危害也很大。

1. 人身触电的危害

触电是指人体触及带电体后，电流对人体造成的伤害。它有两种类型，即电伤和电击。

（1）电伤　电伤是指电流的热效应、化学效应、机械效应及电流本身作用造成的人体伤害。电伤是非致命的，电伤会在人体皮肤表面留下明显的伤痕，常见的有灼伤、电烙伤和皮肤金属化等现象。

（2）电击　电击是指电流通过人体内部，破坏人体内部组织，影响呼吸系统、心脏及神经系统的正常功能，甚至危及生命。在触电事故中，电击和电伤常会同时发生。

2. 常见的触电形式

人体触电的主要原因有两种：直接或间接接触带电体以及跨步电压。直接接触又可分为单相触电和双相触电。

（1）单相触电　当人站在地面上或其他接地体上，人体的某一部位触及一相带电体时，电流通过人体流入大地（或中性线），称为单相触电，如图3-21所示。图3-21a为电源中性点接地运行方式时单相触电电流途径。图3-21b为中性点不接地的单相触电情况。一般情况下，接地电网里的单相触电比不接地电网里的危险性大。

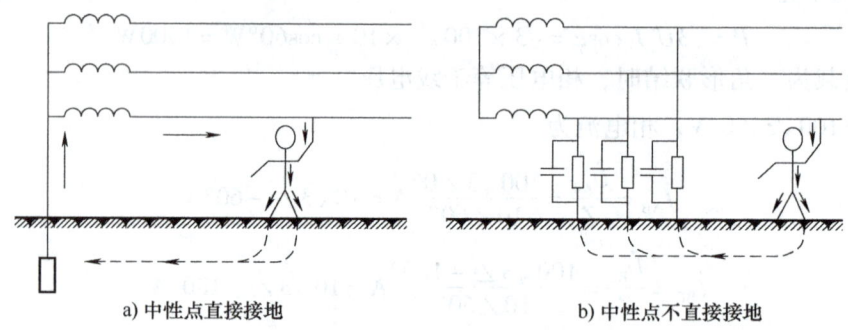

a) 中性点直接接地　　　　　　　　b) 中性点不直接接地

图3-21　单相触电

（2）双相触电　双相触电是指人体两处同时触及同一电源的两相带电体，以及在高压系统中，人体距离高压带电体小于规定的安全距离，造成电弧放电时，电流从一相导体流入另一相导体的触电方式，如图3-22所示。两相触电加在人体上的电压为线电压，因此不论电网的中性点接地与否，其触电的危险性都最大。

（3）跨步电压触电　所谓跨步电压，就是指电气设备发生接地故障时，在接地电流流入地点周围电位分布区行走的人其两脚之间的电压，如图3-23所示。电气设备碰壳或电力系统一相接地短路时，电流从接地极四散流出，在地面上形成不同的电位分布，人在走近短路地点时，两脚之间的电位差叫作跨步电压。

当架空线路的一根带电导线断落在地上时，落地点与带电导线的电势相同，电流就会从导线的落地点向大地流散，于是地面上以导线落地点为中心，形成了一个电势分布区域，离落地点越远，电流越分散，地面电势也越低。如果人或牲畜站在距离电线落地点8～10m以内，就可能发生触电事故，这种触电叫作跨步电压触电。人受到跨步电压作用时，电流虽然是沿着人的下身，从脚经腿、胯部又到脚与大地形成通路，没有经过人体的重要器官，好像比较安全。但是实际并非如此，因为人受到较高的跨步电压作用时，双脚会抽筋，使身体倒在地上。这不仅使作用于身体上的电流增加，而且使电流经过人体的路径改变，完全可能流经人体重要器官，如从头到手或脚。经验证明，人倒地后电流在体内持续作用2s，这种触电就会致命。

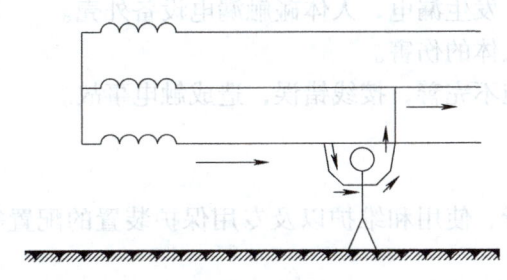

图3-22 双相触电

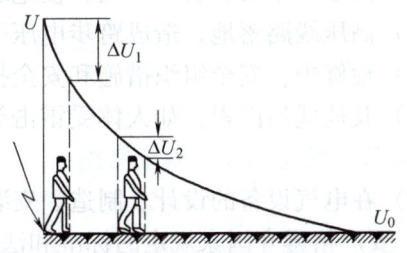

图3-23 跨步电压触电

（4）剩余电荷触电 剩余电荷触电是指当人触及带有剩余电荷的设备时，带有电荷的设备对人体放电造成的触电事故。设备带有剩余电荷，通常是由于检修人员在检修中用绝缘电阻表测量停电后的并联电容器、电力电缆、电力变压器及大容量电动机等设备时，检修前、后没有对其充分放电所造成的。

3. 影响触电危险程度的因素

（1）电流大小对人体的影响 通过人体的电流越大，人体的生理反应就越明显，感应就越强烈，引起心室颤动所需的时间就越短，致命的危害就越大。按照通过人体电流的大小和人体所呈现的不同状态，工频交流电大致分为下列三种：

1）感觉电流：指引起人的感觉的最小电流（1~3mA）。

2）摆脱电流：指人体触电后能自主摆脱电源的最大电流（10mA）。

3）致命电流：指在较短的时间内危及生命的最小电流（30mA）。

（2）电流类型的影响 工频交流电的危害性大于直流电，因为交流电主要是麻痹破坏神经系统，往往难以自主摆脱。一般认为40~60Hz的交流电对人最危险，随着频率的增加，危险性将降低。当电源频率大于2000Hz时，所产生的损害明显减小，但高压高频电流对人体的危害仍然是很大的。

（3）电流作用时间的影响 人体触电时，通过电流的时间越长，越容易造成心室颤动，生命危险性就越大。据统计，触电1~5min内急救，90%有良好的效果，10min内有60%的救生率，超过15min则希望甚微。

漏电保护器的一个主要指标就是额定断开时间与电流乘积小于30mA·s。实际产品一般额定动作电流为30mA，动作时间为0.1s，故小于30mA·s可有效防止触电事故。

（4）电流经过人体路径的影响 电流通过头部可使人昏迷；通过脊髓可能导致瘫痪；通过心脏会造成心跳停止，血液循环中断；通过呼吸系统会造成窒息。因此，从左手到胸部是最危险的电流路径；从手到手、从手到脚也是很危险的电流路径；从脚到脚是危险性较小的电流路径。

（5）人体电阻的影响 人体电阻是不确定的电阻，皮肤干燥时一般为100kΩ左右，而一旦潮湿可降到1kΩ。人体不同，对电流的敏感程度也不一样，一般地说，儿童较成年人敏感，女性较男性敏感。患有心脏病者，触电后死亡的可能性就更大。

4. 造成触电事故的原因

1）缺乏用电常识，触及带电的导线。

2）违反操作规程，人体直接与带电体部分接触。

3）由于用电设备管理不当，使绝缘损坏，发生漏电，人体碰触漏电设备外壳。

4）高压线路落地，造成跨步电压引起对人体的伤害。

5）检修中，安全组织措施和安全技术措施不完善，接线错误，造成触电事故。

6）其他偶然因素，如人体受雷击等。

5. 预防触电事故的安全措施

1）在电气设备的设计、制造、安装、运行、使用和维护以及专用保护装置的配置等环节中，要严格遵守国家规定的标准和法规。

2）加强安全技术教育培训，普及安全用电知识。特殊工作岗位操作人员，必须通过专业技术知识培训，并考试合格、取得上岗资格证后，持证上岗。

3）建立健全安全规章制度，如安全操作规程、电气安装规程、运行管理规程、维护检修制度等，并在实际工作中严格执行。

4）在供电线路上作业或检修设备时，编制相应的安全技术措施（包括检修项目、检修时间、项目负责人、技术负责人、安全负责人、参与检修人员及组织，检修的主要内容，检修所用的零配件、工具，检修标准及安全注意事项等），并严格执行下列安全规定：

① 严格执行"停电工作票制度""一人操作，一人监护制度""谁停电，谁送电制度"，杜绝随意停送电和约时停送电现象。

② 切断电源，悬挂"有人工作，禁止送电"的警示牌。

③ 验电、放电。

④ 装设临时接地线。

⑤ 严禁带电检修和搬迁电气设备。

5）非专职人员或非值班电气人员不得擅自操作电气设备。

6）此外，对电气设备还应采取下列一些安全措施：

① 电气设备的金属外壳要采取保护接地。

② 安装自动断电装置。

③ 尽可能采用安全电压。

④ 保证电气设备具有良好的绝缘性能。

⑤ 采用电气安全用具。

⑥ 容易碰到的、裸露的带电体，必须加装护罩或遮栏等防护装置。保证人或物与带电体的安全距离。

⑦ 定期检查用电设备，消除事故隐患。

6. 接地保护

为降低因绝缘破坏而遭到电击的危险，电气设备常采取保护接地、保护接零、重复接地等不同的安全措施。

1）按功能分，接地可分为工作接地和保护接地。工作接地是指电气设备为保证其正常工作而进行的接地（如变压器中性点）；保护接地是指为保证人身安全，防止人体接触设备外露部分而触电的一种接地形式。在中性点不接地系统中，设备外露部分（金属外壳或金属构架）必须与大地进行可靠电气连接，即保护接地。

2）接地装置由接地体和接地线组成，埋入地下直接与大地接触的金属导体，称为接地体，连接接地体和电气设备接地螺栓的金属导体称为接地线。接地体的对地电阻和接地线电阻的总和，称为接地装置的接地电阻。

3）电气设备的接地范围。

根据安全规程规定，下列电气设备的金属外壳应该接地或接零。

① 电机、变压器、家用电器、照明器具、携带式及移动式用电器具等的底座和外壳，如手电钻、电冰箱、电风扇、洗衣机等。

② 交流、直流电力电缆的接线盒，终端头的金属外壳，电线、电缆的金属外皮，控制电缆的金属外皮，穿线的钢管；电力设备的传动装置，互感器二次绕组的一个端子及铁心。

③ 配电屏与控制屏的框架，室内、外配电装置的金属构架和钢筋混凝土构架，安装在配电线路杆上的开关设备、电容器等电力设备的金属外壳。

④ 高压架空线路的金属杆塔、钢筋混凝土杆，中性点非直接接地的低压电网中的铁杆、钢筋混凝土杆，装有避雷线的电力线路杆塔。

⑤ 避雷针、避雷器、避雷线等。

7. 人身触电的急救

（1）解脱电源　人在触电后可能由于失去知觉或超过人的摆脱电流而不能自己脱离电源，此时抢救人员不要惊慌，要在保护自己不被触电的情况下使触电者脱离电源。脱离电源的方法如下：

1）如果接触电器触电，应立即断开近处的电源，可就近拔掉插头，断开开关或打开熔丝盒。

2）如果碰到破损的电线而触电，附近又找不到开关，可用干燥的木棒、竹竿等绝缘工具把电线挑开，挑开的电线要放置好，不要使人再触碰到。

3）如一时不能实行上述方法，触电者又趴在电器上，可隔着干燥的衣物将触电者拉开。

4）在脱离电源过程中，如触电者在高处，要防止脱离电源后跌伤而造成二次受伤。

5）在使触电者脱离电源的过程中，抢救者要防止自身触电。

（2）医疗救护　采取各种有效方式，在最短的时间内，实施医疗救护。如就地实施人工呼吸，拨打120救护电话等。

（3）人工急救方法

1）口对口人工呼吸法。

① 使触电者仰卧，松开其衣领、裤带，清理口腔内异物，使头部后仰。

② 救护者一手捏紧触电者鼻孔，另一只手掰开触电者口腔。

③ 救护者作深吸气后，紧贴触电者往嘴里吹气。

④ 松开触电者鼻、嘴，让其自行呼气约3s。

⑤ 此过程做到至触电者能自主呼吸为止。

2）胸外心脏按压法。

① 同人工呼吸法①。

② 两手相叠,手掌根部置于触电者胸骨的下 1/3 部位。
③ 靠体重下压,使其压下 3cm 左右。
④ 迅速放开,让其胸廓自行弹起。
⑤ 重复进行,直至触电者的心跳、呼吸恢复。

8. 电气火灾的扑救常识

(1) 电气火灾原因

1) 过载。由于长时间过载,使电气设备过热,以至产生火灾。

2) 安装不合理、维护不及时、使用不当等造成设备短路或导线断裂,产生电弧而引起火灾。

3) 不按电气操作规程进行操作,在电压线附近或易爆物品附近从事带电弧火花的操作等。

(2) 扑救方法

1) 当电气设备发生火灾时,首先要切断电源。只有确实无法断开电源时,才允许带电灭火。在带电灭火时,可用以下一些特殊的办法:

① 用干燥的黄沙灭火,用于带油的电气火灾。

② 用不导电的灭火剂灭火,如二氧化碳灭火剂、四氯化碳灭火剂、1211 灭火剂和干粉灭火剂等。

③ 注意灭火机的机体、喷嘴及人体都要与带电体保持一定距离,灭火人员应穿绝缘靴、戴绝缘手套,有条件的还要穿绝缘服等。

④ 用喷雾水枪灭火,因喷雾水枪喷出的是不导电的雾状水流,但不能用泡沫灭火剂或直流水枪灭火。

2) 当电源切断以后,电气火灾的扑救方法与一般的火灾扑救相同。

实训一 安全用电常识

一、实训目的

1. 了解安全用电常识,遵守实训安全操作规程,安全第一,防患于未然。
2. 掌握常用仪器、仪表、工具的工作原理和规范使用方法。
3. 掌握常用电子元器件的识别和检测方法。

二、重点与难点

重点:掌握安全用电常识。

难点:能够应急处置意外事故。

三、实训步骤

1. 安全用电的必要性

实训是学习《汽车电工电子技术基础》课程的一个重要实践性环节,着重培养学生的动手能力和应用理论解决实际问题的能力。通过理实一体化教学,实现仿、训、作、学、教,可以使学生较完整、系统地学习《汽车电工电子技术基础》课程的理论,从而获得在电工电子技术方面必备的操作技能，并起到巩固、扩展所学理论知识的作用。

电力是国民经济的重要能源，在现代家庭生活中也不可缺少。但是如果不懂得安全用电知识就容易造成触电身亡、电气火灾、电器损坏等意外事故，所以"安全用电，性命攸关"。

2. 电工电子实验室安全用电须知

1）注意保持电线和电气设备的干燥。

2）认识了解电源总开关，学会在紧急情况下关断总电源，不用手或导电物（如铁丝、钉子、别针等金属制品）去接触、探试电源插座内部，电源开关箱内不准堆放物品，以免引起触电或燃烧。

3）实验室内不应有裸露的电线，线路接头应确保接触良好，连接可靠。

4）实验时先接好线路，再插上电源，实验结束时必须先切断电源，再拆线路。电器使用完毕后应拔掉电源插头；插拔电源插头时不要用力拉拽电线，以防止电线的绝缘层受损造成触电；若电线的绝缘皮剥落，要及时更换新线或者用绝缘胶带包好。

5）发现有人触电要设法及时关断电源；或者用干燥的木棍等物将触电者与带电的电器分开，不要用手去直接救人，以防触电。

6）不随意拆卸、安装电源线路、插座、插头等。

7）使用电烙铁等电热器件，必须远离易燃物品，用完后应切断电源。

3. 家庭安全用电须知

1）不要超负荷用电，如用电负荷超过规定容量，应到供电部门申请增容；空调、烤箱等大容量用电设备应使用专用线路。

2）要选用合格的电器，不要贪便宜购买、使用假冒伪劣电器、电线、线槽（管）、开关、插头、插座等。

3）不要私自或请无资质的装修队及人员铺设电线和接装用电设备，安装、修理电器用具要找有资质的单位和人员。

4）对规定使用接地的用电器具的金属外壳要做好接地保护，不要忘记给三眼插座、插座盒安装接地线；不要随意将三眼插头改为两眼插头。

5）要选用与电线负荷相适应的熔丝，不要任意加粗熔丝，严禁用铜丝、铁丝、铝丝代替熔丝。

6）不用湿手、湿布擦带电的灯头、开关和插座等。

7）漏电保护开关应安装在无腐蚀性气体、无爆炸危险品的场所，要定期对漏电保护开关进行灵敏性检验。

8）晒衣架要与电力线保持安全距离，不要将晒衣竿搁在电线上。

9）要将电视机室外天线安装得牢固可靠，不要高出附近的避雷针或靠近高压线。

10）严禁私设电网防盗、狩猎、捕鼠和用电捕鱼。

11）检查手电钻、电冰箱、洗衣机、台式电扇等身边的电器是否采用了外壳接地的接零保护，并根据实际情况采取相应的安全措施。

4. 怎样预防常见用电事故

1）不要乱拉、乱接电线。

2）在更换熔丝、拆修电器或移动电气设备时必须切断电源，不要冒险带电操作。

3）使用电熨斗、电吹风、电炉等家用电器时，人不要离开。

4）发现电气设备冒烟或闻到异味时，要迅速切断电源进行检查。
5）电加热设备上不能烘烤衣物。
6）要爱护电力设施，不要在架空电线和配电变压器附近放风筝。

5. 如何应急处置触电事故

电流对人体的损伤主要是电热所致的灼伤和强烈的肌肉痉挛，这会影响到呼吸中枢及心脏，引起呼吸抑制或心跳骤停，严重电击伤可致残，甚至直接危及生命。通过人体的电流越大，人体的生理反应就越明显，感觉也就越强烈，其危险性就越大。50mA 以下的直流电流通过人体，人可以自己摆脱电源；对于工频电流，通过人体的电流大小、通电时间不同，人体呈现出的状态也不同。

1）要使触电者迅速脱离电源，应立即拉下电源开关或拔掉电源插头，若无法及时找到或断开电源时，可用干燥的竹竿、木棒等绝缘物挑开电线。

2）将脱离电源的触电者迅速移至通风干燥处仰卧，将其上衣和裤带放松，观察触电者有无呼吸，摸一摸颈动脉有无搏动。

3）施行急救：若触电者呼吸及心跳均停止时，应在做人工呼吸的同时实施心肺复苏抢救，另要及时打电话呼叫救护车。

切记：
① 切勿用潮湿的工具或金属物质拨开电线。
② 切勿用手触及带电者。
③ 切勿用潮湿的物件搬动触电者。

四、注意事项

了解安全用电常识，遵守实训操作规程，时刻注意安全第一。

五、思考题

1. 发生电气火灾怎么办？
2. 发现电线掉地怎么办？

实训二　荧光灯电路的装接及功率因数的提高

一、实训目的

1. 学会正确使用交流电压表、交流电流表、功率表和自耦调压器。
2. 掌握荧光灯的工作原理及装接方法。
3. 掌握交流电路参数的测量方法。
4. 了解提高感性负载功率因数的方法。

二、实训设备与器材

1. 实训工作台（含交直流电源）　　　　　　　一台
2. 数字式万用表　　　　　　　　　　　　　　一块
3. 自耦调压器　　　　　　　　　　　　　　　一台
4. 荧光灯　　　　　　　　　　　　　　　　　一个
5. 镇流器　　　　　　　　　　　　　　　　　一个
6. 功率表、交流电压表、交流电流表　　　　　各一块
7. 电容器　　　　　　　　　　　　　　　　　四个

8. 导线　　　　　　　　　　　　　　　　　　若干

三、重点与难点

重点：荧光灯电路的组成、工作原理及电路连接。

难点：荧光灯电路的连接及利用相量图进行交流电路的分析与计算。

四、实训步骤

1）按图3-24装接好电路，先不并联电容器，自耦调压器先置0位。

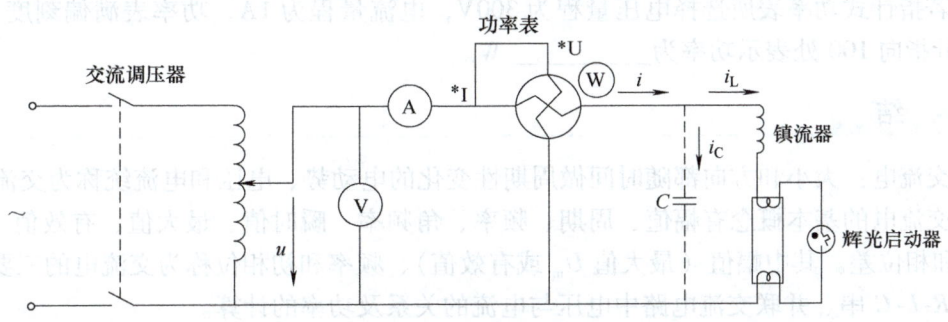

图3-24　荧光灯电路

2）接通电路，转动自耦调压器至220V，在调节的过程中若出现指针反偏或超量情况，应迅速将电压调至0V，切断电源后，检查电路问题。

3）荧光灯点亮后，将电压调至220V，记录此时 U、I、P 的值，并计算功率因数 $\cos\varphi$、无功功率 Q 和视在功率 S，填入表3-2中（在荧光灯电路的电源输入端无并联电容器，$C=0$）。

4）测量完毕后，先将自耦调压器电压调至0，然后再切断电源，切勿直接断电，以防调压器产生很高的感应电动势，对人身或设备造成伤害。

5）在荧光灯电路的电源输入端并联电容器，重复2）、3）、4）步骤，记录新的 U、I、P 值，并计算功率因数 $\cos\varphi$、无功功率 Q 和视在功率 S，填入表3-2中。

表3-2　并联电容器前、后的荧光灯电路数据

并联电容器	测　量　值					计　算　值		
	U/V	U_R/V	U_L/V	I/A	P/W	$\cos\varphi$	Q/var	S/(V·A)
0								
1μF								
2μF								
3μF								
4.7μF								

五、注意事项

1）实训中必须注意安全，了解安全用电常识，遵守实训操作规程，时刻注意安全第一，切不可与导线的裸露部分接触，以免发生触电事故。

2）功率表要正确接入电路，通电前必须经指导教师检查无误后方可通电。

3）电容器的电压不能超过允许值，否则极易损坏电容器。

4）正确连接和使用自耦调压器，为了自耦调压器的安全，自耦调压器输入端与输出端

绝对不能接反，并且要始终保证自耦调压器从 0 起调，使用后退回到 0 位。

5）严禁在插上电源插头的情况下，进行更换开关的接线等作业。

六、思考题

1. 说明提高功率因数的意义及感性电路提高功率因数的常用方法。

2. 交流电压表应_____（串联/并联）在电路中，交流电流表应_____（串联/并联）在电路中。

3. 若指针式功率表所选择电压量程为 300V，电流量程为 1A，功率表满偏刻度为 150，如果指针指向 100 处表示功率为_____W。

小　　结

1. 交流电：大小和方向都随时间做周期性变化的电动势、电压和电流统称为交流电。

2. 交流电的基本概念有幅值、周期、频率、角频率、瞬时值、最大值、有效值、相位、初相位和相位差。其中幅值（最大值 U_m 或有效值）、频率和初相位称为交流电的三要素。

3. R-L-C 串、并联交流电路中电压与电流的关系及功率的计算。

4. 正弦量的四种表示法：解析式表示法、波形图表示法、相量表示法和相量图表示法。

5. 电压三角形、阻抗三角形和功率三角形三个三角形的关系。

6. 功率因数的提高：在电力系统中，功率因数是一个重要的指标。提高功率因数最常用的办法是在感性负载两端并联适当值的电容器。

7. 交流电路的频率特性及谐振电路。

8. 三相对称电动势的特点：三相电动势大小相等、频率相同、相位依次互差 120°。

9. 对称三相电路的计算

（1）三相电源的联结

① 星形联结（Y）：$U_{YL} = \sqrt{3} U_{YP}$；线电压超前相应的相电压 30°。

② 三角形联结（△）：$U_{\triangle L} = U_{\triangle P}$。

（2）三相负载的联结

① 星形联结：并且：$U_{YL} = \sqrt{3} U_{YP}$；U_{YL} 超前 U_{YP} 30°；$I_{YL} = I_{YP}$。

a）三相对称负载：各相电路相同，所以中性线电流为 0。

b）三相不对称负载：各相电路不同，中性线电流不为 0。

② 三角形联结：$U_{\triangle L} = U_{\triangle P}$。

a）三相对称负载：$I_{\triangle L} = \sqrt{3} I_{\triangle P}$。

b）三相不对称负载：略。

10. 中性线的作用

中性线的作用是保证三相不对称负载星形联结时各相负载两端的电压为对称的相电压，在有一相负载出现故障时，无故障相负载依然正常工作，不受其影响。

11. 安全用电

1）触电方式：单相触电和两相触电。

2）安全电压：通常规定 36V 以下的电压为安全电压。

3）安全措施。

为防止发生触电事故，除应注意开关必须安装在相线上以及合理选择导线与熔丝外，还必须采取必要的防护措施，例如正确安装用电设备，对电气设备做保护接地、保护接零，使用漏电保护装置等。

思考与练习题

一、填空题

1. 正弦交流电的三要素是_____、_____和_____。
2. 纯电感电路，电压与电流相位差为_____。
3. 感性电路提高功率因数的方法是_____。
4. 为了防止触电，确保设备的安全，将电路或者是电路的一部分，用导线与大地相连接，将此称之为_____。
5. 家庭、工厂中用电，大小及方向周期性变化的电压和电流称之为_____。
6. 在图 3-25 所示的电路中，方框中只可能有一个电阻、电感或电容，表1与表2的读数为3A、4A，则
   (1) 总电流表读数是 5A，方框中元件是_____。
   (2) 总电流表读数是 7A，方框中元件是_____。
   (3) 总电流表读数是 1A，方框中元件是_____。

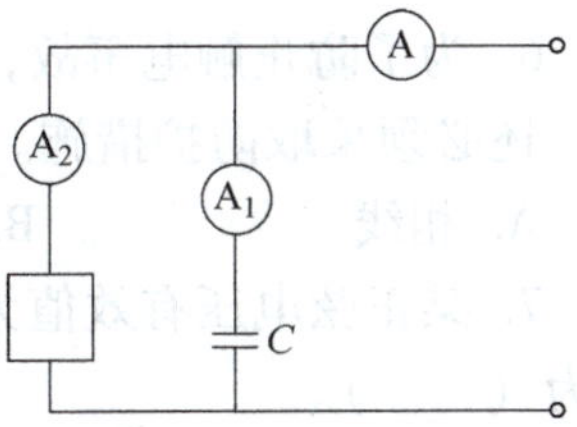

图 3-25 填空题 6

7. 对称三相电源的条件是_____、_____和_____。
8. 三相对称负载作星形联结时，U_L 与 U_P 的大小关系为_____。
9. 某三相四线制低压供电系统的线电压为380V，则其相电压为____ V。
10. 在三相供电系统中，三相负载存在____联结和____联结两种形式。

二、判断题

1. 因为正弦量可以用相量来表示，所以说相量就是正弦量。（   ）
2. 电压三角形、阻抗三角形和功率三角形都是相量图。（   ）
3. 已知正弦电流 $i(t) = 5\sin(314t - \pi/3)$，它的振幅为 5A，频率为 50Hz。（   ）
4. 正弦交流电是大小和方向都按照正弦规律变化的电流（电压、电动势）。（   ）
5. 只能用频率这个物理量来衡量交流电变化快慢的程度。（   ）
6. 中性线的作用就是使不对称Y联结负载的端电压保持对称。（   ）
7. 三相负载作三角形联结时，总有 $I_L = \sqrt{3} I_P$ 成立。（   ）
8. 负载作星形联结时，必有相电流等于线电流。（   ）
9. 中性线不允许断开，因此不能安装熔丝和开关。（   ）
10. Y-△换接起动不仅能用于空载或轻载起动，而且可以用于重载起动。（   ）

三、选择题

1. 三相对称负载星形联结时中性线（   ）。
   A. 可以省略   B. 可接熔断器   C. 不能省略
2. R-L-C 串联交流电路，用万用表测电阻、电感、电容两端电压都是100V，则电路端电压是（   ）
   A. 100V   B. 300V   C. 200V   D. $100\sqrt{2}$V

3. 电力系统负载大部分是感性负载，要提高电力系统的功率因数常采用（　　）
　A. 串联电容补偿　　B. 并联电容补偿　　C. 串联电感　　D. 并联电感

4. 某一灯泡上写着额定电压220V，这是指（　　）。
　A. 最大值　　B. 瞬时值　　C. 有效值　　D. 平均值

5. 如图 3-26 所示的交流电路的相量图，其中（　　）为电感性电路。

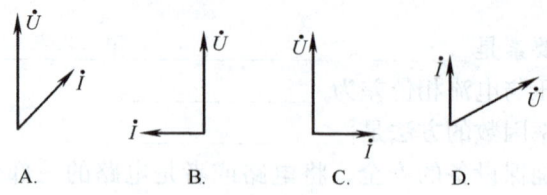

图 3-26　选择题 5

6. 为了防止触电事故，除应注意开关必须安装在（　　）上以及合理选择导线与熔丝外，还必须采取防护措施。
　A. 相线　　B. 零线　　C. 中性线　　D. 地线

7. 某正弦电压有效值为380V，频率为50Hz，计时起始数值等于380V，其瞬时值表达式为（　　）。
　A. $u = 537\sin314t$
　B. $u = 537\sin(314t + 45°)$
　C. $u = 380\sin(314t + 90°)$
　D. $u = 380\sin(314t - 90°)$

8. R-L-C 串联电路在 f_0 时发生谐振，当频率增加到 $2f_0$ 时，电路性质呈（　　）。
　A. 电阻性　　B. 电感性　　C. 电容性　　D. 无法判断

9. 三相对称电动势正确的说法是（　　）。
　A. 它们同时到达最大值
　B. 它们到达最大值的时间依次落后 1/3 周期
　C. 它们的周期、相位相同
　D. 它们因为位置不同，所以最大值也不同

10. 三相对称负载三角形联结于线电压为380V 的三相电源上，若第一相负载断路，则第二相和第三相负载的电压分别为（　　）。
　A. 380V，220V
　B. 380V，380V
　C. 220V，220V
　D. 190V，190V

四、计算题

1. 已知 $u = 10\sin(314t + \pi/2)$ V，$i = 10\sqrt{2}\sin(314t + \pi/3)$ A。求：1) 电压的最大值 U_m、电流的最大值 I_m；2) 频率 f 和周期 T；3) 电压的初相 φ_u、电流的初相 φ_i 和相位差 φ_{ui}。

2. 已知交流电的波形图如图 3-27 所示。求：1) 电流的最大值 I_m 及有效值 I；2) 角频率 ω、频率 f 和周期 T；3) 初相 φ_i；4) 写出解析式 i。

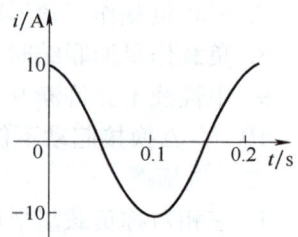

图 3-27　计算题 2

3. 有一只具有电阻和电感的线圈，当把它接在直流电路中时，测得线圈中的电流为8A，线圈两端的电压为48V；当把它接在 $f = 50$Hz 的交流电路中时，测得通过线圈的电流为12A，加在线圈两端电压的有效值为120V。试绘出电路图，并计算出线圈的电阻 R 和电感 L。

4. 如图 3-28 所示电路，已知线电压为 380V，丫联结负载的功率为 10kW，功率因数为 0.85（感性），△联结负载的功率为 20kW，功率因数为 0.8（感性）。试求：

1) 电路中的线电流 I_L；

2) 电源视在功率 S、有功功率 P 和无功功率 Q。

5. 已知三相对称负载，每相的电阻为 30Ω，感抗为 40Ω，负载星形联结于线电压为 380V 的三相对称电源上。求：1) 负载的相电压 U_P、相电流 I_P 和电源的线电流 I_L；2) 三相负载所消耗的电功率 P。

6. 已知三相对称负载，每相负载的电阻是 80Ω，电抗是 60Ω，已知三相电源线电压为 380V，负载做三角形联结，求负载上的相电压 U_P、相电流 I_P、电源的线电流 I_L 和三相负载的有功功率 P。

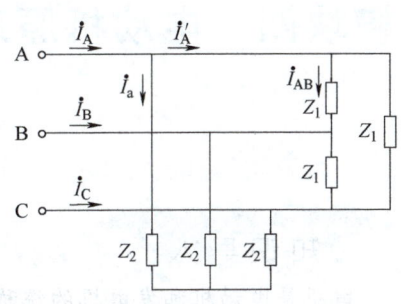

图 3-28　计算题 4

五、简答题

1. 说明正弦量的三要素及正弦量的表示方法。

2. 说明提高功率因数的意义及感性电路提高功率因数的常用措施。

3. 在三相四线制供电系统中，三相不对称负载做星形联结时，中性线可以安装熔断器或可以省略吗？为什么？

模块四 电动机原理及应用

> **知识导入**
>
> 电机是电动机和发电机的统称,是一种实现机-电能量转换的电磁装置。其中,拖动生产机械,把电能变换为机械能的称为电动机,如现代工业、汽车行业及许多家用电器中都广泛使用电动机来作驱动动力;作为电源,把机械能变换为电能的称为发电机。同一台电机既可做电动机运行,又可做发电机运行,这就是可逆运行原理。电机按通电性质分为直流电机和交流电机。
>
> 了解直流电动机、步进电动机、三相交流异步电动机、伺服电动机和轮毂电机的基本结构和工作原理,掌握汽车直流电动机、步进电动机的组成、工作原理和功能,并能够通过直流电动机实验台,采取"学中做、做中学"等方式加深对汽车直流电动机的理解。

【知识要求】

1. 掌握直流电动机的组成、工作原理和铭牌数据。
2. 理解步进电动机的组成和工作原理。
3. 了解三相交流异步电动机的组成、工作原理和转差率。
4. 了解伺服电动机的组成和工作原理。
5. 了解轮毂电机的组成和工作原理。

【技能要求】

1. 会正确分析直流电动机电路,并对一般故障进行排除。
2. 会对直流电动机的电路进行正确连接,实现其起动、调速与正反转。

【参考学时】 16 学时【14(理论)+2(实践)】

课题一:直流电动机	4 学时
课题二:步进电动机	2 学时
课题三:三相交流异步电动机	4 学时
课题四:伺服电动机	2 学时
课题五:轮毂电机	2 学时
技能训练	2 学时

课题一　直流电动机

一、直流电动机的认识

直流电机是实现直流电能和电机转动的机械能相互转换的机械装置，它是直流发电机和直流电动机的总称。直流电机有可逆性，当它用作把机械能变为直流电能时，称为直流发电机；当它用作把直流电能变换为机械能时，称为直流电动机。两者在结构上没有什么区别。

直流电动机在人们的日常生活中是比较常用的，如电动剃须刀、电动玩具等。现如今，汽车普遍采用电力起动，它以蓄电池为电源，以直流电动机为动力源，通过传动装置和控制机构进行工作。它在工作时有两个显著特点：一是转矩大；二是工作时间短。直流电动机与交流电动机相比，具有宽广的调速范围和平滑的无级调速特性，可实现频繁的无级快速起动、制动和反转，且过载能力大，能承受频繁的冲击负载，满足自动化生产系统中各种特殊运行的要求。同时，直流电动机也有明显的缺点：一是制造工艺复杂，消耗有色金属较多，生产成本高；二是运行时由于电刷与换向器之间容易产生火花，可靠性较差，且维护比较困难。但是在某些要求调速范围大、快速响应性高、精密度好、控制性能优异的场合，例如：大型可逆轧钢机、矿井卷扬机、宾馆高速电梯、龙门刨床、电力机车、内燃机车、城市电车、地铁列车、电动自行车、造纸和印刷机械、船舶机械、大型精密机床和大型起重机等调整范围大的生产机械设备；用蓄电池做电源的地方，如汽车、拖拉机等，直流电动机的应用目前仍占有较大的比重。

以汽车为例，汽车上就有许多直流电动机在工作，如风扇电动机、起动机、风窗玻璃刮水器电动机、风窗玻璃冲洗器电动机、新鲜空气鼓风机电动机及用于车窗、滑动天窗、座椅等的伺服电动机等。

二、直流电动机的组成

直流电动机由固定不动的定子（主磁极）和旋转的转子（电枢）两部分组成，在这两部分之间有一个极小的空隙，如图4-1所示。

直流电动机是将直流电能转换为机械能的机械装置。电动机定子提供磁场，直流电源向转子的绕组提供电流，换向器使转子电流与磁场产生的转矩方向保持不变。下面以Z2系列直流电动机为例介绍其各部分的结构及功能。图4-2所示为Z2系列直流电动机的实物图和剖面图。

1. 定子

定子由主磁极、换向极、机座、端盖和电刷装置等组成，如图4-3所示。主磁极由铁心和励磁绕组组成，励磁绕组通以励磁电流产生主磁场，它可以是一对、两对或多对磁极。换向极由换向极铁心和换向绕组组成，位于两主磁极之间，其绕组与电枢绕组串联，通以电枢电流，产生附加磁场，以改善电动机的换向条件，减小换向器上的火花。在小功率直流电动机中不装换向磁极。机座由铸钢或圆钢筒制成，用以安装主磁极和换向极等部件，并保护电动机，它既是电动机的外壳又是电动机磁路的一部分。在机座两端各有一个端盖，端盖中心处装有轴承，用来支撑转子，端盖上还固定有电刷架，用以安装电刷。

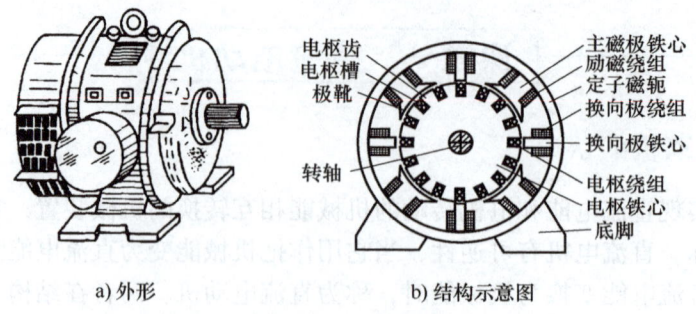

图 4-1 直流电动机的外形和结构

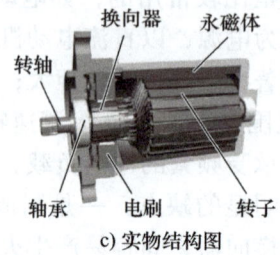

图 4-2 直流电动机的实物图及剖面图

模块四　电动机原理及应用

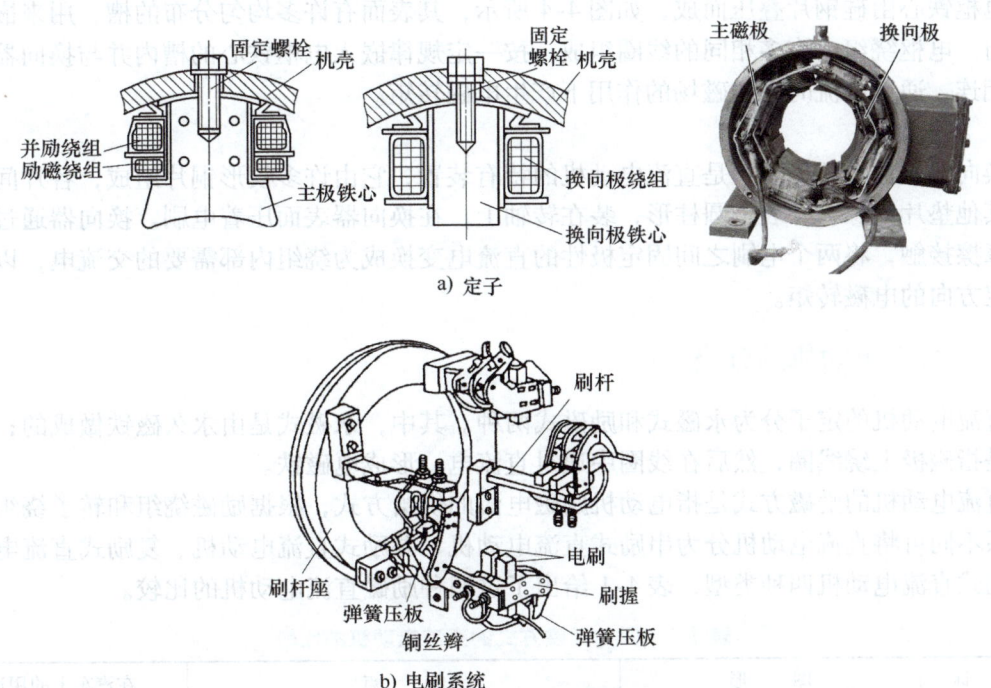

图 4-3　直流电动机的定子

2. 转子

直流电动机的转子与其连接部件通称电枢，如图 4-4 所示，它主要由电枢铁心、电枢绕组、换向器、转轴和风扇等部件组成。

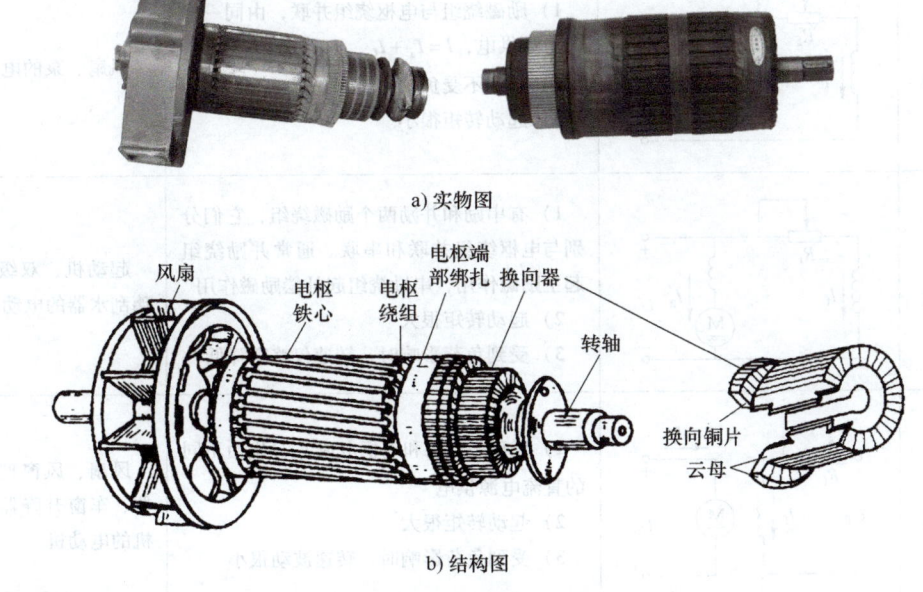

图 4-4　直流电动机的转子

电枢铁心由硅钢片叠压而成,如图4-4所示,其表面有许多均匀分布的槽,用来嵌入电枢绕组。电枢绕组由许多相同的线圈组成,按一定规律嵌入电枢铁心的槽内并与换向器的两个片相连,通以电流时在主磁场的作用下产生电磁转矩。

3. 换向器

换向器又称为整流子,是直流电动机的特有装置,它由许多楔形铜片组成,各片间用云母或其他垫片绝缘,外表呈圆柱形,装在转轴上,在换向器表面压着电刷。换向器通过与电刷的摩擦接触,将两个电刷之间固定极性的直流电变换成为绕组内部需要的交流电,以便形成固定方向的电磁转矩。

三、直流电动机的分类

直流电动机的定子分为永磁式和励磁式两种。其中,永磁式是由永久磁铁做成的;而励磁式是指磁极上绕线圈,然后在线圈中通过直流电,形成电磁铁。

直流电动机的励磁方式是指电动机励磁电流的供给方式,根据励磁绕组和转子绕组的连接关系不同可将直流电动机分为串励式直流电动机、并励式直流电动机、复励式直流电动机和他励式直流电动机四种类型,表4-1给出了这四种励磁直流电动机的比较。

表4-1 四种励磁方式的直流电动机的比较

名称	图形	特点	在汽车上的用途
串励式直流电动机	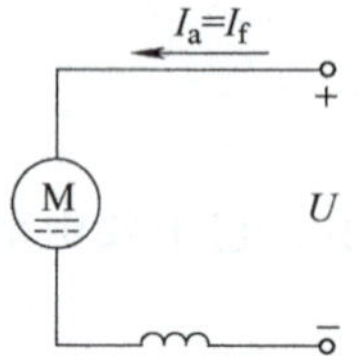	1)励磁绕组与电枢绕组串联后接于直流电源,$I = I_a = I_f$ 2)起动转矩很大 3)负荷对转速影响很大 注:I是输入电流,也是铭牌上的电流	起动机
并励式直流电动机	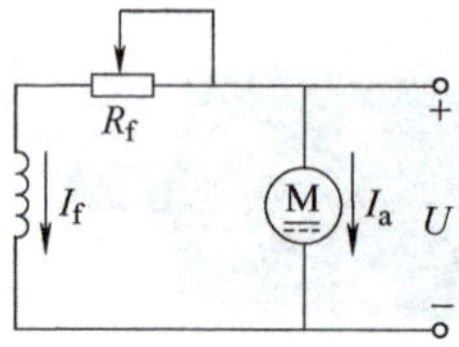	1)励磁绕组与电枢绕组并联,由同一直流电源供电,$I = I_a + I_f$ 2)转速不受负荷影响 3)起动转矩很小	风扇、泵的电动机
复励式直流电动机	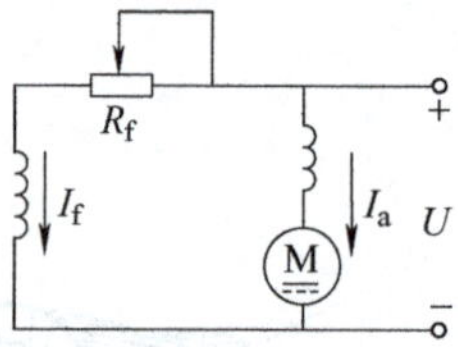	1)有串励和并励两个励磁绕组,它们分别与电枢绕组并联和串联。通常并励组起主励磁作用,串励绕组起补偿励磁作用 2)起动转矩很大 3)受到负荷影响时,转速仅略微降低	起动机、双级风窗玻璃刮水器的电动机
他励式直流电动机	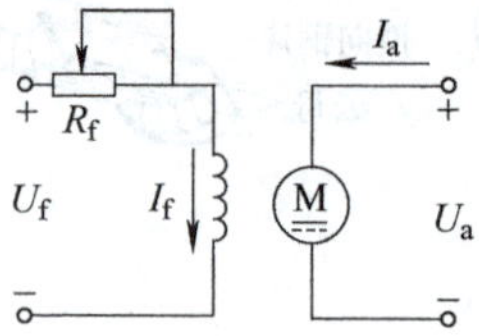	1)励磁电流I_f和电枢电流I_a分别由不同的直流电源供电 2)起动转矩很大 3)受到负荷影响时,转速波动很小	风扇、风窗玻璃刮水器、车窗升降器和鼓风机的电动机

此外，在小型直流电动机中也有用永久磁铁作为主磁极的，属于永磁直流电动机，永磁直流电动机可视为他励直流电动机的一种。

四、直流电机的铭牌

为了使电机安全可靠地工作，且保持优良的运行性能，电机生产企业根据国家标准及电机的设计数据，对每台电机在运行中的电压、电流、功率、转速等规定了额定值。凡表征电机额定运行情况的各种数据，均称为额定值。额定值一般都标注在电机的铭牌上，所以也称为铭牌数据，它是正确合理使用电机的依据，直流电机的铭牌示例见表4-2。

表4-2 直流电机的铭牌

型 号	Z2-72	励磁方式	并 励
额定功率 P_N	22kW	励磁电压	220V
额定电压 U_N	220V	励磁电流	2.06A
额定电流 I_N	110A	工作方式	连续（S1）
额定转速 n_N	1500r/min	温升	80K
出厂编号	×××××	出厂日期	×年×月
×××电机厂			

注：1. 额定电压 U_N：是指在额定情况下，电刷两端输出（发电机）或输入（电动机）的电压。
2. 额定电流 I_N：是指在额定情况下，允许电机长期流出或流入的电流。
3. 额定功率（额定容量）P_N：是指电机在额定情况下允许输出的机械功率（电动机）或电功率（发电机）。
4. 额定转速 n_N：是指在额定功率、额定电压、额定电流时电机的转速。
5. 额定效率 η_N：输出功率与输入功率之比，称为电机的额定效率。三者之间的关系：额定效率 η_N = 输出功率 P_N/输入功率 P。

五、直流电机的系列

我国目前生产的直流电机主要有以下系列：

Z2系列：该系列为一般用途的小型直流电机系列。"Z"表示直流，"2"表示第二次改进设计。系列容量为0.4~200kW，电动机电压有110V、220V两种，发电机电压有115V、230V两种，属防护式。

ZF和ZD系列：这两个系列为一般用途的中型直流电机系列。"F"表示发电机，"D"表示电动机。系列容量为55~145kW。

ZZJ系列：该系列为起重、冶金用直流电机系列。电压有220V、440V两种。工作方式有连续、短时和断续三种。该系列电机起动快速，过载能力大。

Z4系列：该系列广泛用作各类机械的传动源，诸如冶金工业轧机传动、金属切削机床、造纸、印刷、纺织、印染、水泥、塑料挤出机械等。电机额定电压为160V、440V，也可根据具体情况派生出220V、400V或其他电压。该系列电机具有体积小、性能好、重量轻、输出功率大、效率高及可靠性高等特点。

六、直流电机接线端

一般的直流电机有四个出线端子，电枢绕组及励磁绕组各两个，可通过标出的字符和绕组电阻的大小区别，见表4-3。直流电机电枢绕组的阻值都在零点几欧姆到2Ω之间，他励/并励直流电动机的励磁绕组的阻值有几百欧姆，串励电机的励磁绕组的阻值与电枢绕组的相当。

表4-3 直流电机接线端子与符号

绕组名称	电枢绕组	换向绕组	他励绕组	并励绕组	串励绕组
首端	A1	B1	F1	E1	D1
末端	A2	B2	F2	E2	D2

【例4-1】 一台直流电动机，$P_N = 18kW$，$U_N = 220V$，$\eta_N = 90\%$，$n_N = 1500r/min$，求电动机在额定情况下的输入功率及额定电流。

解：已知，额定效率 η_N = 输出功率 P_N/输入功率 P

所以，$P = P_N/\eta_N = 18/0.9 kW = 20kW$

电网向电动机输入的电功率 $P = U_N I_N$

则 $I_N = P/U_N = 20kW/220V \approx 90.9A$

> **相关链接**
>
> 要使电枢受到一个方向不变的电磁转矩，关键在于：当线圈边在不同极性的磁极下时，如何将流过线圈中的电流方向及时地加以变换，即进行所谓"换向"。为此必须增添一个叫作换向器的装置，换向器配合电刷可保证每个磁极下线圈边中的电流始终是一个方向，就可以使电动机能连续地旋转，这就是直流电动机的工作原理。

七、直流电动机的工作原理

在中学物理电磁学部分这样描述：通电导体在磁场中的运动方向可根据左手定则判断。左手定则：将左手伸入磁场中，让手心面对N极，四指的方向是电流的方向，那么，大拇指的方向就是通电导体运动的方向。表4-4给出了导线在磁场中的两种工作情况。

表4-4 导线在磁场中的两种工作情况

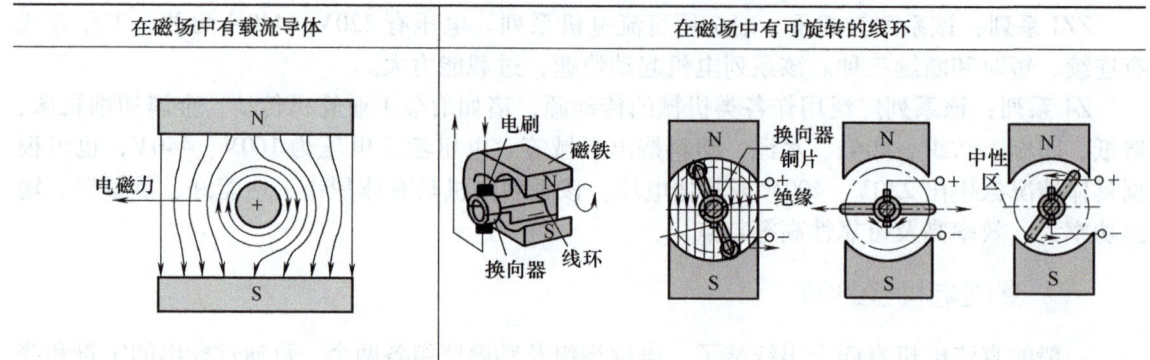

（续）

在磁场中有载流导体	在磁场中有可旋转的线环
如果一根载流导线位于一个马蹄形磁铁的磁场中，那么两个磁场就会形成一个总磁场： 1）在导线左侧，两个磁场的磁力线朝相反方向伸展。这些磁力线部分相互抵消，因此出现去磁 2）在导线右侧，两个磁场的磁力线都朝同一个方向伸展，因此出现磁场增强 导线承受电磁力，电磁力使导线向去磁方向移动	如果导线由线环组成，作用在载流导体线环上的电磁力就会使线环朝水平位置旋转。处于水平位置时不存在有效力臂，导体线环通过旋转力矩转过水平位置 需要转满一周时，电流方向必须转换180°。这一任务由换向器来完成。换向器由两个与导线线环末端连接且互相绝缘的半环形整流器片组成。两个电刷摩擦整流器片与电源接通 换向器使位于不同磁极处的导线线环保持恒定的电流方向。因此，作用在线环两臂上的电磁力始终与该点切线方向保持一致，从而确保持续旋转

直流电动机的基本原理：直流电从两电刷之间通入电枢绕组，电枢电流方向如图4-5所示。由于换向片和电源固定连接，无论线圈怎样转动，总是S极有效边的电流方向向里、N极有效边的电流方向向外。电动机电枢绕组通电后受力（左手定则），按顺时针方向旋转。

换向器的作用：直流电动机中采用换向器结构是将外部直流电转换成电枢内部的交流电的关键，它保证了每个磁极之下的线圈边电流始终有一个固定不变的方向，从而保证电枢导体所受到的电磁力对转子产生确定方向的电磁转矩。

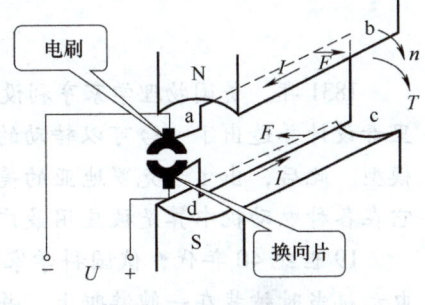

图4-5 电枢电流的方向

如果改变定子绕组中励磁电流的方向或改变电枢绕组中直流电流的方向，都可以使直流电动机改变转向。

八、电磁转矩与反电动势

电磁转矩和反电动势是直流电动机运行中两个同时出现的重要物理量。

1. 电磁转矩 T

根据安培定律，可以推导出直流电动机通电后所产生的电磁转矩 T 与磁极的磁通量 Φ 及电枢电流 I_a 之间的关系：

$$T = C_m \Phi I_a \tag{4-1}$$

式中，T 为电磁转矩；C_m 为电机常数，它与电动机磁极对数 p、电枢绕组导线总根数 Z 及电枢绕组电路的支路对数 a 有关，即 $C_m = pZ/2\pi a$；Φ 为磁极的磁通；I_a 为电枢电流。

2. 转矩平衡关系

电动机的电磁转矩 T 为驱动转矩，它使电枢转动。在电动机运行时，电磁转矩必须和机械负载转矩及空载损耗转矩相平衡，即

$$T = T_2 + T_0$$

式中，T_2 为机械负载转矩；T_0 为空载损耗转矩。

3. 转矩平衡过程

当电动机轴上的机械负载发生变化时，通过电动机转速、电动势、电枢电流的变化，电磁转矩将自动调整，以适应负载的变化，保持新的平衡。

4. 反电动势 E_f

线圈在磁场中旋转，将在线圈中产生感应电动势。由右手定则，感应电动势的方向与电流的方向相反，故称为反电动势 E_f。

（1）电枢感应电动势　反电动势 E_f 与磁极的磁通量 Φ 和电枢的转速 n 成正比，即

$$E_f = C_m \Phi n \tag{4-2}$$

式中，n 为电动机的转速。

（2）电枢回路电压平衡式　由式（4-2）可推导出电枢回路的电压平衡方程，即

$$U = E_f + I_a R_a \tag{4-3}$$

式中，U 为外加电压；R_a 为电枢回路电阻，包括电枢绕组的电阻和电刷与换向器的接触电阻。

相关链接

电动机的发展

1831 年，美国物理学家亨利设计出最初的电子式电动机。受到亨利的启发，威廉·里奇设计并造出了一台可以转动的电动机，类似于我们在实验室里组装的直流电动机模型。此后，出生于克罗地亚的美国人特斯拉于 1888 年制造出了第一台感应电动机，它在各种电动机中算是被应用最广的一种。

19 世纪 40 年代，俄国科学家雅科比用电磁铁替代永久磁铁进行工作。这种新型电动机当时被装在一艘游艇上，并且驶过了涅瓦河，此事引起了极大的轰动。

【例 4-2】　一辆车的新鲜空气鼓风机只能在一种速度档位上运转，其原因是串联电阻有故障。检查串联电阻上是否有电压，通过电阻测量来检查串联电阻。

电路分析步骤如下：

第一步，识读电路图，如图 4-6 所示。

15——电源线

F8——熔丝

S8——鼓风机开关

R——电阻

M3——鼓风机电动机

31——搭铁（负极）

第二步，工作过程分析。

说出鼓风机开关在两个档位时是什么转速，并说出工作流程。

答案：见表 4-5。

第三步，检查和测量电动机。

发生故障时先要明确是电源故障还是电动机故障。

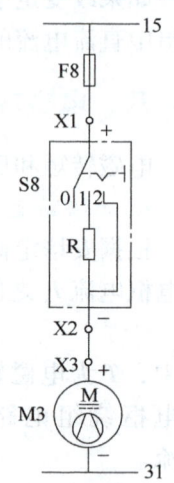

图 4-6　新鲜空气鼓风机电路

表 4-5　鼓风机开关的工作流程

开关位置 1：低转速	开关位置 2：高转速
电源线 15—熔丝 F8—鼓风机开关 S8—串联电阻—鼓风机电动机 M3—搭铁 31	电源线 15—熔丝 F8—鼓风机开关 S8—鼓风机电动机 M3—搭铁 31

（1）检查电源
1）拔出电动机插头。
2）把万用表接到线束端头上。
3）接通点火开关。
4）万用表显示应至少为 11.5V 的电压。否则需要检查线束、鼓风机开关或继电器。
（2）检查电动机功能
1）从电路图了解电极布置。
2）用辅助电缆把正极或负极接到蓄电池上。
3）如果电动机不转动，则电动机有故障。
（3）检测流程　具体流程如图 4-7 所示

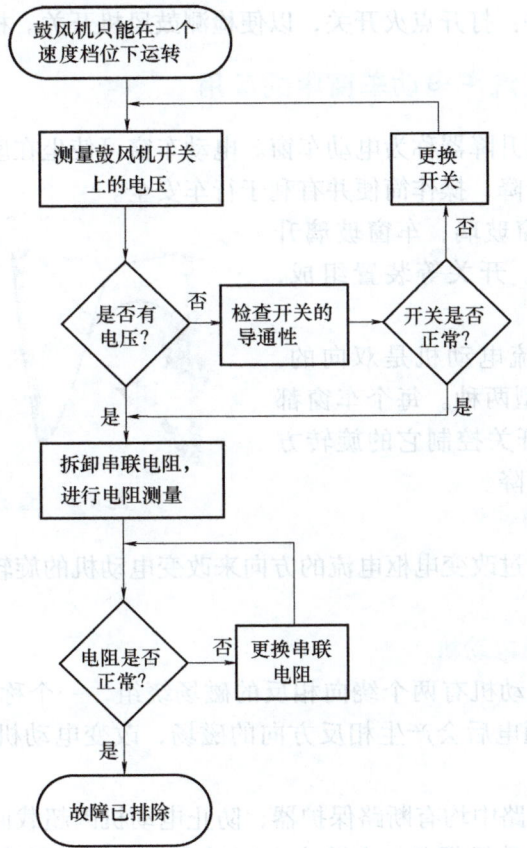

图 4-7　鼓风机电路故障检测框图

（4）检测方法和步骤　具体方法和步骤见表 4-6。

汽车电工电子技术基础

表 4-6 鼓风机电路检测方法和步骤

序号	开关		检测步骤：测量点—搭铁	额定值	实际值
1	鼓风机开关 S8 开关档位 0	X1 X2 X3	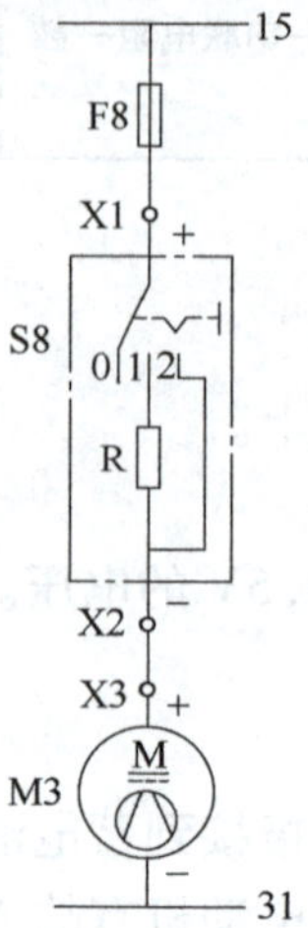	U 0 0	U 0 0
2	鼓风机开关 S8 开关档位 2 高转速	X1 X2 X3		U U U	U U U
3	鼓风机开关 S8 开关档位 1 低转速	X1 X2 X3		U $<U$ $<U$	U 0 0

检测结果：串联电阻损坏

注意：检测前提条件：打开点火开关，以便检测鼓风机开关。检测工具：万用表。

九、直流电动机在汽车电动车窗中的应用

由电动机驱动的玻璃升降器称为电动车窗。电动车窗可使坐在座位上的驾驶人或乘员利用开关使车门玻璃自动升降，操作简便并有利于行车安全。

电动车窗系统由车窗玻璃、车窗玻璃升降器、电动机、继电器、开关等装置组成，如图 4-8 所示。

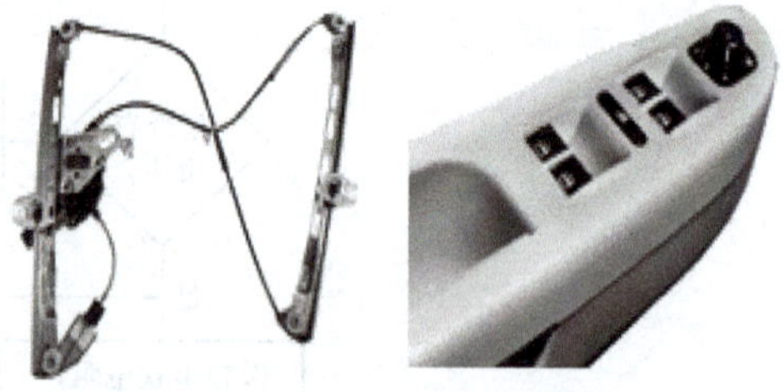

电动车窗使用的直流电动机是双向的，有永磁型和双绕组串励型两种。每个车窗都装有一个电动机，通过开关控制它的旋转方向，使车窗玻璃上升或下降。

图 4-8 直流电动车窗组件

1. 永磁型直流电动机

永磁型直流电动机通过改变电枢电流的方向来改变电动机的旋转方向，从而使车窗玻璃升或降。

2. 双绕组串励式直流电动机

双绕组串励式直流电动机有两个绕向相反的磁场绕组，一个称为"上升"绕组，另一个称为"下降"绕组，通电后会产生相反方向的磁场，改变电动机的旋转方向，从而实现车窗玻璃上升或下降。

注意，各电动车窗电路中均有断路保护器，防止电动机因超载而烧坏。断路保护器触点臂为双金属片结构，当电动机超载，电路中电流过大时，双金属片因温度上升产生翘曲变形，断开多功能触点，切断电路。电流消失后，双金属片冷却，变形消失，触点再次闭合。如此周而复始动作，使电动机电流平均值不超过规定值，不致过热而烧坏。

十、直流伺服电动机

直流伺服电动机又叫直流调整电动机，其工作原理与直流电动机原理一样。车窗刮水器电动机属于直流伺服电动机，它通过改变主磁极磁电流 I_f 或电枢供电电压 U_a 来改变电动机转速，如图4-9所示。

将电源开关置于不同档位，就有不同的电阻串入励磁电路，产生不同的励磁电流，从而改变电动机转速。

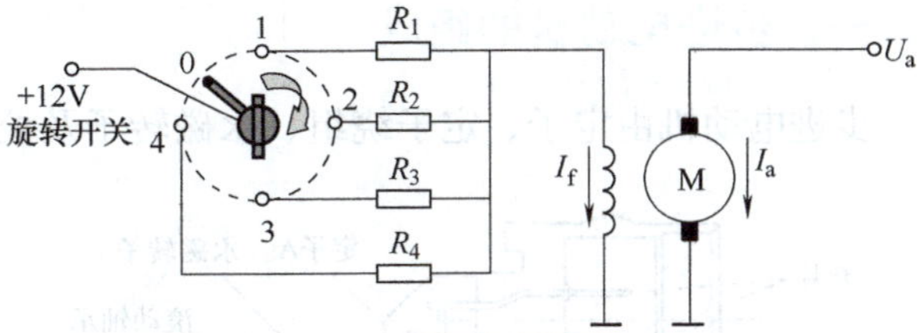

图4-9 车窗刮水器直流伺服电动机工作原理

十一、直流电动机常见故障

在运行中，直流电动机的故障是多种多样的，产生故障的原因较为复杂，并且互相影响。当直流电动机发生故障时，首先要对电动机的电源、线路、辅助设备和电动机所带负载进行仔细的检查，看它们是否正常，然后再从电动机机械方面加以检查，如检查电刷架是否有松动、电刷接触是否良好、轴承转动是否灵活等。就直流电动机的内部故障来说，多数故障会通过换向火花增大和运行性能异常反映出来，所以要分析故障产生的原因，就必须仔细观察换向火花的显现情况和运行时出现的其他异常情况，通过认真分析，根据直流电动机内部的基本规律和积累的经验来判断，找到原因。

1. 直流电动机修理后的检查项目

1）检查出线是否正确、接线是否与端子的标号一致、电动机内部的接线是否碰触转子的部件。
2）检查换向器的表面。
3）检查刷握。
4）检查刷握的下边缘与换向器表面的距离、电刷在刷握中装配的尺寸、电刷与换向片的重合接触面积。
5）检查电刷压力弹簧的压力。
6）检查电动机定子与转子之间气隙的不均匀度。

2. 直流电动机修理后的试验项目

1）绝缘电阻测试。
2）绕组直流电阻的测量。
3）确定电刷中性线。常采用的方法有以下三种：感应法、正反转发电机法、正反转电动机法。

试验项目主要有耐压试验、空载试验、负载试验、超速试验。

课题二　步进电动机

步进电动机最早是在1920年由英国人所开发的，后经过不断改良，提高了系统的控制精度、响应速度、可靠性等。步进电动机已广泛运用在车辆系统当中，在要求自动化、节省人力、效率高的各个系统中，步进电动机有着广泛的应用，尤其以重视速度、位置控制或需要精确操作各项指令动作的灵活控制性系统中用得最多。步进电动机是数字控制电动机，是利用电磁铁的作用原理将脉冲信号转换为线位移或角位移，即给一个脉冲信号，步进电动机就转动一个角度，因此适合于精准控制。

一、步进电动机的组成

步进电动机由定子、定子绕组、永磁转子及控制电路组成，如图4-10所示。

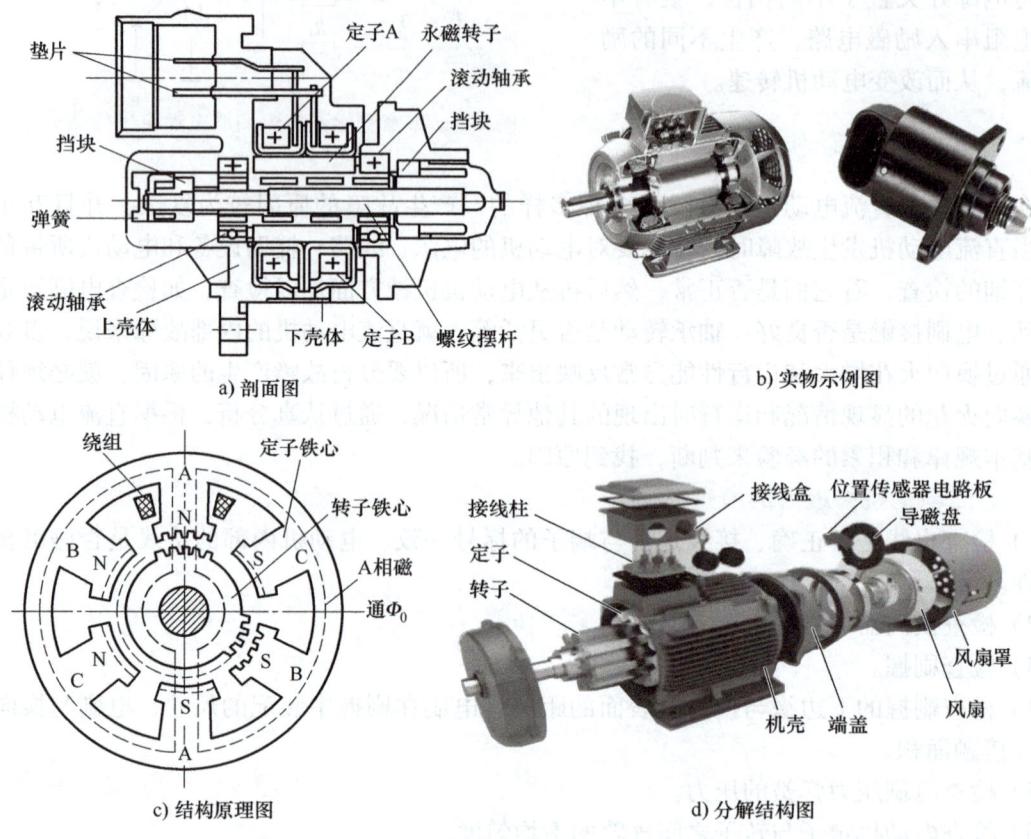

图4-10 步进电动机的实物及结构图

步进电动机的定子和转子铁心通常由硅钢片叠成。定子和转子均匀分布着很多小齿。定子上有A、B、C三对磁极，在相对应的磁极上绕有A、B、C三相控制绕组，其几何轴线依次分别与转子齿轴线错开。

二、步进电动机的工作原理

1. 永磁转子式步进电动机

永磁转子式步进电动机的转子是一个具有N极和S极的永久磁铁，定子有两相独立的绕组，如图4-11a所示。当从V_1到V向绕组输入一个脉冲信号时，绕组产生一个磁场，在磁力同性相斥、异性相吸的原理作用下，使转子S极在右、N极在左位置。

当从V_1到V输入的脉冲信号消失后，再从U到U_1向绕组输入另一个脉冲信号时，绕

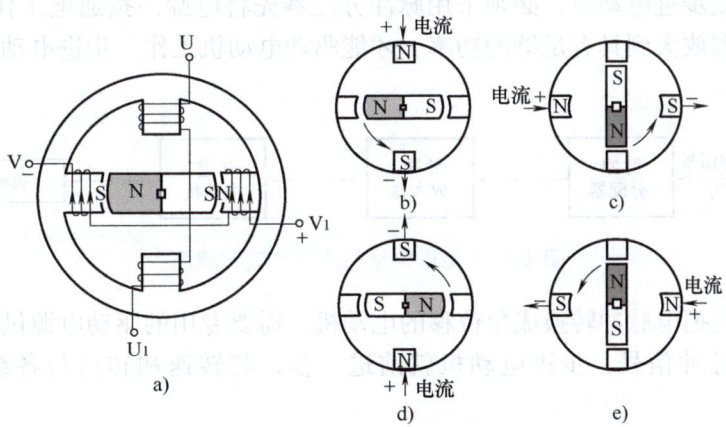

图 4-11 永磁转子式步进电动机的步进原理

组产生一个磁场，N 极在上、S 极在下，如图 4-11b 所示。在同性相斥、异性相吸原理作用下，转子就会沿逆时针方向转动 90°，如图 4-11c 所示。

当从 U 到 U_1 输入的脉冲信号消失后，再从 V 到 V_1 向绕组输入另一个脉冲信号时，绕组产生一个磁场，N 极在左、S 极在右，如图 4-11c 所示。在同性相斥、异性相吸原理作用下，转子就会沿逆时针方向转动 90°，如图 4-11d 所示。

当从 V 到 V_1 输入的脉冲信号消失后，再从 U_1 到 U 向绕组输入另一个脉冲信号时，绕组产生一个磁场，N 极在下、S 极在上，如图 4-11d 所示。在同性相斥、异性相吸原理作用下，转子就会沿逆时针方向转动 90°，如图 4-11e 所示。如果依次按 $V_1 \to V$、$U \to U_1$、$V \to V_1$、$U_1 \to U$ 的顺序向绕组输入 4 个脉冲信号，如图 4-12a 所示，电动机就会沿逆时针方向转动一圈。同理，如果依次按 $V_1 \to V$、$U_1 \to U$、$V \to V_1$、$U \to U_1$ 的顺序向绕组输入四个脉冲信号，如图 4-12b 所示，电动机就会沿顺时针方向转动一圈。

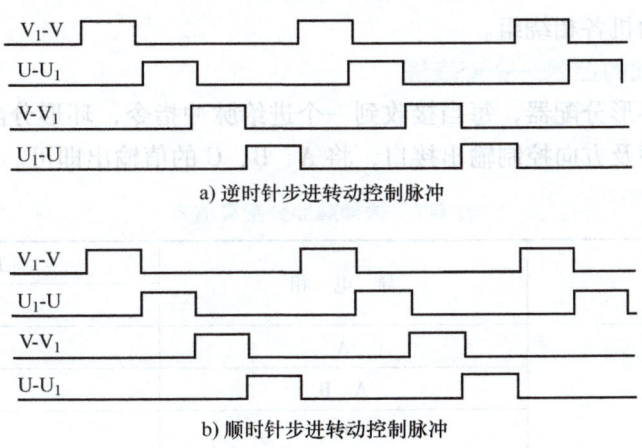

图 4-12 步进电动机控制脉冲

可以看出，步进电动机具有结构简单、维护方便、精确度高、起动灵敏、停车准确等性能。此外，步进电动机的转速决定于脉冲频率，并与频率同步。需要指出的是，电脉冲不能直接用来控制步进电动机，必须采用脉冲分配器先将电脉冲按通电工作方式进行分配，而后经脉冲放大器放大到具有足够的功率，才能驱动电动机工作。步进电动机的工作流程框图如图 4-13 所示。

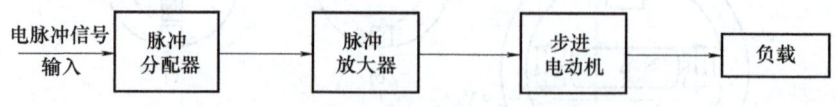

图 4-13　步进电动机的工作流程框图

步进电动机是把电脉冲转换成角位移的电动机。需要专用的驱动电源供给有规律的脉冲信号，输入一个脉冲信号，步进电动机就前进一步，其转速和转向与各绕组的通电方式有关。

2. 脉冲分配控制——环形分配器

如图 4-14 所示，当 DIR = "1" 时，每来一个脉冲（CLK）则电动机正转一步；当 DIR = "0" 时，每来一个脉冲（CLK）则电动机反转一步。

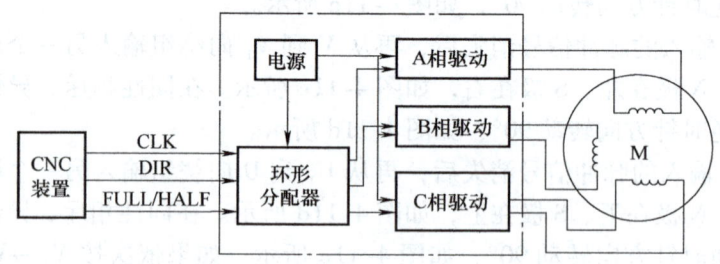

图 4-14　三相环形分配器的驱动控制

3. 脉冲放大电路

脉冲放大电路的作用：将环形分配器发出的 TTL 电平信号放大至几安培到十几安培的电流，送至步进电动机各相绕组。

4. 软件脉冲分配的控制——查表法

对于三相六拍环形分配器，每当接收到一个进给脉冲指令，环形分配器软件根据表 4-7 所示真值表，按顺序及方向控制输出接口，将 A、B、C 的值输出即可。

表 4-7　软件脉冲分配真值表

步　序	导 电 相	工 作 状 态 C B A
正转↓　反转↑	A	0　0　1
	A　B	0　1　1
	B	0　1　0
	B　C	1　1　0
	C	1　0　0
	C　A	1　0　1

三、步进电动机的分类

1. 按照构造上的差异分类

步进电动机按构造上的差异可分为三种类型：可变磁阻式（VR 型）、永久磁铁式（PM型）、混合式（HB 型）。表 4-8 为步进电动机三大类型性能比较。

表 4-8　步进电动机三大类型性能比较

类　型	性　能	图　示	驱动方式	控制方式
可变磁阻式（VR 型）	转子以软铁加工成齿状，当定子线圈不加励磁电压时，保持转矩为零，故其转子惯性小、响应性佳，但其容许负荷惯性并不大。其步进角通常为 15°			
永久磁铁式（PM 型）	转子由永久磁铁构成，其磁化方向为辐向磁化，无励磁时有保持转矩。依转子材质区分，其步进角有 45°、90° 及 7.5°、11.25°、15°、18° 等		1) 直流伺服驱动系统，采用永磁直流伺服电动机 2) 交流伺服驱动系统，采用永磁交流伺服电动机	1) 闭环控制 2) 开环控制 3) 全闭环控制 4) 混合闭环控制
混合式（HB 型）	转子由轴向磁化的磁铁制成，磁极做成复极的形式，其兼具可变磁阻式步进电动机及永久磁铁式步进电动机的优点，精确度高、转矩大、步距角小			

目前，市场上所使用的步进电动机，以混合式最为普遍。

2. 按照运行方式分类

通电顺序不同，步进电动机的运行方式也不同，主要有三种：单三拍、单双六拍、双三拍。（假定转子具有均匀分布的 4 个齿）

（1）单三拍　设 U 相首先通电（V、W 两相不通电），产生 U-U′轴线方向的磁通，并通过转子形成闭合回路，这时U、U'极就成为电磁铁的N、S极。在磁场的作用下，转子总是力图转到磁阻最小的位置，也就是要转到转子的齿对齐U、U'极的位置，如图4-15a所示。接着，V相通电（U、W两相不通电），转子便沿顺时针方向转过30°，它的齿和V、V'极对齐，如图4-15b所示。随后，W相通电（U、V两相不通电），转子又沿顺时针方向转过30°，它的齿和W、W'极对齐，如图4-15c所示。不难理解，当脉冲信号一个一个发来，如果按U→V→W→U…的顺序轮流通电，则电动机转子便顺时针方向一步一步地转动。每一步的转角为30°（称为步距角）。电流换接三次，磁场旋转一周，转子前进了一个齿距角（转子4个齿时为90°）。如果按U→W→V→U…的顺序通电，则电动机转子便逆时针方向转动，这种通电方式称为单三拍方式。

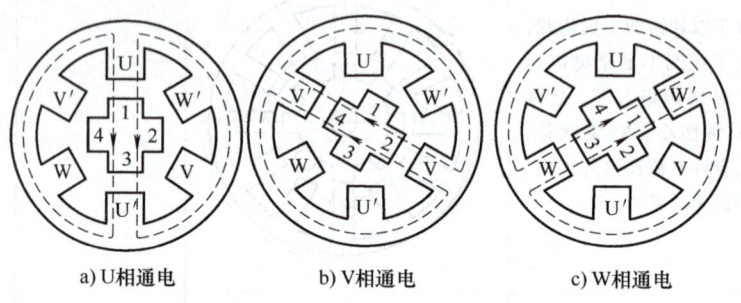

图4-15 单三拍通电方式转子位置

（2）单双六拍 设U相首先通电，转子齿和定子U、U'极对齐，如图4-16a所示；然后U相继续通电的情况下接V相，这时定子V、V'极对转子齿2、4有吸引力，使转子顺时针方向转动，但是U、U'极继续拉住齿1、3。因此，转子转到两个磁拉力平衡时为止，这时转子的位置如图4-16b所示，即转子从图4-16a所示的位置顺时针方向转过了15°。接着，U相断电，V相继续通电，这时转子齿2、4和定子V、V'极对齐，如图4-16c所示，转子从图4-16b所示的位置又转过了15°。而后，接通W相，V相仍然继续通电，这时转子又转过了15°，其位置如图4-16d所示。这样，如果按U→U和V→V→V和W→W和U→U→…的顺序轮流通电，则转子便顺时针方向一步一步地转动，步距角为15°。电流换接六次，磁场旋转一周，转子前进了一个齿距角。如果按U→U和W→W→W和V→V→V和U→U→…的顺序通电，则电动机转子逆时针方向转动，这种通电方式称为单双六拍方式。

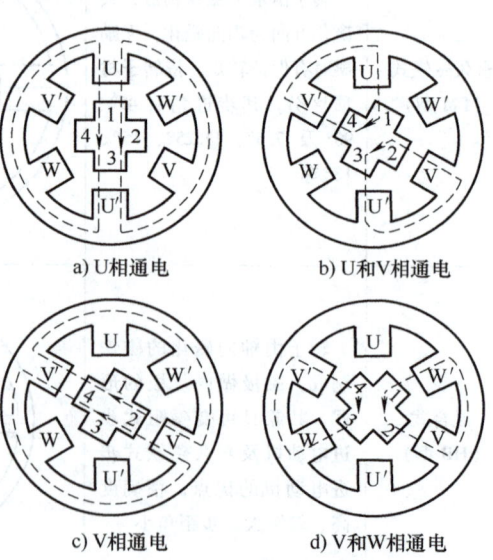

图4-16 单双六拍通电方式时转子的位置

（3）双三拍 如果每次都是两相通电，即按U和V→V和W→W和U→U和V→…的顺序通电，则称为双三拍方式。从图4-16b和图4-16d可见，步距角也是30°。由上述可知，采用单三拍方式和双三拍方式时，转子走三步前进了一个齿距角，每走一步前进了1/3齿距角。

采用单双六拍方式时，转子走六步前进了一个齿距角，每走一步前进了1/6齿距角。因此，步距角θ可用下式计算：

$$\theta = \frac{360°}{Z_r m} \tag{4-4}$$

式中，Z_r为转子齿数；m为运行拍数。

实际上，一般步进电动机的步距角不是30°而是15°。由式（4-4）可知，转子上不只4个齿（齿距角360°/4 = 90°），而是有40个齿（齿距角为9°）。为了使转子齿和定子齿对齐，两者的齿宽和齿距必须相等。因此，定子上除了6个极以外，在每个极面上还有5个和转子齿一样的小齿，如图4-17所示。

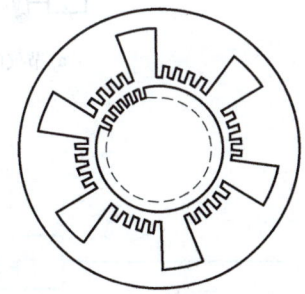

图4-17　三相步进电动机的结构

四、步进电动机的特征

1) 高精度的定位。步进电动机最大的特征即是能够简单地做到高精度的定位控制。

2) 位置及速度控制。步进电动机在输入脉冲信号时，可以依输入的脉冲数做固定角度的回转，进而得到灵活的角度控制（位置控制），并可得到与该脉冲信号周波数（频率）成比例的回转速度。

3) 具有定位保持力。步进电动机在停止状态下（无脉冲信号输入时），仍具有励磁保持力，故即使不依靠机械式的制动，也能做到停止位置的保持。

4) 动作灵敏。步进电动机因为加速性能优越，所以可做到瞬时起动、停止及正反转的快速、频繁的定位动作。

5) 开回路控制，不必依赖传感器定位。步进电动机的控制系统构成简单，不需要速度感应器及位置传感器就能以输入的脉冲信号做速度及位置的控制，且因其属开回路控制，故最适合于短距离、高频度、高精度定位控制的场合使用。

6) 中低速时具备高转矩。步进电动机在中低速时具有较大的转矩，故能够较同级伺服电动机提供更大的转矩输出。

7) 高信赖性。使用步进电动机装置与使用离合器、减速机及极限开关等其他装置相比较，步进电动机的故障及误动作少，所以在检查及保养时也较简单容易。

8) 小型、高功率。步进电动机体积小、转矩大，即使在狭窄的空间内也可顺利安装，并提供高转矩输出。

五、步进电动机在汽车中的应用

当发动机怠速运转时，由于空调压缩机、动力转向助力泵、发电机等负载的变化会引起怠速转速发生波动，因此需要对发动机怠速转速进行调整。燃油喷射系统的怠速控制阀分为步进电动机式、脉冲电磁阀式和真空阀式三种。目前大多采用步进电动机式怠速控制阀，怠速控制阀安装在发动机节气门体上或节气门体附近，安装位置如图4-18所示。

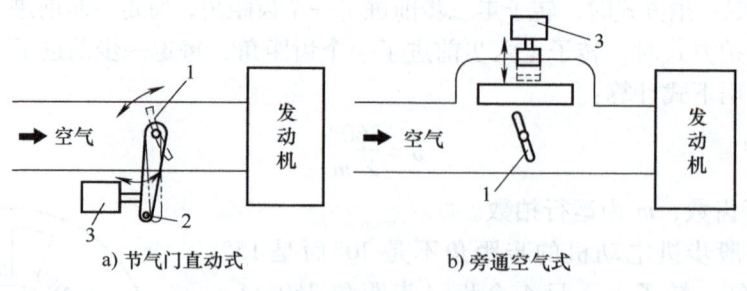

图 4-18 怠速控制阀安装位置示意图
1—节气门 2—节气门操纵臂 3—怠速控制阀

课题三　三相交流异步电动机

前面我们分析了在现代汽车中，普遍采用电力起动，以蓄电池为电源，以直流电动机为动力，通过传动装置和控制机构进行工作。直流电动机在工作时有两个显著特点：一是转矩大；二是工作时间短，广泛用于工矿、交通、建筑等行业中的常见动力机械。但在生产上主要用的是交流电动机，最常用的是三相异步电动机。三相异步电动机由于具备结构简单，制造、使用和维护简便，成本低廉，工作可靠等优点，被广泛地用来驱动各种金属切削机床、起重机、锻压机、传送带、铸造机械、风机及水泵等。

一、三相交流异步电动机的组成

异步电动机主要由定子（固定部分）和转子（转动部分）两部分组成，如图 4-19 所示。

1. 定子

三相异步电动机的定子部分包括机座、定子铁心和定子绕组。机座用铸铁、铸钢或铸铝（合金铝）制成，它支承着定子铁心。定子铁心由互相绝缘的硅钢片叠成，铁心的内圆上分布有与轴平行的槽，如图 4-19b 和图 4-19c 所示。槽内嵌有三相对称绕组，绕组是根据电动机的磁极对数和槽数按照一定规则排列与连接的。

定子绕组可以接成星形或三角形。为了便于改变接线，定子三相绕组的六根端线都接到定子外面的接线盒内。盒中接线柱的布置如图 4-20 所示，图 a 为定子绕组星形接法，图 b 为定子绕组三角形接法。

2. 转子

异步电动机的转子是由转子铁心、转子绕组和转轴等部分组成的。转子铁心由外圆有槽孔的相互绝缘的硅钢片叠制而成。转子有两种型式：笼型转子和绕线型转子。笼型转子的绕组由安放在槽内的铜条（或铸铝）构成，这些导体的两端分别焊接在两个端环上。因为它的形状像个松鼠笼子，如图 4-21a 所示，所以称为笼型转子。具有笼型转子的异步电动机称为笼型异步电动机。

绕线型转子的绕组与定子绕组相似，也是三相对称绕组。通常接成星形，三根端线分别与三个铜制集电环连接。环与环以及环与轴之间都彼此绝缘，如图 4-21b 所示为绕线型转子。具有这种转子的异步电动机称为绕线转子异步电动机。

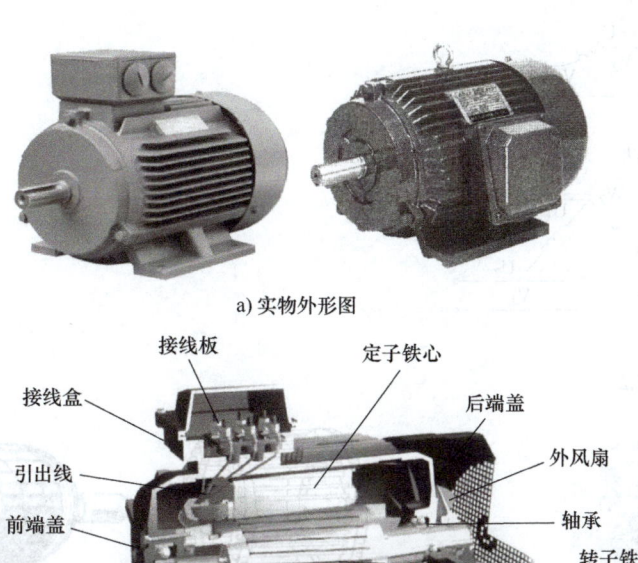

a) 实物外形图

b) 整机结构图

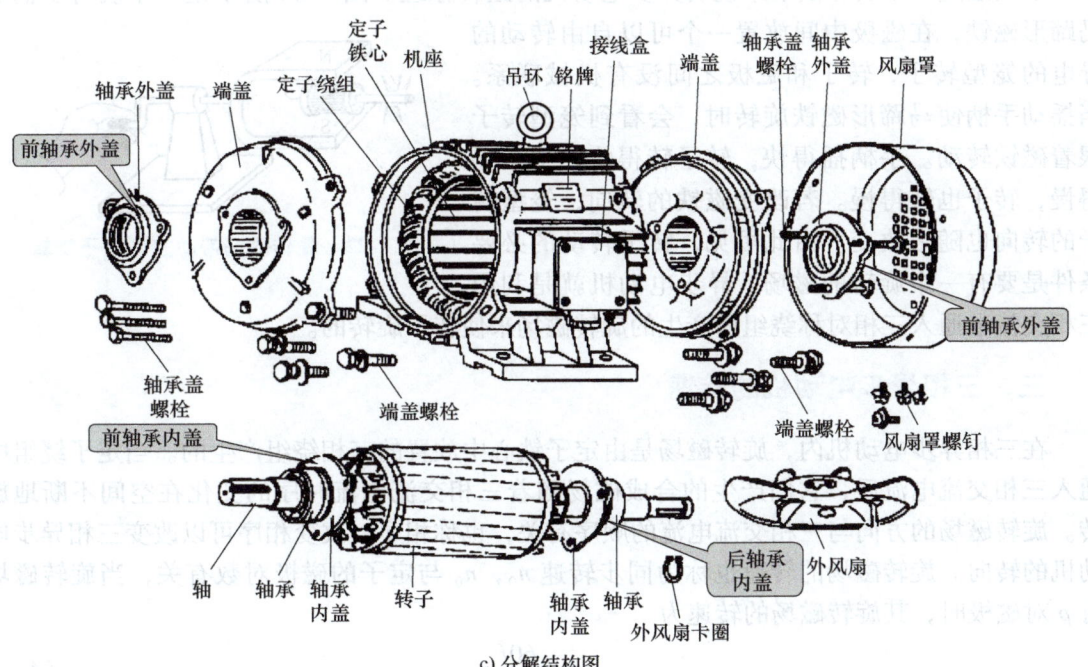

c) 分解结构图

图 4-19 三相异步电动机的外形和结构

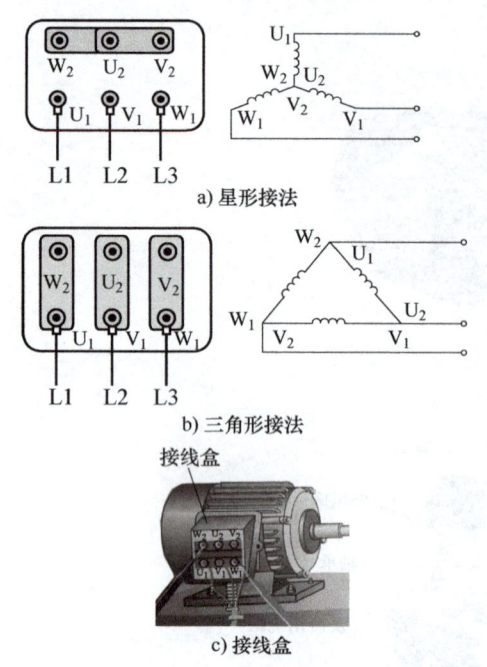

W2
U2
V2
U1
V1
W1
L1
L2
L3
a) 星形接法
b) 三角形接法
接线盒
c) 接线盒

图 4-20　定子三相绕组的接线

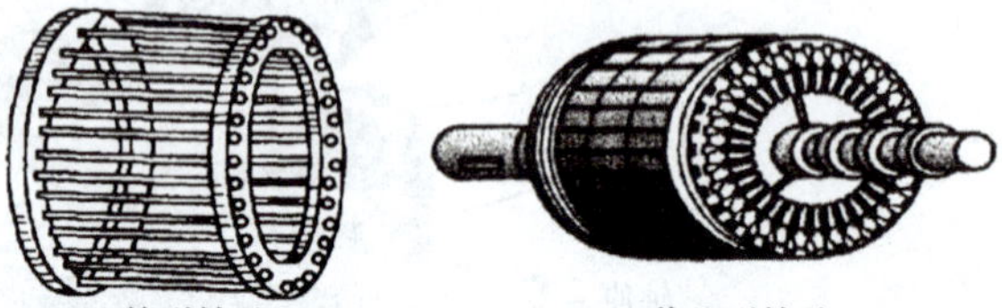

a) 笼型转子
b) 绕线型转子

图 4-21　异步电动机的转子

二、三相异步电动机的工作原理

下面通过一个实验演示来说明异步电动机的运转原理。图 4-22 所示是一个装有手柄的马蹄形磁铁，在磁极中间放置一个可以自由转动的导电的笼型转子，转子和磁极之间没有机械联系。当摇动手柄使马蹄形磁铁旋转时，会看到笼型转子跟着磁铁转动。手柄摇得快，转子转得快；手柄摇得慢，转子也转得慢。若改变磁铁的转向，笼型转子的转向也随之改变。由此可见，转子转动的必要条件是要有一个旋转的磁场。异步电动机就是利用三相交流电通入三相对称绕组所产生的旋转磁场来使转子旋转的。

N
S

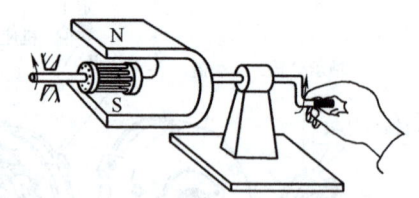

图 4-22　旋转磁场带动笼型转子旋转

三、三相异步电动机的转速

在三相异步电动机内，旋转磁场是由定子铁心中放置的三相绕组产生的。当定子绕组中通入三相交流电流后，它们产生的合成磁场随着三相交流电流时序的变化在空间不断地旋转。旋转磁场的方向与三相交流电流的顺序有关，也称相序。改变相序可以改变三相异步电动机的转向。旋转磁场的转速也称为同步转速 n_0，n_0 与定子的磁极对数有关，当旋转磁场有 p 对磁极时，其旋转磁场的转速为

$$n_0 = \frac{60f}{p} \tag{4-5}$$

按照我国国家标准规定，工频 $f = 50\text{Hz}$，由式（4-5）可得出对应于不同磁极对数 p 的旋转磁场的转速 n_0，见表 4-9。

表 4-9　不同磁极对数 p 的旋转磁场的转速 n_0 的数值

p	1	2	3	4	5	6
n_0/(r/min)	3000	1500	1000	750	600	500

如图 4-23 所示，当 $\omega t = 0°$ 时，形成由上至下的磁场；当 $\omega t = 90°$ 时，形成由右至左的磁场；当 $\omega t = 180°$ 时，形成由下至上的磁场；当 $\omega t = 270°$ 时，形成由左至右的磁场；当 $\omega t = 360°$ 时，形成由上至下的磁场。由此可见，正弦交流电变换一周，旋转磁场变化 360°，所以，旋转磁场的转速与正弦交流电变化一致。

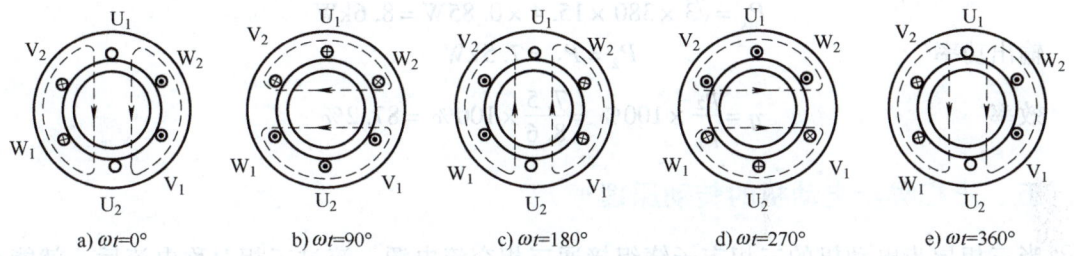

图 4-23　一对磁极的旋转磁场

四、三相异步电动机的铭牌

1. 型号

三相异步电动机的型号以 Y-100L-2 为例加以介绍。

```
        Y - 100  L - 2
        │   │    │   │
    异步电动机  │    │  极数
            机座号(中心高，mm) │
                    机座长度代号
                    L—长；M—中；S—短
```

2. 额定值

（1）额定功率 P_N　电动机在额定负载运行时，轴上所输出的机械功率，单位为 W（或 kW）。

（2）额定电压 U_N　电动机正常工作时，定子绕组所加的线电压，单位为 V。

（3）额定电流 I_N　电动机输出功率时，定子绕组允许长期通过的线电流，单位为 A。

（4）额定频率 f_N　我国的电网频率为 50Hz。

（5）额定转速 n_N　电动机在额定状态下，转子的转速，单位为 r/min。

（6）绝缘等级　电动机所用绝缘材料的耐热等级。

3. 工作方式

工作方式分为连续、短时、断续周期工作制等共 10 种，分别用 S1、S2、S3……S10 表示。

如图 4-24 所示为一台三相异步电动机的铭

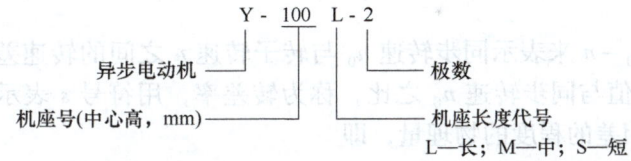

图 4-24　三相异步电动机的铭牌

牌图。

【例4-3】 已知三相异步电动机的铭牌数据如下，试计算电动机的输入功率、输出功率、效率。

功率	转速	接法	电压	电流	功率因数
7.5kW	1440r/min	△	380V	15.4A	0.85

解：输入功率 $P_1 = \sqrt{3} U_1 I_1 \cos\varphi$

$$P_1 = \sqrt{3} \times 380 \times 15.4 \times 0.85 \text{W} = 8.6 \text{kW}$$

输出功率 $P_2 = P_N = 7.5 \text{kW}$

效率 $\eta = \dfrac{p_2}{p_1} \times 100\% = \dfrac{7.5}{8.6} \times 100\% = 87.2\%$

五、三相异步电动机的转动原理

当三相异步电动机的三相定子绕组接通三相交流电源，流过三相对称电流后，就能在电动机定转子间的气隙中产生转速为 n_0 的旋转磁场。电动机转子转动方向与磁场旋转的方向相同，但转子的转速 n 不可能与旋转磁场的转速 n_0 相等，否则，转子与旋转磁场之间就没有相对运动，因而磁力线就不切割转子导体，转子电动势、转子电流以及转矩也就都不存在。也就是说，旋转磁场与转子转速之间存在转速差，因此，把这种电动机称为异步电动机，又因为这种电动机的转动原理是建立在电磁感应基础上的，故又称为感应电动机。

用转速差 $\Delta n = n_0 - n$ 来表示同步转速 n_0 与转子转速 n 之间的转速差，它是异步电动机运行的必要条件。此值与同步转速 n_0 之比，称为转差率，用符号 s 表示，它是表明同步转速 n_0 与转子转速 n 相差的程度的物理量，即

$$s = \frac{\Delta n}{n_0} = \frac{n_0 - n}{n_0} \tag{4-6}$$

转差率 s 是异步电动机的一个重要物理量，转子转速 n 越接近同步转速 n_0，转差率越小，跟随性越好，它对电动机的运行有着极大的影响。一般异步电动机的转差率很小，通常用百分数表示，一般为 $1\% \sim 4\%$。

【例4-4】 有一台三相异步电动机，其额定转速 $n = 975 \text{r/min}$，电源频率 $f = 50 \text{Hz}$，求电动机的极对数和额定负载时的转差率 s。

解：由于电动机的额定转速接近而略小于同步转速，而同步转速对应于不同的极对数有一系列固定的数值。显然，与 975r/min 最相近的同步转速 $n_0 = 1000 \text{r/min}$，与此相应的磁极对数 $p = 3$。因此，额定负载时的转差率为

$$s = \frac{\Delta n}{n_0} = \frac{n_0 - n}{n_0} = \frac{1000 - 975}{1000} \times 100\% = 2.5\%$$

六、三相异步电动机的转矩特性和机械特性

1. 转矩特性

转矩特性描述的是电磁转矩与转差率之间的关系。

异步电动机的电磁转矩 T 是由定子绕组产生的旋转磁场与转子绕组的电流相互作用而产生的，电磁转矩的大小与转子绕组中的电流及旋转磁场的强弱有关。磁场越强，转子电流越大，则电磁转矩也越大。

经理论证明，它们的关系是：

$$T = K_T \Phi I_2 \cos\varphi_2$$

式中，T 为电磁转矩；K_T 为与电动机结构有关的常数；Φ 为旋转磁场每个极的磁通量；I_2 为转子绕组电流的有效值；φ_2 为转子电流滞后于转子电动势的相位角。

2. 机械特性

异步电动机的机械特性是指转速与电磁转矩的关系，机械特性曲线如图 4-25 所示。

（1）额定转矩 T_N　额定转矩是电动机在匀速运行时，电动机转轴输出的转矩。电动机的电磁转矩 T 必须与负载转矩 T_L 及空载损耗转矩 T_0 相平衡，即 $T = T_L + T_0$。由于空载损耗转矩 T_0 很小，常可以忽略不计，所以 $T = T_L + T_0 \approx T_L$，并由此得

$$T_N = T_L = \frac{P_N}{2\pi n_0/60} = 9550\frac{P_N}{n_N} \quad (4-7)$$

式中，P_N 为电动机轴上输出的额定功率，单位为 kW；n_N 为电动机的额定转速，单位为 r/min；T_N 为额定转矩，单位为 N·m。

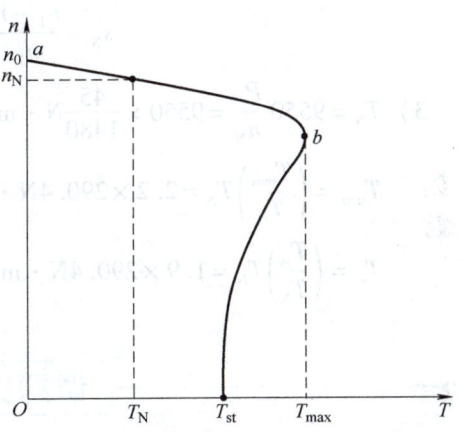

图 4-25　三相异步电动机的机械特性曲线

当电动机的负载转矩增加时，在最初的瞬间电动机的电磁转矩 $T < T_L$，所以它的转速开始下降，随着转速的下降，电磁转矩增加，电动机在新的稳定状态下运行，这时的转速较之前为低，但是，图 4-25 中曲线 ab 段比较平坦，当负载在空载与额定负载之间变化时，电动机的转速变化不大，这种特性称为硬的机械特性，在应用中非常适用于金属的切削加工。

（2）最大转矩 T_{max}　从机械特性曲线上看，转矩有一个最大值，称为临界转矩。当负载转矩超过最大转矩时，电动机就带不动负载了，将发生堵转（闷车）现象。此时电动机的电流迅速升高到额定电流的几倍，电动机会严重过热导致烧毁。另外，这也说明电动机最大负载转矩可以接近最大转矩。如果过载时间较短，电动机不至于马上过热，是允许的。

通常用 $\lambda = \dfrac{T_{max}}{T_N}$ 表示电动机的过载能力，称为过载系数。一般三相异步电动机的过载系数为 1.8~2.2，在选用电动机时，必须考虑可能出现的最大负载转矩，而后根据所选电动机的过载系数算出最大转矩。

（3）起动转矩 T_{st}　当电动机起动时的转矩称为起动转矩，起动转矩与电源电压的二次方成正比，当电源电压降低时，起动转矩会明显降低。

（4）额定电流 I_N　额定电流是指转轴输出额定功率时的线圈绕组电流。额定电流计算公式为

$$I_N = P/(\sqrt{3} \times U \times \cos\varphi \times \eta)$$

式中，P 为电动机功率，单位为 kW；U 为电源电压，单位为 V；I 为电流，单位为 A；$\cos\varphi$ 为功率因数；η 为效率。

【例 4-5】 一台 Y225M—4 型的三相异步电动机，定子绕组三角形联结，其额定数据为：$P_N = 45\text{kW}$，$n_N = 1480\text{r/min}$，$U_N = 380\text{V}$，$\eta_N = 92.3\%$，$\cos\varphi_N = 0.88$，$T_{st}/T_N = 1.9$，$T_{max}/T_N = 2.2$。求：1）额定电流 I_N；2）额定转差率 s_N；3）额定转矩 T_N、最大转矩 T_{max} 和起动转矩 T_{st}。

解：1) $I_N = \dfrac{P_{2N}}{\sqrt{3}U_N\cos\varphi_N\eta_N} = \dfrac{45\times10^3}{\sqrt{3}\times380\times0.88\times0.923}\text{A} = 84.2\text{A}$

2) 由 $n_N = 1480\text{r/min}$，可知 $p = 2$（四极电动机），$n_1 = 1500\text{r/min}$

$$s_N = \frac{n_1 - n}{n_1} = \frac{1500 - 1480}{1500} = 0.013$$

3) $T_N = 9550\dfrac{P_N}{n_N} = 9550\times\dfrac{45}{1480}\text{N}\cdot\text{m} = 290.4\text{N}\cdot\text{m}$

$T_{max} = \left(\dfrac{T_{max}}{T_N}\right)T_N = 2.2\times290.4\text{N}\cdot\text{m} = 638.9\text{N}\cdot\text{m}$

$T_{st} = \left(\dfrac{T_{st}}{T_N}\right)T_N = 1.9\times290.4\text{N}\cdot\text{m} = 551.8\text{N}\cdot\text{m}$

课题四　伺服电动机

一、交流伺服电动机的结构与原理

1. 伺服电动机的工作原理

伺服电动机内部的转子是永磁铁，驱动器控制的 U、V、W 三相电形成电磁场，转子在此磁场的作用下转动，同时电动机自带的编码器反馈信号给驱动器，驱动器根据反馈值与目标值进行比较，调整转子转动的角度。

永磁交流伺服系统具有以下优点：

1）电动机无电刷和换向器，工作可靠，维护和保养简单。
2）定子绕组散热快。
3）转动惯量小，易提高系统的响应速度。
4）适用于高速大力矩工作状态。
5）相同功率下，体积和重量较小，广泛地应用于机床、机械设备、搬运机构、印刷设备、装配机器人、加工机械、高速卷绕机、纺织机械等场合，满足了传动领域的发展需求。

永磁交流伺服系统的驱动器经历了模拟式、模数混合式的发展后，目前已经进入了全数字的时代。全数字伺服驱动器不仅克服了模拟式伺服的分散性大、有零漂、低可靠性等缺点，还充分发挥了数字控制在控制精度上的优势和控制方法的灵活性，使伺服驱动器不仅结构简单，而且性能更加可靠。现在，高性能的伺服系统大多采用交流永磁伺服系统，其中包括交流永磁同步伺服电动机和全数字交流永磁同步伺服驱动器两部分。伺服驱动器由两部分组成：驱动器硬件和控制算法。控制算法是决定交流伺服系统性能好坏的关键技术之一，是国外交流伺服技术封锁的主要部分，也是技术垄断的核心。

2. 交流永磁伺服系统的基本结构

交流永磁同步伺服驱动器主要由伺服控制单元、功率驱动单元、通信接口单元、伺服电动机及相应的反馈检测器件组成，其结构框图如图 4-26 所示。

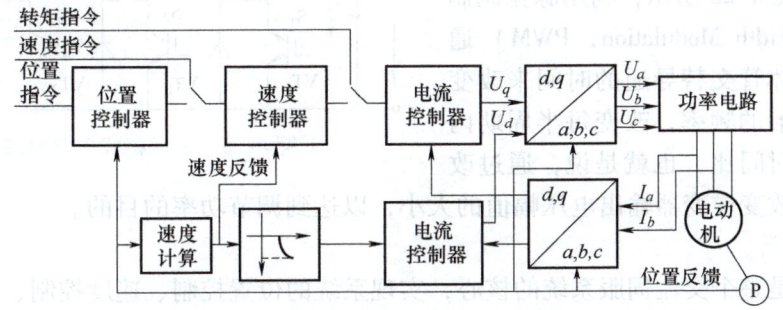

图 4-26　交流永磁同步伺服驱动器的结构框图

其中，伺服控制单元包括位置控制器、速度控制器、转矩和电流控制器等。交流永磁同步驱动器集先进的控制技术和控制策略为一体，使其非常适用于高精度、高性能要求的伺服驱动领域，还体现了强大的智能化、柔性化，是传统的驱动系统所不可比拟的。

目前，主流的伺服驱动器均采用数字信号处理器（DSP）作为控制核心，其优点是可以实现比较复杂的控制算法，实现数字化、网络化和智能化。功率器件普遍采用以智能功率模块（IPM）为核心设计的驱动电路，IPM 内部集成了驱动电路，同时具有过电压、过电流、过热、欠电压等故障检测保护电路，在主电路中还加入了软起动电路，以减小起动过程对驱动器的冲击。

伺服驱动器大体可以划分为功能比较独立的功率板和控制板两个模块。图 4-27 所示的功率板（驱动板）是强电部分，其中包括两个单元：一是功率驱动单元 IPM，用于电动机的驱动；二是开关电源单元，为整个系统提供数字和模拟电源。控制板是弱电部分，是电动机的控制核

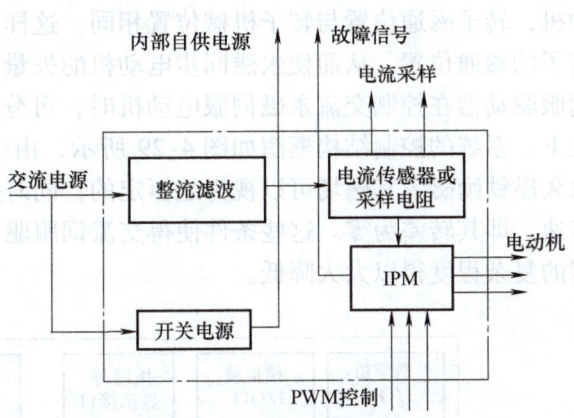

图 4-27　交流永磁同步伺服驱动板的结构

心，也是伺服驱动器技术核心控制算法的运行载体。控制板通过相应的算法输出 PWM 信号，作为驱动电路的驱动信号，来改变逆变器的输出功率，以达到控制三相永磁式同步交流伺服电动机的目的。

3. 功率驱动单元

功率驱动单元首先通过三相全桥整流电路对输入的三相电或者市电进行整流，得到相应的直流电。经过整流处理的三相电或市电，再通过三相正弦 PWM 电压型逆变器变频来驱动三相永磁式同步交流伺服电动机。功率驱动单元的整个过程简单来说就是 AC-DC-AC 的过

程。整流单元（AC-DC）主要的拓扑电路是三相全桥不可控整流电路。逆变部分（DC-AC）由功率器件集成驱动电路、保护电路和功率开关等组成。智能功率模块（IPM）的主要拓扑结构采用了三相桥式电路，原理图如图 4-28 所示，利用脉宽调制技术（Pulse Width Modulation，PWM）通过改变功率晶体管交替导通的时间来改变逆变器输出波形的频率，改变每半周期内晶体管的通断时间比，也就是说，通过改变脉冲宽度来改变逆变器输出电压幅值的大小，以达到调节功率的目的。

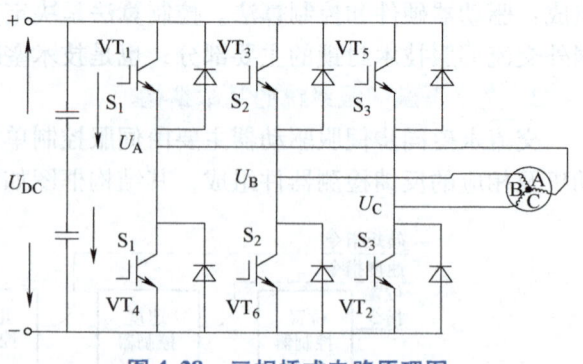

图 4-28　三相桥式电路原理图

4. 控制单元

控制单元是整个交流伺服系统的核心，实现系统的位置控制、速度控制、转矩和电流控制。所采用的数字信号处理器（DSP）除具有快速的数据处理能力外，还集成了丰富的用于电动机控制的专用集成电路，如 A-D 转换器、PWM 发生器、定时/计数器电路、异步通信电路、CAN 总线收发器以及高速的可编程静态 RAM 和大容量的程序存储器等。伺服驱动器通过采用磁场定向的控制原理（FOC）和坐标变换，实现矢量控制（VC），同时结合正弦波脉宽调制（SPWM）控制模式对电动机进行控制。永磁同步电动机的矢量控制一般通过检测或估计电动机转子磁通的位置及幅值来控制定子电流或电压，这样，电动机的转矩便只和磁通、电流有关，与直流电动机的控制方法相似，可以得到很高的控制性能。对于永磁同步电动机，转子磁通位置与转子机械位置相同，这样通过检测转子的实际位置就可以得知电动机转子的磁通位置，从而使永磁同步电动机的矢量控制比起异步电动机的矢量控制有所简化。伺服驱动器在控制交流永磁伺服电动机时，可分别工作在电流（转矩）、速度、位置控制方式下。系统的控制结构框图如图 4-29 所示，由于交流永磁伺服电动机（PMSM）采用的是永久磁铁励磁，其磁场可以视为是恒定的；同时交流永磁伺服电动机的电动机转速就是同步转速，即其转差为零。这些条件使得交流伺服驱动器在驱动交流永磁伺服电动机时的数学模型的复杂程度得以大大降低。

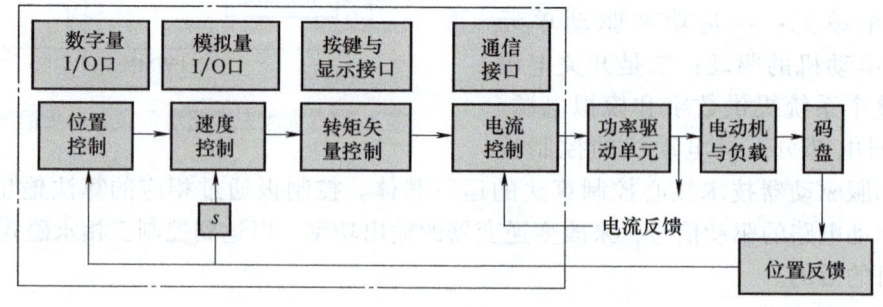

图 4-29　伺服电动机系统控制结构框图

从图 4-29 可以看出，系统是基于测量电动机的两相电流反馈和电动机位置，将测得的相电流结合位置信息,经坐标变换(从 a,b,c 坐标系转换到转子 d,q 坐标系),得到分量,分别进入各自的电流调节器。电流调节器的输出经过反向坐标变化(从 d,q 坐标系转换到 a,b,c 坐标系),得到三相电压指令。控制芯片通过这三相电压指令,经过反向、延时后,得到六路 PWM 波输出到功率器件,控制电动机运行。系统在不同指令输入方式下,指令和反馈通过相应的控制调节器,得到下一级的参考指令。在电流环中,d、q 轴的转矩电流分量是速度控制调节器的输出或外部给定。而一般情况下,磁通分量为零(=0),但是当速度大于限定值时,可以通过弱磁(<0)得到更高的速度值。

二、直流伺服电动机

直流伺服电动机的结构和一般直流电动机一样,只是为了减小转动惯量而做得细长一些。它的励磁绕组和电枢绕组分别由两个独立电源供电,也有永磁式的,即磁极是永久磁铁。通常采用电枢控制,就是励磁电压一定,建立的磁通量也是定值,而将控制电压加在电枢上。

直流伺服电动机特指直流有刷伺服电动机,这种电动机成本高,结构复杂,起动转矩大,调速范围宽,控制容易,但需要维护,而且维护不方便,会产生电磁干扰,对环境有要求,因此它可以用于对成本敏感的普通工业和民用场合。

1. 直流伺服电动机的构成

直流伺服电动机包括定子、转子铁心、电动机转轴、伺服电动机绕组换向器、伺服电动机绕组、测速电动机绕组、测速电动机换向器,其中转子铁心由矽钢冲片叠压固定在电动机转轴上构成。它用于各类数字控制系统中的执行机构驱动以及需要精确控制恒定转速或需要精确控制转速变化曲线的动力驱动。

2. 直流伺服电动机的工作原理

伺服主要靠脉冲来定位,基本上可以这样理解,伺服电动机接收到一个脉冲,就会旋转一个脉冲对应的角度,从而实现位移。因为伺服电动机本身具备发出脉冲的功能,所以伺服电动机每旋转一个角度,都会发出对应数量的脉冲。这样就和伺服电动机接收的脉冲形成了呼应,或者叫闭环,如此一来,系统就会知道发了多少脉冲给伺服电动机,同时又收了多少脉冲回来。这样,就能够很精确地控制电动机的转动,从而实现精确的定位,可以达到 0.001mm。

课题五　轮毂电机

新能源车现在已经成为汽车行业颇具前瞻性的领域,而新能源车型的驱动技术和传统内燃机汽车有着不小的区别,而其中有一类驱动技术有着很大的发展前景,这就是轮毂电机技术。轮毂电机技术又称车轮内装电机技术,它的最大特点就是将动力、传动和制动装置都整合到轮毂内,因此将电动车辆的机械部分大大简化。

轮毂电机的工作原理是:轮毂电机是将电机嵌在车轮轴辘里,定子固定在轮胎上,转子固定在车轴上,一通电则定转子相对运动。电子换相器(开关电路)根据位置传感器信号,控制定子绕组通电顺序和时间,产生旋转磁场,驱动转子旋转。

一、轮毂电机的优点

1. 省略大量传动部件，让车辆结构更简单

对于传统车辆来说，离合器、变速器、传动轴、差速器乃至分动器都是必不可少的，而这些器件不但重量不轻，让车辆的结构更加复杂，同时也存在需要定期维护和故障率高的问题。但轮毂电机就很好地解决了这个问题，除了结构更为简单之外，采用轮毂电机驱动的车辆可以获得更好的空间利用率，同时传动效率也要高出不少。

2. 可实现多种复杂的驱动方式

由于轮毂电机具备单个车轮独立驱动的特性，因此无论是前驱、后驱还是四驱形式，它都可以比较轻松地实现，全时四驱在轮毂电机驱动的车辆上实现起来非常容易。同时像普莱德轮毂电机还可以通过左右车轮的不同转速甚至反转实现类似履带式车辆的差动转向，大大减小车辆的转弯半径，在特殊情况下几乎可以实现原地转向（不过此时对车辆转向机构和轮胎的磨损较大），对于特种车辆很有价值。

3. 便于采用多种新能源车技术

不少新能源车型都采用电驱动，因此轮毂电机驱动也就派上了大用场。无论是纯电动还是燃料电池电动车，亦或是增程电动车，都可以用轮毂电机作为主要驱动力；即便是对于混合动力车型，也可以采用轮毂电机作为起步或者急加速时的助力，可谓是一机多用。同时，新能源车的很多技术，比如制动能量回收（即再生制动）也可以很轻松地在轮毂电动机驱动车型上得以实现。

二、轮毂电机的缺点

1）增大簧下质量和轮毂的转动惯量，对车辆的操控有所影响。

对于普通民用车辆来说，常常用一些相对轻质的材料比如铝合金来制作悬架的部件，以减轻簧下质量，提升悬架的响应速度。可是轮毂电机恰好较大幅度地增大了簧下质量，同时也增加了轮毂的转动惯量，这对于车辆的操控性能是不利的。不过考虑到电动车型大多限于代步而非追求动力性能，这一点尚不是最大缺陷。

2）电制动性能有限，维持制动系统运行需要消耗不少电能。

现在的传统动力商用车已经有不少装备了利用涡流制动原理（即电阻制动）的辅助减速设备，比如很多货车所用的电动缓速器。而由于能源的关系，电动车采用电制动也是首选，不过对于轮毂电机驱动的车辆，由于轮毂电机系统的电制动容量较小，不能满足整车制动性能的要求，因此都需要附加机械制动系统。但是对于普通电动乘用车，没有了传统内燃机带动的真空泵，就需要电动真空泵来提供制动助力，但也就意味着有了更大的能量消耗。即便是再生制动能回收一些能量，如果要确保制动系统的效能，制动系统消耗的能量也是影响电动车续驶里程的重要因素之一。

此外，轮毂电机工作的环境恶劣，面临水、灰尘等多方面影响，在密封方面也有较高要求，同时在设计上也需要为轮毂电机单独考虑散热问题。

三、轮毂电机的分类

1. 有内转子与外转子两种形式

1）内转子电机，又被称为高速内转子电机，需要配合减速机构使用，可以实现降低转速、增大转矩的效果,但增加的减速机构成为了轮毂电机寿命的瓶颈。内转子电机对应通常所说的驱动系统拓扑结构的"减速驱动系统"。

2)外转子电机,又被称为低速外转子电机,不需要传动机构配合,直接驱动车轮转动,如图 4-30 所示,结构简单,可靠性好。但外转子电机由于缺少提升转矩的手段,完全靠自身电机的输出转矩工作,车辆的总体爬坡能力比较差。外转子电机对应通常所说的驱动系统拓扑结构的"直接驱动系统"。

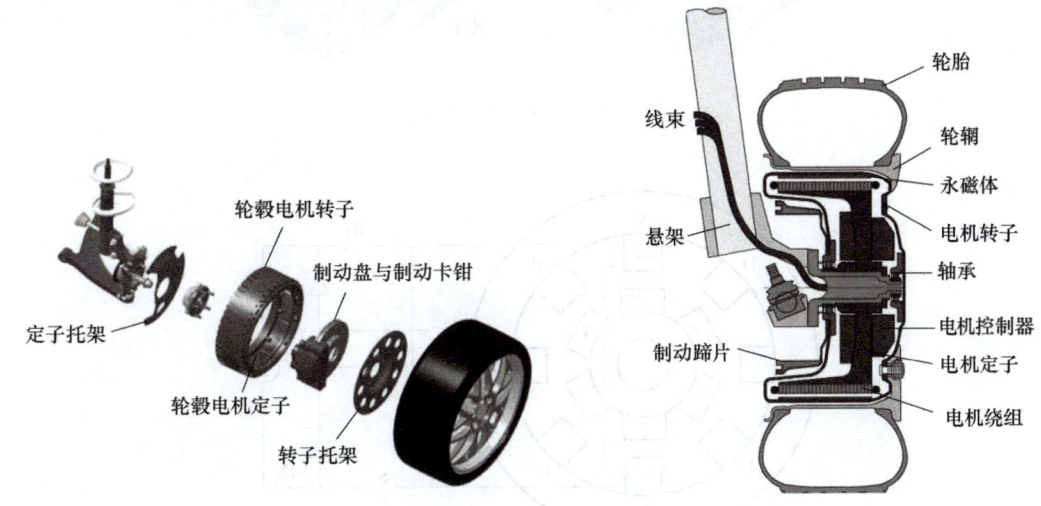

图 4-30 轮毂及轮毂电机的结构

2. 有传感器和无传感器

有的电动自行车必须踩一下才能行驶,因为里面没有传感器,它通过直接测量电机反电动势而知道转子的位置,进行换相。起动前要想知道转子和定子的相对位置,必须使用传感器。

3. 有离合机构和无离合机构

使用轮毂电机的电动自行车无电骑行会有电磁阻力,使用离合机构可减小电磁阻力,也可以使用离合机构来调节齿轮转速比。

四、轮毂电机的结构和工作原理

1. 轮毂电机的结构

轮毂电机由双凸极的定子和转子组成,如图 4-31 所示,其定子、转子的凸极均由普通的硅钢片叠压而成。定子极上绕有集中绕组,把沿径向相对的两个绕组串联成一个两极磁极,称为"一相"。转子既无绕组又无永磁体,仅由硅钢片叠成。

2. 轮毂电机的工作原理

磁通总要沿着磁阻最小路径闭合,一定形状的铁心在移动到最小磁阻位置时,必定使自己的轴线与主磁场的轴线重合,如图 4-32 所示。

由于定子与转子都有凸起的齿极,这种形式也称为双凸极结构。在定子齿极上绕有线圈(定子绕组),用来向电机提供工作磁场。在转子上没有线圈,这是轮毂电机的主要

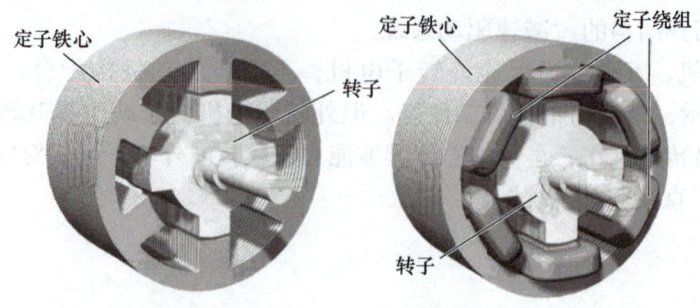

图 4-31 轮毂电机的组成

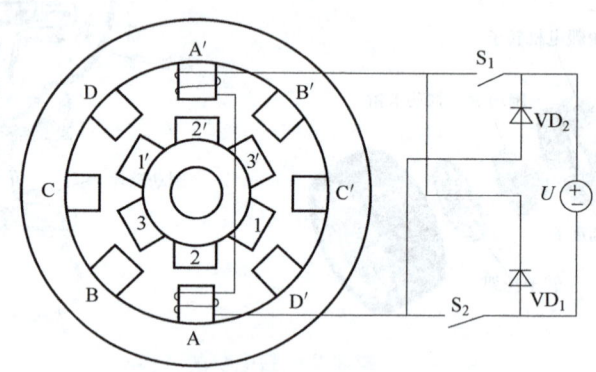

图 4-32 轮毂电机最小磁阻原理

特点。

图 4-33 中，蓝色的线圈是通电线圈，黑色的线圈没有电流通过；通过定子与转子的深蓝色线是磁力线；把转子起动前的转角定为 10°。

图 4-34 中，从图 a 起，A 相绕组接通电源产生磁通，磁力线从最近的转子齿极通过转子铁心，图 b 是转子转了 10° 的图；图 c 是转子转到 20° 的图。图 4-35 中，为了使转子继续转动，在转子转到 30° 前已切断 A 相电源，在 30° 时接通 B 相电源，磁通从最近的转子齿极通过转子铁心，图 b 是转子转到 40° 的图，图 c 是转到 50° 的图，磁力一直牵引转子转到 60° 为止。图 4-36 中，图 a 在到 60° 前切断 B 相电源，在 60° 时接通 C 相电源，磁通从最近的转子齿极通过转子铁心，图 b 是转子转到 70° 的图，图 c 是转到 80° 的图，磁力一直牵引转子转到 90° 为止。

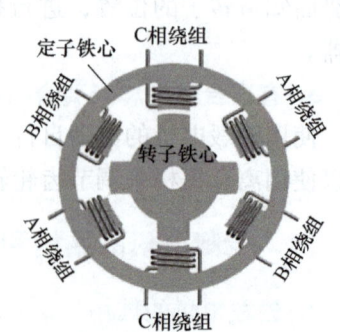

图 4-33 轮毂电机磁极结构

当转子转到 90° 前切断 C 相电源，转子在 90° 的状态与前面 0° 开始时一样，重复前面过程，接通 A 相电源，转子继续转动，这样不停地重复下去，转子就会不停地旋转。这就是磁阻电动机的工作原理。

由于是运用了磁阻最小原理，故称为磁阻电动机，又由于线圈电流通断、磁通状态直

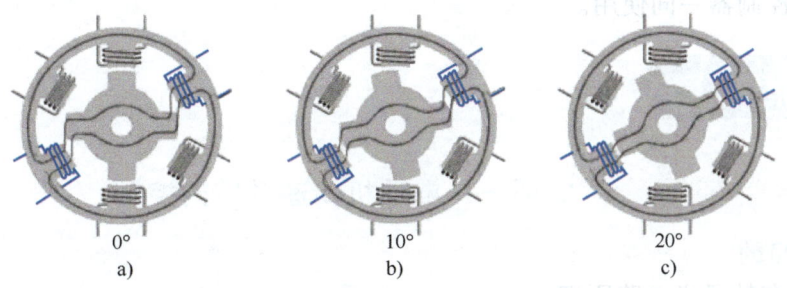

图 4-34　轮毂电机工作原理（1）

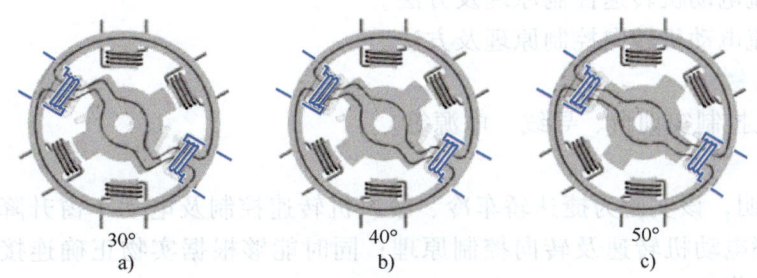

图 4-35　轮毂电机工作原理（2）

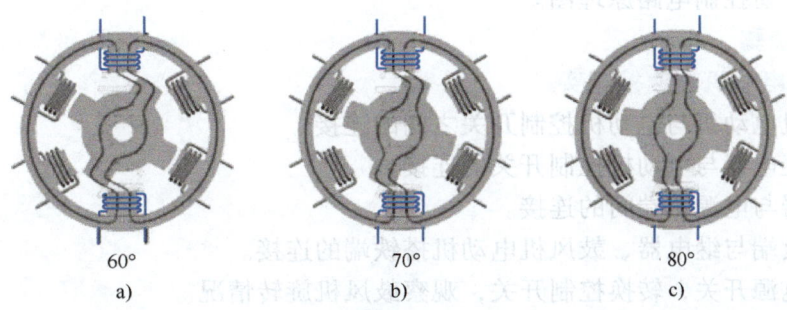

图 4-36　轮毂电机工作原理（3）

接受开关控制，故称为开关磁阻电动机。随着电动汽车技术的发展，采用轮毂电机驱动的方法由于其理想的控制特性而得到广泛应用。其中开关磁阻电动机具有结构简单、起动转矩大、调速范围广等优点，适合作为电动汽车的驱动电机，已成为轮毂电机的研究热点。

结论：

1）依次给 A-B-C-A 绕组通电，转子逆励磁顺序方向连续旋转。改变绕组导通顺序，就可改变电机的转向。

2）通电一周期，转过一个转子极距 $\tau = 360/N$。

3）步距角 $q = \tau/m = 360/mN$。

4）转矩方向与电流无关，但转矩存在脉动。

5）需要根据定、转子相对位置投入激励。不能像普通异步电动机一样直接投入电网运行，需要与控制器一同使用。

实训一：电动机转速及转向控制

一、实训目的

1. 掌握汽车鼓风机电路原理。
2. 掌握汽车车窗升降电路原理。
3. 了解直流电动机转速控制原理及方法。
4. 了解直流电动机转向控制原理及方法。

二、实验器材

自制电动机控制实训台、导线、电源等。

三、实验原理

1）实验说明，该实验为捷达轿车冷、暖风机转速控制及电动车窗升降控制实验，主要要求学生掌握电动机转速及转向控制原理；同时能够根据实物正确连接导线，使电动机能按照要求工作。

2）鼓风机电动机控制电路原理图。

3）电动车窗控制电路原理图。

四、实训步骤

1. 鼓风机电动机转速控制实验

1）鼓风机电动机与电动机控制开关之间的连接。
2）控制继电器与电动机控制开关的连接。
3）继电器与电源正端间的连接。
4）电源负端与继电器、鼓风机电动机搭铁端的连接。
5）打开电源开关，转换控制开关，观察鼓风机旋转情况。

2. 电动车窗转向控制实验

1）车窗电动机与电动机控制开关之间的连接。
2）控制继电器与电动机控制开关之间的连接。
3）继电器与电源正端间的连接。
4）电源负端与继电器、车窗电动机搭铁端的连接。
5）打开电源开关，转换控制开关，观察电动车窗动作情况。

五、思考题

本实验电动机转速及转向控制原理是什么？

小　　结

1. 直流电动机的工作原理：通电导体在磁场中的运动方向可根据左手定则判断——将左手伸入磁场中，让手心面对 N 极，四指的方向是电流的方向，那么，大拇指的方向是通电导体运动的方向。

2. 直流电动机的分类：串励式直流电动机、并励式直流电动机、复励式直流电动机、他励式直流电动机。

3. 直流电动机由定子、转子、换向器等组成；它不允许直接起动，起动时必须在电路中串联电阻器。

4. 机械特性是研究电动机稳定运行、起动、调速和制动等运行情况的基础。

5. 步进电动机的组成：定子、转子、换向器、控制电路等。

6. 步进电动机的分类：单三拍、单双六拍、双三拍。

7. 三相异步电动机由定子和转子两部分组成。

8. 三相异步电动机的转动原理是：在三相定子绕组中通入三相交流电流，产生旋转磁场，旋转磁场与转子产生相对运动，在转子绕组中感应出电流，转子感应电流与旋转磁场相互作用产生电磁转矩，驱动电动机旋转。转子的转动方向与旋转磁场的方向及三相电流的相序一致，这就是三相异步电动机改变转向的原理。旋转磁场的转速即同步转速为

$$n_0 = \frac{60f}{p}$$

三相异步电动机旋转的必要条件是转差率的存在，即转子转速恒小于旋转磁场转速。转差率是三相异步电动机的一个重要的参数，定义为

$$s = \frac{\Delta n}{n_0} = \frac{n_0 - n}{n_0}$$

思考与练习题

一、填空题

1. 直流电动机主要由____、____和机座组成。步进电动机主要由____和____组成。
2. 直流电动机的方向改变可以通过改变____和____二者之一的电流方向实现。
3. 直流电动机的调速方法主要有____、____和____。
4. 电动车窗升降电路是通过改变____方向实现电动机转向的改变的。
5. 鼓风机电路是通过改变____实现调速的。
6. 步进电动机是利用____的作用原理，将_____转换为线位移或角位移的电动机。每来一个电脉冲，步进电动机转动一定角度，带动机械移动一小段距离。步进电动机的特点：①来一个脉冲，转一个____；②控制脉冲____，可控制电动机转速；③改变脉冲____，可改变转动方向。
7. 三相反应式步进电动机的运行方式有____、____和____。
8. 三相反应式步进电动机采用三相单三拍运行方式，转子齿数为4，其步距角为____。
9. 步进电动机是在____电源驱动下运行的，步进电动机的驱动电源由____、____和____三部分组成。
10. 步进电动机根据转子的结构分为____和____步进电动机。

二、选择题

1. 三相异步电动机旋转磁场的旋转方向是由三相电源的（　　）决定的。

A. 相序　　　　　B. 相位　　　　　C. 频率　　　　　D. 幅值

2. 三相交流异步电动机起动瞬间，转差率为（　　）。

A. $s=0$　　　　B. $s=s_N$　　　C. $s=1$　　　　D. $s>1$

3. 直流电动机的额定功率是指（　　）

A. 额定电压和额定电流的乘积　　　B. 转轴上输出的机械功率
C. 输入的电功率　　　　　　　　　D. 电枢中的电磁功率

4. 直流电动机电枢回路串电阻调速，当电枢回路电阻增大时，其转速（　　）

A. 升高　　　　　B. 降低　　　　　C. 不变　　　　　D. 可能升高或降低

5. 要想改变三相交流异步电动机的旋转方向，只要将原相序 A—B—C 改为（　　）

A. B—C—A　　　B. C—A—B　　　C. B—A—C

6. 一台三相异步电动机的磁极对数 $p=2$，电源频率为 50Hz，电动机转速 $n=1440\text{r/min}$，其转差率 s 为（　　）。

A. 1%　　　　　B. 2%　　　　　C. 3%　　　　　D. 4%

7. 三相异步电动机旋转磁场的转速与（　　）有关。

A. 负载大小　　　　　　　　　　　B. 定子绕组上电压大小
C. 电源频率　　　　　　　　　　　D. 三相转子绕组所串电阻的大小

8. 汽车上常用的电动机是（　　）。

A. 单相交流电动机　　　　　　　　B. 串励式直流电动机
C. 三相交流电动机　　　　　　　　D. 伺服电动机

9. 已知三相异步电动机的 $p=2$，$f_1=50\text{Hz}$，则同步转速为（　　）r/min。

A. 3000　　　　　B. 1500　　　　　C. 750　　　　　D. 25

10. 关于直流电动机的调速方法，正确的是（　　）

A. 变极调速　　　B. 变频调速　　　C. 改变转差率调速　　D. 改变电枢电压调速

三、判断题

1. 旋转磁场是异步电动机工作的基础。　　　　　　　　　　　　　　　　（　　）
2. 直流电动机的电枢绕组中通过的是直流电流。　　　　　　　　　　　　（　　）
3. 三相异步电动机只需要将接到电动机上的三根电源线中的任意两根对调一下，便可实现反转。　　　　　　　　　　　　　　　　　　　　　　　　　　　　（　　）
4. 三相异步电动机运行的必要条件是转子转速等于同步转速。　　　　　　（　　）
5. 三相两极异步电动机，其对应同步转速为 1000r/min。　　　　　　　　 （　　）
6. 三相六极异步电动机，其对应同步转速为 1000r/min。　　　　　　　　 （　　）
7. 直流电动机的转子转向不可改变。　　　　　　　　　　　　　　　　　（　　）
8. 直流电动机由直流电驱动旋转，按励磁方式不同可分为并励式、串励式和复励式三种。　　　　　　　　　　　　　　　　　　　　　　　　　　　　　　　（　　）
9. 判断载流导体在磁场中的受力应用左手定则。　　　　　　　　　　　　（　　）
10. 他励式直流发电机励磁绕组由独立电源供电，与电枢无关。　　　　　（　　）

四、计算题

1. 一台三相异步电动机的转子转速为 720r/min，电源频率为 50Hz，试求电动机的磁极对数和此时的转差率。

2. 一台三相异步电动机，在电源线电压 $U_1 = 380\text{V}$ 时，电动机三角形联结，电动机的 $I_{st}/I_N = 7$，额定电流 $I_N = 20\text{A}$，求：

1）电动机三角形联结时的起动电流；

2）采用Y-△换接起动时的起动电流。

3. 三相异步电动机，额定功率 $P_N = 10\text{kW}$，额定转速 $n_N = 1450\text{r/min}$，起动能力 $T_{st}/T_N = 1.2$，过载系数 =1.8。

求：1）额定转矩 T_N；2）起动转矩 T_{st}；3）最大转矩 T_{max}；4）用星形–三角形方法起动时的 $T_{st'}$。

参考文献

[1] 贾宝会. 汽车电工电子技术 [M]. 北京：机械工业出版社，2011.
[2] 任成尧. 汽车电工与电子基础 [M]. 2版. 北京：人民交通出版社，2010.
[3] Wilfried Staudt. 汽车机电技术 [M]. 华晨宝马汽车有限公司，组译. 北京；机械工业出版社，2008.
[4] 曹家喆. 汽车电子控制基础 [M]. 北京：机械工业出版社，2007.
[5] 程周. 电工与电子技术 [M]. 北京：中国铁道出版社，2010.
[6] 方立友. 汽车电工电子技术 [M]. 南京：江苏科学出版社，2010.